百年中国记忆·亲历战役系列

济南战役
亲历记

山东省济南市政协文史资料委员会 ◎ 编

中国文史出版社
CHINA CULTURAL AND HISTORICAL PRESS

图书在版编目（CIP）数据

济南战役亲历记 / 山东省济南市政协文史资料委员
会编 . -- 北京：中国文史出版社，2020.2
（百年中国记忆 . 亲历战役系列）
ISBN 978 7 5205-1728-7

Ⅰ . ①济… Ⅱ . ①山… Ⅲ . ①济南战役（1948）—史料
Ⅳ . ① E297.4

中国版本图书馆 CIP 数据核字（2019）第 267402 号

责任编辑：卜伟欣

出版发行：**中国文史出版社**

社　　址：北京市海淀区西八里庄 69 号院　　邮编：100142
电　　话：010—81136606　81136602　81136603（发行部）
传　　真：010—81136655
印　　装：北京朝阳印刷厂有限责任公司
经　　销：全国新华书店
开　　本：16 开
印　　张：19.75
字　　数：218 千字
版　　次：2020 年 7 月北京第 1 版
印　　次：2020 年 7 月第 1 次印刷
定　　价：56.00 元

前　言

1988年9月24日,是济南战役胜利40周年纪念日。

济南战役,是在中国人民解放战争进入战略决战前夜,中国人民解放军华东野战军举行的一次著名的城市攻坚战。

战役于1948年9月16日开始,至24日结束。国民党军在这次战役中,投入了第二绥靖区的11万重兵,凭借易守难攻之地势与高14米、厚10米之城垣,构成纵深约20华里之防御体系,固守济南,并陈兵17万下徐海地区,待机北援。人民解放军华东野战军司令员兼政治委员陈毅和副司令员粟裕等,遵照中共中央、中央军委主席毛泽东,人民解放军总司令朱德,中央军委副主席周恩来关于"攻济打援"之战略部署,以18万兵力置于兖州、徐州之间,准备阻援打援;以14万兵力攻取济南。攻城部队在山东兵团司令员许世友,华东野战军副政治委员兼山东兵团政治委员谭震林,副司令员王建安等指挥下,于9月16日分东西两路同时向济南发起猛烈进攻。19日,国民党九十六军军长吴化文率部2万余人起义。至24日,经8昼夜连续激战,全歼国民党守军。战役中毙伤俘国民党守军8.4万余人,活捉第二绥靖区司令官兼山东省政府主席王耀武等。由于解放军迅速攻克济南,并有强大的打援部队严阵以待，国民党军在徐海地区虽置重兵，但未敢北援。

济南战役的胜利，打破了国民党的"重点防御"计划，揭开了全国解放战争战略决战的序幕。这次战役，充分显示了中国共产党领导的人民解放军无坚不摧的战斗威力；同时也充分反映了国民党发动的反共反人民战争不得人心，其失败的命运不可避免。

为了迎接济南战役胜利40周年，我们特征集、编辑了这本由亲自参加过济南战役的原国民党军将校等人员撰写的《济南战役亲历记》，以供史学界、军事界和广大读者研究这段历史时参考。为便于研究和了解战役概况，本书还收编了一些有关的照片、图表等资料。对选用的稿件内容，我们尽量做了核实订正，有些稿件还重新拟了标题，并注明了作者当时的身份。凡文中需要加注释的都加了注释，相同问题不重复加注。对于某些说法不一、一时又难以搞清楚的问题，本着多说并存的原则，保持原文，以待研究。

对在本书征编过程中，给予大力支持与帮助的全国政协和各地政协、黄埔军校同学会山东组、济南市民革和济南军分区、中共济南市委党史资料征集研究委员会、济南市博物馆等单位，表示衷心的感谢！

由于编者水平所限，难免有不妥之处，请有关方面和广大读者批评指正。

《济南战役亲历记》编写组

山东省政协文史资料委员会

济南市政协文史资料委员会

目 录
CONTENTS

第一章

济南战役概述

济南战役的回忆

王耀武

在第三次国内革命战争期间，济南是国民党军强固设防、重点防御的重要据点之一，筑有纵深坚固的永久性工事，储备有充足的弹药和物资，有10万以上的人担任守备。但是在强大的人民解放军进攻之下，这个据点只打了8天，守济南的国民党军就被全部歼灭了。这个事实充分说明，国民党反动派所进行的非正义的反革命战争，无论如何挣扎，也难挽回其注定失败的命运。

从1946年1月起，我就进驻济南，担任国民党第二绥靖区司令官；1946年11月，又兼任山东省政府主席。在这次战役以前，我为了加强济南的防务，经年累月地用尽种种手段向人民征夫征料，构筑工事，从事备战。战争发生后，在具有绝对优势的人民解放军四面包围之下，我还执迷不悟，抗拒到底，使地方受到严重的破坏，使人民的生命财产受到重大的损失。我的罪恶如此深重，至今反省，尤觉无限愧悔。现就我的记忆所及，将这次战役中我指挥国民党军抗拒解放军作战和最后受歼的经过追叙如下，以备有关方面参考。

一、战役开始前的形势和我的备战措施

在抗战时期，山东省的大部分地区，已被共产党领导的革命军队所解放。日本投降后，蒋介石为了阻止人民的部队进入济南，派山东省政府主席何思源先行夺取济南，并派十一战区副司令长官兼山东挺进军总司令李延年率十二军、九十六军由皖北迅速开往济南，夺取人民抗战的胜利果实。何思源带着保安团队在敌伪掩护之下，先进了济南。不久李延年率领部队也赶到济南，办理所谓山东地区的受降和接收工作。1946年1月间，蒋介石为了加强山东地区反人民的武装力量，又先后将五十四军、四十六军、七十三军开至胶济路，将李延年调为徐州绥靖公署副主任，以我为第二绥靖区司令官，管辖范围东至青岛，西至东平，南至大汶口，北至德州（1947年7月以后改为东至潍河），司令部设在济南。

在蒋介石破坏和谈，掀起全国性的反人民战争后，他仍念念不忘地企图确保济南。所以在1947年2月23日莱芜战役被歼9万多人后，他怕解放军乘胜攻占济南，在军事、政治上受到严重影响，因而张皇失措地飞到济南，亲自指示我布置防务，研究如何守住济南，并对

我说："济南在军事、政治、地理上都很重要，如发生问题，你要负责。"

解放军转入全面进攻后，山东战场上我所指挥的部队不断地被解放军歼灭。1948年3月间，胶济路上的周村、张店、淄川、博山等城镇先后解放。整编三十二师、交警总队、保安团队等约3万余人被歼，潍县陷于孤立。4月27日，潍县解放，整编四十五师和第八区行政督察专员张天佐所指挥的保安团队的4万人以及守昌乐的第六区行政督察专员张景月部约6000余人同时被歼。整编九十六军军长兼整编四十五师师长陈金城被活捉，张天佐自杀。不到两个月时间，在胶济路上由我指挥的部队就被消灭了8万多人。我感到分散兵力，处处设防，易被击破，况济南形势又十分孤立，只靠现有的部队是无论如何也守不住的。我即于5月15日乘飞机到南京见蒋介石，向他报告军事情况，并建议放弃济南，将在济南一带的军队撤至兖州及其以南地区，与徐州一带的部队连成一片，巩固徐州至兖州的铁路交通，以利尔后的作战，蒋听到我这个建议，不满意地说："你不从大处着眼。对济南的问题，我曾考虑过。我们必须确保济南，不能放弃。"接着，他说了一套要确保济南的理由，要点如下：

（一）济南是山东的省会和华东的战略要地，济南至徐州的铁路已修好通车。为了不让华东及华北的"匪区"打成一片，不让他们掌握铁路交通的大动脉，必须守住济南。

（二）为了不使驻在青岛的美国海军陷于孤立，也必须守住济南。否则，不但在军事、政治上于我们不利，且将影响美国对我们的援助。因此，无论华东战况如何变化，济南决不可放弃。

（三）我们有空运大队，随时可以增派援军。在空军优势的条件下，济南并不孤立，没有后方也可以作战。

最后他还说："济南如果被围攻，我当亲自督促主力部队迅速增援。只要你能守得住，援军必能及时到达，我有力量来解你们的围。为了确保济南，必要时还可以增加防守部队。打仗主要是打士气。鼓励士气，首先自己不要气馁。你要知道，我们的失败是失败于士气的低落。你们如不发愤努力、坚定意志，将死无葬身之地。"说到这里，他长长地叹了一口气。

当时南京笼罩着一片悲观失望的气氛。不但我已丧失了作战的信心，蒋介石也精神沮丧，焦虑不安。我在南京听张乃衡等人谈过这样一件事：1948年3月1日，中央训练团党政训练班在南京孝陵卫中央训练团大礼堂举行十周年纪念聚餐会，参加的有张群、陈立夫、陈果夫、王世杰、吴铁城、朱家骅、张厉生、谷正纲、谷正鼎、蒋经国、萧铮，以及党政训练班各期在南京服务的同学，共1000人左右，蒋介石亲临参加。蒋介石在训话中说："我训练出来的人都是官僚，毛泽东训练出来的人都是革命的。我今天的训练失败了。你们如果不好好努力，明年我们这时候就不能在这个地方集会了。"蒋讲完话，进入礼堂后面房间休息后，全场就骚动起来。有的人起来说："我们是委员长训练出来的人，难道都是官僚？我们负不了这个责任，是官僚头子引导我们这样做的。"会场上还有人高喊口号，要打倒张群、陈果夫、陈立夫、宋子文、孔祥熙、陈诚等人。上下埋怨，弄得一团糟。

这时何应钦刚由美国回来。我与他在一次谈话中，说到与共产党作战的问题时，他以讽刺的口吻对我说："抗战胜利后，我们与共军作战以来，我们的将领送给共军的礼很多，你也送了不少。陈辞修曾夸口说只需要三个月、六个月就可以解决共军的主力，可是现在已打了两年多了，不但没有解决共军的主力，我们的军队反而被消灭了约有200多万。这样下去，真是不堪设想。希望你守住济南，不要再向共军送礼了。"我在南京也与张群见了面。在谈到作战及粮食、兵员问题时，他说："主席（指蒋）总是说政治配合不上军事，兵员粮食困难也要怪我们。军队一打就败，地区不断地缩小；地区愈缩小，兵员、粮食也就愈没办法。这样打下去，真是危险。"

由此可见，当时蒋介石虽然就任所谓总统，力图挣扎，可是不少的军政大员对于同解放军作战，已经失去信心了。

解放军在肃清了胶济路上的国民党军以后，即准备围歼徐州、济南间的国民党军。7月间，解放军又解放了鲁南的中等城市兖州、济宁，歼灭了第十绥靖区司令部及其直属部队整编十二师的主力和保安团队共约3万人。第十绥靖区司令官李玉堂只身逃到徐州，整编十二师师长霍守义被活捉。这时济南与徐州间和济南与青岛间各个地段上的国民党部队，已经全部被解放军一口一口地吃掉。济南周围600华里左右的地区已经全部被解放军所控制。至此，济南已完全陷于孤立。

蒋介石为了支援济南作战，夹击解放军，同时为了巩固陇海线东端，以作南京之屏障，在济南战役之前，将其在华东地区的主力编成三个兵团：第二兵团邱清泉部集结于商丘一带；第七兵团黄百韬部集结于新安镇一带；第十三兵团李弥部集结于宿县、固镇地区，从事整理补充，准备作战。

8月间，我得悉解放军第三野战军的主力，已由苏北、皖北、豫东等地向山东调动。我认为解放军大举北调，必有新的企图，即召集幕僚人员开会研究，综合情况，并分析如下：

（一）山东省除济南、青岛、临沂三个据点以外，其余都被解放军占领。以济、青、临三处而论，当前济南遭受解放军进攻的可能性最大。解放军为了巩固后方，必将集中力量攻取济南，拔除其心脏中的这把刀子，以解除南下的顾虑，并使华东、华北连成一片，恢复津浦路徐州到天津间以及由胶济路经济南、德州至石家庄的交通运输，以利华东及华北的作战。

（二）从解放军攻占潍县、兖州的作战情况来看，他们的炮兵及工兵的力量已大为增强，并具有一定的技术和攻坚能力。

（三）解放军对胶济铁路、津浦铁路及新占地区的公路，不但不破坏，而且均在抢修中，并逐渐向济南延伸；在作战中所得到的火车头及车厢等，也大部修好使用。这显然是为进攻济南创造有利的交通运输条件。

（四）解放军对济南守备部队从多方面进行瓦解工作。他们不断地把俘去的中下级军官释放回来，并且对在潍县、兖州战役中失散的国民党军官眷属很优待，还发给路费派车送回济南。这些回来的军官眷属都说解放军纪律严明，秋毫无犯。由潍县等地跑到济南来的商人，也到处说解放军纪律好，不拿老百姓的一针一线。解放潍县后，派人挨家挨户进行慰问，并帮助老百姓解除困难，使人心很快地安定下来，社会秩序也随之恢复，工商业照常营业。这些情况都说明解放军正在积极进行攻城先攻心的瓦解工作，为解放济南准备条件。

根据以上情况，我判断华东解放军下一个作战目标必是济南无疑。我为了作最后的挣扎，积极进行如下的备战布置：

（一）电请蒋介石将当时驻在苏北、与我有关系的整编八十三师周志道部空运济南增加防务。

（二）请求增屯弹药及11万多人两个月需用的粮食。所屯弹药中有一部分催泪性的毒气手榴弹，分发各师控制，以便在万不得已时使用（在战役中未发现使用）。

（三）命令各部增加工事。凡是重要据点均须挖掘外壕和陷阱，架设鹿寨及铁丝网等副防御，并轮流练习射击及夜间战斗动作。

（四）为了鼓励士气，我与省党部主任委员庞镜塘以及各部队队长、政训处处长，分别对军民进行所谓"精神讲话"，灌输反共思想，破坏共产党的攻心战术。

（五）把在千佛山下已开始修筑的飞机跑道加紧修好，以备在西郊机场被占后使用。并将城北五柳闸加宽加高，拦住小清河河水，以备解放军攻城时开闸放水，使城北一带成为泛滥地区，阻止解放军的进攻。

（六）加紧训练民众，防止共产党活动，编组壮丁队、纠察队、担架队、输送队等，以利治安及作战。

各部队在我的命令下，到处征工征料，大量砍伐树木，来加强工事，积极备战。我在9月上旬视察各部工事时，看到洛口、飞机场、辛庄营房、东西白马山、四里山、千佛山、砚池山、茂岭山、洪家楼、黄台山等处重要据点的工事都加强了，并筑有钢筋水泥的工事，挖有外壕、陷阱、架有铁丝网、鹿寨。内城利用护城河，外城及商埠挖有8米宽、4米深的外壕，并架有鹿寨、铁丝网。我感到很满意，当时曾对陪我视察工事的整编七十三师师长曹振铎说："这样坚固的工事，共军如想攻下一个据点，是极不容易的事，我们如再守不住，那真太无用了。"曹答说："我在抗战时也没有做过这样好的坚固工事，我们的工事做好了，就怕共军不敢来，如来攻，定会把他们击败。"

我那时除了在军事上积极布置以外，还执行了蒋介石的一项破坏解放区金融的密令。蒋介石妄想以改革币制的手法来挽救他在财政经济上的危机，于1948年8月19日发行了金圆券。

在这之前不久，约在8月10日，他派了四架运输机，满载法币，由南京飞送济南，交给当地的中央银行，并密令我立即在解放区的边缘或派部队突入解放区，用这批即将作废的法币抢购粮食，以作军用。我当时即督促各部队执行了这个命令，派部队及兵站人员持法币四处抢粮，将济南百里左右村镇人民手里的粮食抢夺殆尽。

我根据蒋介石的命令和意旨所作的一系列的备战措施，给人民带来了更大的灾难。他们愤怒地说："蒋介石不打倒，我们百姓活不了。"全省人民在"打下济南府，活捉王耀武"的口号下，纷纷地动员起来，支援解放军攻打济南，仅鲁中南一带地区就来了20万人参加各项支前工作。人心向背，决定战争的胜负，这是一个颠扑不破的真理。可是我为了挽救国民党反动政权垂死的命运，还妄想扭转历史的车轮，竭力挣扎，结果必然碰得头破血流，落到被消灭的下场。

二、济南守军的兵力概况和作战部署

第二绥靖区所属部队，在不断被解放军歼灭以后，已无进攻的力量，只好蜷缩在济南一带地区，凭借工事苟延残喘于一时。当时第二绥靖区仍归徐州"剿总"指挥，所辖正规军及地方保安团队、每大队等共约11万多人，其编成如下：

（一）整编九十六军军长兼整编八十四师师长吴化文，辖一五五旅，旅长杨友柏（3个团）；一六一旅，旅长赵广兴（3个团）；整编九十六军独立旅，旅长何志斌（3个团）。

（二）整编第二师，师长晏子风，辖二一一旅，旅长马培基（3个团）；二一三旅，旅长胡景瑗（3个团）。

（三）整编七十三师，师长曹振铎，辖十五旅，旅长王敬箴（3个团）；七十七旅，旅长钱伯英（3个团）。

（四）整编八十三师十九旅，旅长赵尧（3个团）。

（五）整编五十七旅，旅长杨晶（3个团）。该旅原系由胶东保安部队编成的第二绥靖区的独立旅，在1948年8月底奉国防部命令，改编为整编七十四师的五十七旅，尚未归还建制。

（六）第二绥靖区特务旅，旅长张尊光（3个团）。

（七）第二绥靖区青年教导总队，教育长张叔衡（3个团）。

（八）整编七十四师五十八旅一七二团，团长刘炳昆（该团空运到济南的只有7个连）。

（九）保安第四旅，旅长刘振策（2个团）。

（十）保安第六旅，旅长徐振中（3个团）。

（十一）保安第八旅，旅长孙荣扬（3个团）。

（十二）救民先锋总队，队长孟昭进（3个团）。

（十三）绥靖区特务团，团长赵峙山。

另有榴弹炮一营，野炮一营，整编十二师的炮兵一营，第四兵站总监部监护营一营，工兵一营，通信一营，装甲车二列，汽车一营，装甲汽车一连（以上各部队的主官姓名已记不起）。

以上各部队，其中正规军大部分都是被解放军歼灭过，后来又重新建立起来的。除整编七十三师十五旅和七十七旅、整编二师二一三旅、整编八十四师一五五旅以及新运来的整编十九旅、整编七十四师五十八旅的一七二团战斗力较强外，其余部队的战斗力均差。尤以地方保安团队多为地痞、流氓、地主、恶霸、散兵游勇和一部分拉来的壮丁编成的，装备差，待遇低，精神涣散，更不堪一击。8月间，南京统帅部根据所得到的解放军第三野战军的主力北调，原在山东地区的解放军加紧练习攻坚战术，并积极备战等种种情况，判断解放军有进攻济南的企图。为了达到守住济南这个战略要地的目的，南京统帅部对防守济南的指示要点为："增强守备力量，确保济南，控制强有力的预备队，采取机动防御，加大围攻济南共军的死亡，削弱其力量，尔后配合进剿兵团内外夹击，打败共军"；并令徐州"剿总"副总司令杜聿明指挥黄百韬、邱清泉、李弥三个兵团与陈毅部的主力作战，以解济南之围。

杜聿明奉到指示后，即飞到济南，在绥靖区司令部与我及副司令官牟中珩、参谋长罗幸理、副参谋长干戟、第二处处长李昆治、第三处处长廖慰文、第四处处长张介人等研究固守济南以及如何与援军协同作战的问题。我认为解放军的作战力量已大为增长，固守济南必须调整编七十四师或整编八十三师来增防，否则没有把握。牟中珩、罗幸理认为，如想守住济南，就必须增加部队。杜聿明的意见与我相反，他说："只要加强工事，不增加兵力，济南也可以固守。如守不住，即使再增加部队，也守不住。因此，我不同意再增加部队，如若打起来，只要你们守15天，我指挥的部队一定可以到达济南，解你们的围。"我说："增援部队必定会受到华东共军的截击，我看15天绝对到不了济南。所以还必须增加防守部队。如再调一个师来，我们守20天也无问题。否则济南守不住，到那时增援部队再多，也无济于事了。"罗幸理接着说："光靠工事而部队不坚强，是不行的。如不增加部队，济南只打三五天就完了。"杜对罗所说的话很不满意，他回到南京见蒋介石时曾向蒋报告，说罗幸理没有固守济南的决心，身为参谋长，不但不设法鼓舞士气，反而尽说泄气的话，思想有问题。蒋也未作处理。

我为了守住济南，仍坚决要求蒋介石增加部队。蒋于8月27日分电刘峙及我说，着整编八十三师周志道部立即集结徐州机场附近，由9月1日开始空运济南，限10日内全部到达。我接到这个电报很高兴。当时我认为济南筑有星罗棋布的堡垒群工事，既纵深又坚固，比潍县、兖州好得多；又可以依靠黄河及千佛山的险要地形，将五柳闸修好后，必要时还可以放开水闸，把城北地方变成泛滥区，现在再把八十三师调来，守20天是不成问题的。但是刘峙唯恐八十三师调来，将减少徐州一带的兵力，于他不利。因此，他以先向济南运送弹药、通信器材、铁丝网等为借口，向蒋介石要求暂缓运八十三师去济南，得蒋同意后，即停止空运。因此，只运了该师的十九旅一个旅到济南。

情况一天比一天紧张，第二绥靖区即下达防守济南的命令，其要点如下：

（一）以确保济南为目的，将济南地区划为东西两个守备区，利用既设工事，并积极加以修整和加强。守备重点置于飞机场以西以南。以一部兵力编为守备部队，以保安团队担任外围据点的守备，借以消耗共军的战力，并掩护主阵地的固守，另以有力部队编为预备队，采取机动防御。

（二）以整编七十三师师长曹振铎为东地区指挥官，以整编九十六军军长兼八十四师师长吴化文为西地区指挥官。

（三）自城北黄河的洛口（不含）至城南的八里洼一线至郭庄为东守备区。以黄台山、茂岭山、砚池山、千佛山、四里山一带为主阵地，以整编七十三师十五旅、七十七旅，整编二师二一三旅，绥靖区特务旅，保六旅等部担任守备，归师长曹振铎统一指挥，司令部设在城内七家村如意街口的一个教堂里。

（四）自城北沿黄河洛口至城南八里洼（不含）一线以西至长清为西守备区，以腊山、周官屯、白马山、青龙山一带为主阵地，由整编八十四师一五五旅、一六一旅，整编九十六军独立旅，整编二师二一一旅，青年教导总队，救民先锋总队，保四旅等部担任守备，由吴化文统一指挥。整编九十六军及整编二师司令部设在商埠。

（五）以五十七旅、十九旅及准备空运来济南的整编七十四师（实际只空运到该师的7个连）为总预备队，由整编二师师长晏子风统一指挥。五十七旅设置于党家庄附近，十九旅设置于北蒋山。

（六）外围独立据点派出一部分部队担任守备。王舍人庄由历城县自卫团等担任；仲宫由二一三旅派一部分部队担任守备；崮山由五十七旅派出一部分部队担任；齐河由保四旅担任。

9月10日以后，华东野战军第九纵队、十三纵队、渤海纵队，已由东南两面向济南外围移动，龙山、仲宫一带已发现解放军活动。第十、新八、新十一纵队及两广纵队由西南方向向济南移动，青杨、万德一带已有解放军活动。华东军区各军分区的独立旅团也向济南外围据点迫近。估计解放军及其地方部队全部兵力，约在20万人以上。同时，解放区的民众络绎不绝地向济南外围运送粮弹及攻城器材等物资。我鉴于时机紧迫，即于9月14日匆匆乘飞机到南京见蒋介石，说："共军大部已迫近济南，有即攻济南的模样。共军的战斗力确比过去增强得多了。以他们攻占潍县、兖州的情形来看，他们已具有攻坚的力量和技术。如不增加一个师，济南是守不住的。请将我过去带过的整编七十四师立即空运济南增防，固守济南才有把握。"我说到这里，他只嗯了几声，没有立即答复，看情况，他是在考虑我的话。我又说："以过去屡次增援都没有达成任务的经验来说，是因为我们对共军截击我增援部队的力量估计得太小了。如济南被围攻，陈毅部的主力极可能布置于兖州、济宁及其以北的地区，阻我援军北上，又加上我军士气不振，增援部队力量小了，很难达成任务。"蒋介石回答我的要点如下：

（一）济南有坚固纵深的工事，再把七十四师邱维达部运去，足可以守得住，我即下令七十四师由徐州空运济南。

（二）共军的战法是猛冲猛打，只要守备部队头几天稳得住，他们的攻势就会受到挫败。

（三）已准备了强大部队增援济南，如一旦敌人围攻济南，当严令援军迅速前进。

（四）待援军到达兖州、济宁以北地区时，应随时注意与援军联系。在敌人打得精疲力竭时，要抽出两个师的兵力来出击，南北夹击敌人，定获胜利。

我请求增调部队的问题得到了解决，即于15日由南京飞回济南。这时济南的情况更加紧张，各部队都忙于备战，大规模的济南战役就要爆发了。

三、外围和城郊的战斗

9月15日，据报长清以西以南均发现有解放军的大部队，胶济路龙山站以南以北的解放军也向济南移动。这时我判断解放军的主力在西，先集中力量取下飞机场，以截断守军的空运。为了掩护七十四师空运来济南，我认为必须在长清等地阻止解放军前进。

16日24时，解放军发动了大规模攻坚的济南战役。战事以东郊最为激烈，长清也同时告急。我即令晏子风带十九旅、五十七旅向古城以西增援，策应长清作战。

17日凌晨1时，解放军以榴弹炮及重迫击炮，集中火力掩护步兵直向济南城东郊的屏障茂岭山、砚池山猛扑，与固守该地的十五旅激战甚烈。解放军以火力封锁守军堡垒的射击口，奋不顾身地、一波又一波地向前猛冲，并向堡垒里投掷爆破筒。堡垒很多处被炮火及爆破筒炸坏。整编七十三师也集中炮火向来攻的解放军猛烈还击，掩护防守茂岭山、砚池山的部队反攻，双方争夺甚烈。此时解放军又增加部队冲上来，并以猛烈炮火阻止守军增援，守军伤亡颇众，我视为济南屏障的茂岭山、砚池山，经一夜的血战，就被解放军占领了。有的官兵被炮火及炸药的爆炸震晕过去，醒来后方知阵地已被占领，他们已做了俘虏。在茂岭山后面的十五旅一个营，未与解放军激战，即由该营营长朱国华带着向后溃退。七十三师师长曹振铎派人拦住，并向我报告要求加以惩办。我为了镇压部队溃退，就命令按"连坐法"把朱国华枪决了。但是即便如此，也未能镇压住官兵的溃退，自然更挽救不了全部被歼的命运。

东面的战况既如此紧张，压力很大，我认为解放军的主力可能在东，故决心把调往古城以西的十九旅和五十七旅由西面拉回，并令七十三师预备队及十九旅向解放军反扑，企图夺回茂岭山、砚池山的阵地。他们曾向解放军数次冲击，激战甚烈，均被解放军击退，伤亡甚众。十五旅四十八团团长李朴被击毙，七十七旅二三〇团团长周羽负重伤。马武寨的守备部队与解放军发生激战。解放军曾数度向马武寨阵地攻击，屡攻不下，死伤颇多。后来集中炮火协同步兵猛攻，终将据守该阵地的二一三旅之一部消灭。

西守备区所据守的王府、藤槐树、讲书院、古城、段庄、东山等据点，均于17日被攻占。长清自卫团及特务旅三团的一个营与解放军发生激战，于17日全部被歼灭。长清城被解放。防守齐河的保四旅无力固守齐河，偷偷渡过黄河，撤回济南近郊。

解放军以排山倒海之势，将西守备区的孙围据点迅速攻下，打破了我阻止解放军前进、以推迟对城郊阵地攻击的原定计划。

17日，我接到蒋介石的"手启"电，大意说：敌人有以优势兵力在我援军未到以前攻下济南，再集中力量向我北上援军反击之企图，望我官兵抱定与济南共存亡的决心，必能将敌击溃，我已令刘总司令、杜副总司令督促援军向济南迅速前进。

18日，飞机场被解放军的炮火所控制，空运中断。东守备区师长曹振铎指挥七十三师等部反攻茂岭山、砚池山失败后，即退至马家庄既设阵地顽强抵抗。解放军为了速战速决，迅速解放济南，连续向马家庄进攻。先以炮兵集中火力轰击堡垒，掩护步兵攻击。步兵以小炮、轻重机枪封锁堡垒的射击口，竭力协助爆破组接近堡垒实施爆破。战斗激烈异常，马家庄被攻占一半。我为了挫败解放军的攻势，夺回马家庄的阵地，命令增加到马家庄的十九旅，在炮火的掩护下，向解放军猛烈反扑，展开了对马家庄的争夺，并将失去的阵地夺回一部分。解放军又增加部队向十九旅猛攻，将所失阵地又夺回去。十九旅旅长赵尧见解放军增加，即亲率部队反击，企图将解放军打出马家庄。解放军利用房屋作掩护以猛烈的火力阻止十九旅的前进，十九旅也利用房子打洞，向解放军攻击，每房必争，战斗甚为激烈。战至午后，十九旅长赵尧负伤，官兵伤亡甚众，死尸累累，伤兵后运，络绎不绝。

在这一天，整编七十四师已由徐州开始向济南空运。该师五十八旅一七二团七个连运到后，西郊机场即被解放军的炮火所控制，炮弹不断地落在机场内。满载后续部队的运输机，闻讯即转头飞回徐州。蒋介石见增防部队不能空运，连忙打电话给空军副总司令王叔铭，嘱王亲来济南侦察，设法继续运送七十四师增援。王遵蒋的指示，飞到济南机场上空低飞侦察，看到击中跑道上的炮弹不断爆炸，烟雾上冲，增援部队已无法再运。此时马家庄的战事仍在激烈进行，十九旅已被迫缩守一角，负隅顽抗，我见马家庄的战况危急，即把已运到的一七二团的七个连增加到马家庄方面，向攻占马家庄一头的解放军反击，争夺极为激烈，战至黄昏，毫无进展。

西守备区丁家山、卧牛山、簸箕山、周官庄、古城等处守备部队，经激战后均被击溃、阵地被解放军占领。簸箕山的部队在战斗中损失甚重。

四、吴化文部起义前后

9月19日黄昏以前，各部队继续与解放军战斗，仍以济南城的东南两面最为激烈。吴化文见解放军的力量强大，无法抵挡，如不起义，将有被全歼的危险，即于这一天晚上率部起义了。

吴化文所部整编八十四师，1948年春在鲁西一带担任与解放军作战的任务。1948年4月间，整编四十五师陈金城部等在潍县被围，吴化文部奉命车运济南，协同由河南归德调来的整编七十五师沈澄年部及在济南的整编七十三师曹振铎部，沿胶济路东进，解潍县之围，归我统一指挥。各部队未及时到达潍县，行至临淄附近，即被解放军截击，陈金城部被歼灭。增援部队立即窜回济南附近。吴化文看到解放军战力很强，内心已怯。5月初，徐州"剿总"司令刘峙令沈澄年部开回归德，吴化文部留驻济南。7月间，兖州第十绥靖区李玉堂部被围，刘峙令吴化文率整编八十四师及整编第二师二一一旅由济南出发，经泰安、大汶口等地向兖州前进，以解兖州之围。吴化文感到任务很重，力难胜任，甚为畏惧，因此行动迟缓。在兖州被围的李玉堂又急如星火，不断向蒋介石、刘峙求援。蒋曾写亲笔信派飞机送交吴化文，逼着他迅速前进。吴经大汶口向南兼程前进，尚未到达，兖州守备部队即突围南窜，全部被歼。吴部仓皇北撤，窜至大汶口附近，所辖一六一旅被解放军围歼，旅长徐曰政被活捉。吴胆战心惊地带着残余部队逃回济南，并对我说："与共军作战要特别小心，稍不留神，就会被吃掉。"这时他看到济南更加孤立，唯恐他这个视如生命而一向当作政治资本的八十四师，早晚会被全部歼灭，因此态度十分消极。

我为了拉拢吴化文并使他安心，力保他升任整编九十六军的军长兼八十四师师长，又由山东省保安部队中选战斗力比较强的一个保安旅拨归八十四师，以补一六一旅之损失。该旅旅长何志斌曾做过吴的部下，同吴关系很好。我又声明人事由吴调整，我不过问，以免除其顾虑和怀疑。何部拨归吴化文后，暂定名为整编九十六军独立旅。我以为这样可以使吴安心了。可是吴对加强工事及其他备战工作，仍不积极。8月间，有人在吴部驻区内的墙壁上发现用粉笔写的"打到济南府，活捉王耀武"的标语。我认为，从吴化文过去守兖州及在鲁西与解放军死拼的情形，以及他这次增援李玉堂部冒险向兖州前进的事实来看，从他平日谈话中所流露出的对共产党的仇视情绪来看，他本人不至于有什么问题，但是他的部队里可能有个别亲共分子。当时我除了关照政训处注意以外，对吴并未加以怀疑。

8月底，杜聿明来济南视察，与我研究作战问题。在谈到吴化文时，杜说："吴化文反复无常，表面服从而内心诡诈，靠不住，要注意他。"我说："国防部'剿总'及绥靖区都没有发现他与共产党有勾结的情况，我们也没有理由撤换他。从他过去的表现看，我看他不会有什么问题。"9月14日，我乘飞机赴南京见蒋介石，经过徐州时，下来看了刘峙。在与刘峙谈到吴部的情况时，刘峙沉思了一下，对我说："我没接到吴化文有与共产党勾结的情况。吴化文在抗战时期做过伪军，常和共产党打仗。抗战胜利后，他带着八十四师与共军打得很厉害，他与共产党结下的仇恨很深，我看他不致有什么问题。"9月间，有一次吴化文与我谈到对共产党作战的经验时，他说："共军围攻一个地方，他们常常在第一线喊话，甚至对乙地的军队说甲地的军队已经投降了，某部已经放下武器了。这样对我们的军心很受影响，千万要注意。"我听到吴的这个说法以后，认为很对，还通知各部注意。这时我对吴很好，没有戒心，而且认为吴作战有办法。当东郊的屏障茂岭山、砚池山被解放军攻占后，我在17日晨约吴到绥靖区司令部研究夺回茂岭山、砚池山的问题。吴见我时，表现得神情不安，态度很不自然。他说他昨晚未睡，早上也未及吃饭就跑来了。当我的副官把面条端来时，他也一口未吃。吴以惊慌的口吻说：
"茂岭山、砚池山的阵地那样坚固，怎么一夜就丢掉了呢？要拿回来
只有派部队冲。"我看他情绪不安，也拿不出恢复阵地的具体办法，
就叫他回去了。他走后，我说："吴化文被共军吓糊涂了，看他的胆
量并不大。"从此以后，我打电话向他问西守备区的战况时，老是
八十四师的副师长杨团一代他接电话。在我问到吴化文时，杨总是说
他看部队去了。实际上吴这时已经在秘密准备起义了。

　19日晚上，吴化文部就纷纷撤离阵地，向西移动。此时有八十四
师一五五旅一个姓王的团长，跑到绥靖区司令部要求立即见我，说有
极重要的事向我报告。我在接见他的时候，他很慌张，上气不接下气
地对我说："不好了，吴化文真没有良心，带着部队叛变投共了。
八十四师的部队正向飞机场以西集中，据说集中好了，要开到黄河以
北。归吴化文师长指挥的保安团队等，他也想带走，我不同意他这
种背叛的行为，决不跟他走。我那个团现在商埠通飞机场路旁的工事
里，请准许我把这个团带进商埠或城内占领阵地，与共军作战。"我
听到这个团长的报告，很惊慌也很愤怒，想不到吴化文会来这一手。
司令部里的人也慌乱起来。这个团长又说："我马上回去把部队带来
吧。"我想，吴的花招很多，这个团长是吴的老部下，有可能是吴派
来做内应工作的；如准他开进商埠或城内，他到时做了内应，向守军
夹击，济南马上就要完结。于是我对他说："你来告密，是非常忠实
的表现。你回去带着这个团在原地固守，看情况再调进城来。"他仍
坚决要求把他那个团带进来，否则他就不回去了。我又说："你个人
可随司令部行动，你那个团里可能潜伏有共产党的人，为了防止出问

题，暂时不要把那个团带进来。"

当我正在忙着计划缩短阵地、变更部署的时候，吴化文还不知道这个团长已来告密，为了麻痹我和掩盖他的行动，他叫他的副师长杨团一打电话给我，报告他的阵地没有什么变化，并说，为了增强他的战力，请发轻机枪百挺及大卡车若干辆。我也装着不知道他的起义行动，回答说："我可以设法抽调一部分给你们。"

此时我看到情况更加恶化，军心涣散，士气低落，认为即使吴化文不起义，也难守得住，与其在济南等着被俘，不如先走为妙。因此，我曾一度偕庞镜塘想经洛口桥北走，但由于解放军把济南包围得如铁桶一般，未能走得出去。在这一天夜里，绥靖区司令部也移驻城内省政府指挥。

20日晨，八十四师副师长杨团一由该师跑回来见我，对我说："我不同意吴化文的叛乱行为，同时我的家眷也住在城内，我不愿跟他去，所以我就下决心跑回来了。吴化文的部队昨夜先集结飞机场以西，后又开过黄河以北。"我表扬了他一番，并送了些钱（数目记不清了）给他，嘱他暂在家里住着，听候委派工作。我将不愿随吴化文起义的王团长前来告密和杨团一在途中逃回的情况分别电告蒋介石、刘峙。蒋、刘回电对王、杨大加表扬，说这两个人忠贞可嘉。几天以后，随着济南的解放，杨团一也被解放军活捉。

19日夜间向我告密的那个王团长，始终未回到部队去，他带的那个团仍在原处未走。20日上午，他们的旅长杨友柏才把这一个团带走，因为杨怕天亮后被蒋机发现，受到轰炸。我得知杨友柏的所在地以后，我还想利用杨去拆散吴化文的部队，派人携带着我致杨的信及加力克香烟等物，并许以八十四师师长的地位，引诱他回来。他把我的信和香烟收下了，并复了我一函，大意是说："你对我很好，谢谢你，来日方长，后会有期。"黄昏以后，杨友柏就把这个团带走了。

当我得知吴化文起义的确实消息时，张皇失措，曾立派特务团、装甲汽车连加强司令部的警卫，并分电蒋介石、刘峙说："吴化文部投共，济南腹背受敌，情况恶化，可否一举向北突围。"我在此电发出后，立即拟订如下两个方案：（一）缩短阵地，集中兵力，以内城为主，固守城垣，以千佛山、四里山、齐鲁大学、商埠、外城为据点。外线留置小部队守备，拖延时间，以待援军。（二）主动突围。我考虑结果，认为采取第一个方案比较适合蒋介石的意图，故最后仍决定固守待援。

我为了安全，即赴四里山二一三旅司令部利用电话调动部队。先令各部将商埠土围子占领，掩护主力变更部署，随即将守备黄河南岸的特务旅、保安部队，守备黄台、农林学校、洪家楼、马家庄等处的七十三师及十九旅，守备兴隆山、郎茂山的保安部队及二一三旅，皆调入市区，配置于外城及内城。将西守备区撤回的第二师二一一旅和保安部队配置于商埠及省立医院、打包厂、火车站。以七十四师一七二团的7个连及保安部队一部，固守绥靖区所驻过的邮政大楼，并限各部于拂晓前调整部署完毕，继续作战。各部队在我作战部署的命令下，为了扫清射界，将外城及内城城墙附近的民房拆毁和烧掉的很多，使人民遭受巨大的损失。

五、全部就歼，济南解放

蒋介石得知济南情况恶化的消息后，在20日天将亮的时候，由南京打无线电话给我，命令我"将阵地缩短，坚守待援"，并说："我已严令援军星夜前进，以解济南之围。"参谋总长顾祝同、徐州"剿总"司令刘峙也都来电令我固守待援（这是国民党的一贯作风，不管部下有无达成任务的条件，只顾硬下命令）。这时蒋介石严令刘峙督促其迟迟未动，集结在商丘的第二兵团邱清泉部、在徐州附近的第十三兵团李弥部及第十六兵团孙元良部迅速出动，统归杜聿明指挥，务须在济南未陷落以前到达。增援济南的原定计划，是将主力放在津浦路，另一部经微山湖以西前进。嗣因据报解放军已探知援军主力将经津浦路北进的消息，所以杜聿明就用声东击西的方法，扬言主力经津浦路北进，实际上主力改由微山湖以西北进。杜本想待围攻济南的解放军受到重大的伤亡而围攻受挫之后，再解济南之围。因此，他打算在济南战事开始后的第五天，再令增援部队出动，后因蒋介石的严令催促，才提前出发。增援部队唯恐被严阵以待的解放军主力所歼灭，前进速度很慢，又因下雨，道路泥泞，每日只走一二十华里，在济南被解放后，即纷纷窜回徐州、商丘等地。

解放军将辛庄营房守仓库的监护部队肃清后，即把防守商埠西端的保八旅击溃。解放军大部在21日突入商埠，由南北两面插至济南商埠与外城之间，截断了外城与商埠的交通及守商埠部队的后路，为全歼守商埠的部队创造了有利的条件。第四兵站总监部的粮弹多存在商埠及辛庄附近，因解放军进展很快，不及搬运，大部分都成了解放军的战利品。

据守齐鲁大学的部队拟撤入城内，在撤退前曾向解放军反击数次，均未得逞。固守省立医院及打包厂的二一一旅之一部，被解放军围攻，经激战后，守军被歼灭。邮政大楼及德国领事馆，原系绥靖区司令部的所在地，该处由一七二团及保八旅之一部固守，解放军猛烈围攻该部，以小炮、轻重机枪集中火力封锁大楼及领事馆楼房的窗门和大小射击口，掩护部队攻击，战斗极为激烈。守军顽强抵抗，利用大小射击口向解放军猛烈射击，并从门窗向外投掷手榴弹，但转瞬间就被打死或打伤在射击口边上或横卧在窗上。这样不断地被打死，守军不断地将死尸拉开或推下楼去，继续作战。

在激战中守军伤亡颇重。一七二团团长为了守住邮政大楼，在解放军猛烈火力射击下，把领事馆的部队强行撤至邮政大楼内，在冲过马路时被打死打伤很多，死尸横卧在马路上，到处皆是。该大楼虽被层层包围，守军仍负隅顽抗，战斗仍甚激烈。

防守火车总站的二一一旅之一部及警察大队，也与解放军发生激烈战斗。该旅旅长马培基率部反攻，在激战中被击毙，其所指挥的部队也被全歼。解放军一部向防守永铚门、普利门的特务旅攻击，战斗很激烈，特务旅伤亡数百名。解放军仍不停地猛攻，该旅旅长张尊光见情况危急，增加部队向解放军反击，永铚门、普利门未被解放军夺去。

22日，商埠除邮政大楼这个据点外，都被解放军攻占。我认为攻占商埠的解放军主力，将进攻外城的城垣。为了保住城垣，我命令守军集中火力掩护二一三旅的一个团向解放军的杆石桥阵地猛冲，并占领了杆石桥，解放军立即增加部队反攻，又将杆石桥夺回。永绥门二一三旅的阵地，也受到解放军的猛烈攻击。解放军步兵在炮火掩护下搭起云梯爬城，城墙也被打开了一处缺口。二一三旅立即派部队反扑，战斗更为激烈，致使攻上城墙的解放军无法前进。此时解放军又增加部队向两侧猛攻。火力甚炽，守军伤亡很大，只得溃退下来。二一三旅的于团长（团番号及名字已记不起了）被击毙。

守备永钲门的部队与解放军连续激战后，被歼灭一部，城门被解放军攻占，守军曾向登上城来的解放军两次反击，未奏效。解放军又从外城东南两面向守备部队猛烈攻击，防守东面的保六旅阵地被突破，解放军突入城内，保六旅继续利用在房舍里的工事与突入城内的解放军战斗。

解放军于22日继续围攻据守邮政大楼的部队，大楼的门窗被炮火打得燃烧起来，烟雾弥漫，火光由门窗喷出，大楼的西半部只剩下钢筋水泥的残破的楼架子。解放军随即冲进大楼的院内，枪声、手榴弹及炸药的爆破声，震得地动楼摇。防守大楼的残部仍想把冲进院内的解放军打出去，曾数度反击，争夺甚烈，官兵伤亡众多，被迫退缩一隅。此时所守的坚固工事也被摧毁，团长刘炳昆受重伤，守军残部被全歼。商埠完全被解放军占领。但国民党飞机仍在商埠的上空滥施轰炸。

23日，解放军为了不给守军残部以喘息的机会，集中火力，向守备花园庄的十九旅之一部猛烈攻击。该部不支，向后溃退，被解放军压缩在西北角。外城永绥门里红"卍"字会的守备部队也被歼灭。至此，外城的守军已近肃清阶段，攻击内城的战斗即将开始。七十三师师长曹振铎认为内城的城墙又高又厚，城墙上筑有三层射击设备，并筑有消火死角的侧击掩体，可以构成严密的火网，可以利用这些条件阻止解放军的进攻，以延长作战的时间。

23日上午9时，刘峙偕空军副总司令王叔铭飞到济南上空，用无线电话与我谈话，给我打气。刘峙说："你们的困难我知道。援军进展很快，几天就可以到济南。你们必须坚守待援。你们需要什么，可以空投。"王叔铭说："总统很关怀你们，叫我们竭力援助你们作战。解围有望，盼你们坚守待援。"我回答他说："共军多住在郊区的村庄里，请集中力量轰炸。"同日，国民党空军向大明湖地区空投了一些弹药，有一部分落在城外。

同日午后4时，解放军在密集的炮火掩护下，向守备内城坤顺门的七十七旅进攻，展开了争夺城垣的激烈战斗。解放军前仆后继，奋不顾身，架上云梯并持着有挂钩的长竹竿爬城，枪声、炮声、手榴弹声、爆破筒的爆炸声、机关枪声，响成一片。解放军爬上城墙，守备部队立即集中火力封锁了后续部队的来路，乘其未站稳脚，以预备队向爬上城来的解放军猛扑，把爬上来的人打下去。不久，解放军又以强大的火力严密封锁城墙各层的射击口，掩护部队继续攻城，被打下的部队又爬上城来，同守军拼刺刀搏斗。结果，城墙阵地被冲破一个缺口，我连忙向七十七旅旅长钱伯英说："内城城墙是我们最后的一道坚固防线，如被打开就无险可守了，必须立即反扑，恢复城墙阵地。"钱伯英即督率部队向登上城来的解放军猛烈反扑，经过激烈的争夺，解放军的后续部队被守军的强大火力所阻，无法立即增加上来，守军将被打开的缺口堵上，又将爬上来的解放军打下去。解放军增加部队继续向守军猛烈攻击，七十七旅伤亡颇重。

我在这一天的上午曾沿着内城的城墙看了一圈，并对守备队指示守城战斗的要领及鼓舞士气。午后，我带一部分幕僚人员移驻大明湖边的北极阁指挥。

被迫退缩到内城西城墙外电灯公司及面粉公司附近的七十三师一部及特务旅，在23日黄昏后与解放军发生激战，至24日0时被歼灭了4000多人。固守齐鲁大学的残部也被全歼。黄昏后，内城东南角战事转趋激烈。

国民党飞机昼夜不断地滥轰滥炸。23日晚上将商埠西边油库炸中，汽油猛烈燃烧，火光冲天。又加在这一夜驻青岛的第十一兵站分监赵汝汉丧心病狂地勾结美国陈纳德所开的运输公司，乘该公司飞机一架，携带燃烧弹，从青岛机场起飞到济南上空投掷，引起熊熊大火，如同火海一般。

24日，战事已进入白热化的阶段，尤以午夜1时以后最为激烈。解放军集中炮火，掩护其部队向内城东南角十五旅所守的城墙阵地猛烈攻击，并集中火力封锁城墙上所设的三层射击孔。部队一波又一波，迅速地接近城墙，竖起云梯，挂起竹竿，实行爬城，行动极为勇敢，火力配合及攻城的战法也都很巧妙。先头部队突上城来，打开缺口，后续部队随之而上，立即向两侧扩大战果，短兵相接，肉搏多次，战斗极为激烈，双方死伤均重。整编七十二师师长曹振铎为了夺回已失去的城墙阵地，督令十五旅实行反扑，并派五十七旅一部夹击登上城来的解放军。旅长王敬箴只顾亲督部队向攻进城来的解放军猛烈反击，未及集中火力封锁解放军来增援的道路，解放军得以迅速增加部队，连续向守军进攻，经几次激烈的争夺，未能将解放军打下去。由于解放军愈来愈多，战斗愈趋激烈，守军不支，溃退下来。

24日凌晨3时，坤顺门的解放军又向七十七旅之一部猛烈攻击，将城垛口及工事炸毁，突上城来，打开一个缺口。七十七旅调动部队，为中火力，向解放军反扑，手榴弹如同雨点般投入解放军新占阵地。在缺口将要堵上时，解放军后续部队又冲上来，即刻扩大战果，七十七旅因死伤过重溃败下来。坤顺门一带城墙阵地全被解放军占领。在这一天的上午，内城城墙已被打开两处，解放军大部相继进城，与城内守军进行激烈的巷战，伤兵满街，死尸遍地。这时守军残部已被截成数段，无力阻挡解放军排山倒海的攻击。解放军又连续对守军官兵进行喊话，宣传"优待俘虏，缴枪不杀，愿回家者给路费回家，愿工作者予以工作"等优待俘虏的政策，更使守军官兵军心瓦解。有的自动缴械，有的躲在房子里不打，有的把枪弃在地下逃走，只有少数还在抵抗。因为指挥系统、通信机构均被破坏，我与各部已失掉联络。解放军向大明湖攻击，守军纷纷后退，大明湖一带已甚混乱。守备双龙街的七十三师之一部、守备阁子后街十九旅的残部、守备南门附近的五十七旅残部等，均先后被缴械。经八昼夜的血战，济南终于在这一天（9月24日）全部解放。城外守备马鞍山二一三旅的一个团，在宽大政策的影响下，派人向解放军接洽投诚，放下武器，因而马鞍山、千佛山据点也相继被解放军占领。从此，济南市的人民得到解放，走上了自由幸福的道路。

六、难逃人民布下的罗网

济南被解放军攻占后，在济南的国民党高级军政人员，有的被俘，有的化装逃跑，但也未能逃出人民所布下的罗网。其中也有藏在百姓家里伺待机逃跑的个别人员，因为看到共产党进城以后的种种使人感动的措施，而主动投案向解放军司令部报到的。

9月24日上午11时，我看到局势已经绝望，就要全部被歼，即派十五旅高子日团的一个营（团番号已记不起）及特务团的一部，用北极阁通过出城的坑道向北突围。该部突至约一华里半处，因受解放军的猛烈阻击，无力前进。在解放军集中精力与突围的部队作战时，我就在一个小村庄里化好装，并为了使我容易脱身，令突围的部队向后撤退。我乘解放军追击后退部队的时候，即向东逃去，虽逃出重围，但逃至寿光县，即被查出捕获了。

国民党中央执行委员兼山东省党部主任委员庞镜塘，在解放军攻进商埠时，看见大势已去，就带着随从人员化装逃出济南，经济宁向徐州逃跑。他还以为自己是山东本省人，情况熟悉，可以混得出去。但是当他逃至临城一带快要逃入蒋管区的时候，就被解放军的侦察人员查出捕住了。

第二绥靖区副司令官牟中珩在19日吴化文部起义后，他认为在抗战期间他任五十一军军长及山东省政府主席时与吴化文摩擦得很厉害，仇恨很大，如被捉住，吴化文将会杀掉他。因此，他就在19日夜带着卫士化装成难民，混出济南，经张店、益都向青岛逃跑，行至高密县，即被解放军查获。

军管区副司令聂松溪在济南解放时，即换了便衣藏在老百姓家里，企图伺机逃往蒋管区。当他躲在城里的时候，亲眼看到解放军不但不拿老百姓一针一线，纪律良好，更使他感动的是，共产党为了不使人民遭受损失，还叫人民拿着已成废币的法币，照人民政府规定的比例，换取解放区通用的北海币。他还看到蒋军受伤的官兵均由解放军收容医疗。他在大受感动之下，认为解放军不会杀他，就主动向济南解放军的司令部报到了。

整编第二师师长晏子风，在该师被歼灭时，就带着几个随从人员穿上便衣，冒充百姓，混出济南，向青岛逃跑，在途中被查获。

济南解放，国民党军队以大城市为主的重点防御开始崩溃，华北、东北地区，只剩下北京、天津、唐山、太原、大同、张家口、包头、归绥、青岛、临汾、新乡、安阳、锦州、沈阳、长春、秦皇岛等十几个孤立据点，士气益加涣散，人心惶惶不可终日。从此以后，蒋介石统治集团的末日就更加迫近了。

济南国民党军队的防御与被歼

牟中珩

一、国民党军队的作战目的与防御计划

1948年春，国民党对解放军的重点进攻遭到惨败，中国人民解放军转入了战略反攻。在这一形势下，蒋介石为了防御解放军的战略反攻，挽回颓势，巩固其华北反共基地，确保徐州、济南、天津、北京四大战略基点，保持其华北及东北的联络线，曾对王耀武下达了作战命令，其要旨是："济南是战略要地，不论在军事上和政治上均属重要，一定要长期坚守。"同年春，徐州"剿总"总司令刘峙到济南视察，指示在济的蒋军高级将领，应坚守济南来消灭山东方面的解放

军。同年夏，徐州"剿总"副总司令杜聿明亲到济南视察防御工事，对王耀武和我说："你们将来如能坚守济南半个月，我即可由鲁西南统率两路援军向济南齐进，可保证在半个月内使援军到达。"王耀武秉承蒋介石的意旨，对济南的防御做出决策：采取长期坚守方针，并仿效陈明仁在东北防守四平街的方式来坚守济南。确定以商埠为防御核心，拟出三阶段的防御计划：先以济南外围山地，布成第一道防线；如该防线被解放军突破，则坚守济南城和商埠、千佛山、四里山三大据点；最后则集中全力坚守商埠，与商埠共存亡。计划防守一至三个月，以待援军。为此，采取了以下防御措施：

（一）竭力加强济南的防御工事。1945年，李延年在济南时，曾在日军原有工事基础上加以修建。1946年，王耀武到济南后，又继续构筑，进一步强化。主要是：在济南四郊十里内的山地上，修建永久性石头水泥大型碉堡三十余座，每座能容纳一排到一连的兵力，其他半永久性的地堡二百余个，每个能容纳一至二班人。在济南二十里以内，构成数线碉堡阵地，遍地密布小型地堡约400余个。

在济南商埠周围挖壕筑堤，东接城墙，壕线长约五十华里，深宽各丈余，堤高七八尺。在堤上及地平面与壕底，设有上、中、下三层火网碉堡线，形成商埠的城圩子。在市内各街道要冲，均构筑地堡，并在高大建筑物上，构成坚固据点，以期在进行巷战时发挥作用。同时将济南城的城墙及圩子墙，均构筑成上、中、下火网的坚固工事，城墙底均筑有地堡，并构成火力交叉。为扫清射界，将城墙附近的民房大肆破坏，造成人民财产的重大损失。

（二）组织进行壮丁军事训练。王耀武为了长期坚守济南，妄想学习四平街的反动战法，乃派第二绥靖区司令部第二处处长卿云灿到东北去参观四平街陈明仁反人民战争街市战的反动经验，以期使济南在战时能像四平街那样战至最后一间屋和最后一兵一卒，以待援军到达。为此目的，王耀武即下令对机关的军佐、职员及杂役、兵夫进行训练，教以战斗技能，以期在街市战中发挥作用。同时将济南市所有壮丁，均编成壮丁队，轮班训练，达到人人能战的目的。妄图以这种孤注一掷的手段，不惜将济南市70万人民的生命财产葬送于战火之中，以图为其反动统治作垂死挣扎。

（三）建筑小清河拦河闸。王耀武计划泛滥小清河南北两岸地区，使济南城北成为泛滥区，以阻止解放军进攻济南。于1948年夏，令山东省建设厅厅长丁基实，在小清河的五柳闸下游黄台山的西南附近预先建筑一个水闸，以便届时堵塞小清河造成泛滥区。当时济南市居民早已识破这一阴谋，曾派代表到第二绥靖区要求王耀武废除这一危害人民的水闸。王耀武不愿与该代表见面，乃令我代见。我与该代表等见面时，诡称该水闸是建设厅的水利建设，硬不承认有军事用途，以欺骗他们使之退出。幸因在济南战役中，解放军军事行动进展迅速，小清河水闸终未建成，未能造成大泛滥，人民得免于危害。

（四）计划破坏黄河大铁桥。在济南战役开始前，国民党军在黄河铁路大桥的三个轿墩上凿了放置炸药的孔洞，准备在战事不利时将大桥炸毁，以便阻止黄河以北的解放军南进。由于战争进展迅速，未能达到炸毁大桥的目的。

为了预防解放军从洛口渡过黄河，王耀武还计划用接收日军和美帝援助的汽油弹来封锁黄河渡口，即准备用飞机投掷汽油弹焚烧渡船。后因蒋军当时没有大型飞机投掷汽油弹，这一阴谋未能得逞。

（五）在千佛山修建飞机场。因张庄机场距济南市区较远，难以固守。王耀武决定在千佛山下新建一座机场，以维系济南与蒋介石的空中联络。该机场虽已动工，耗费了大量民工，但未建成，未能发生危害作用。

二、国民党军队的作战部署

1948年秋，潍县、兖州相继解放后，人民解放军即逐渐对济南形成包围态势。王耀武乃于1948年8月中旬下达作战命令。其概要如下：

（一）国民党军队战斗序列：

第二绥靖区司令官　王耀武

副司令官　牟中珩

参谋长　罗幸理

东地区队：指挥官　曹振铎

　　整编七十三师师长　曹振铎

　　十五旅旅长　王敬箴

　　七十七旅旅长　钱伯英

　　整编第二师二一三旅旅长　胡景瑗

　　第二绥靖区特务旅旅长　张尊光

　　山东省保安第六旅旅长　徐振中

西地区队：指挥官　吴化文

　　整编八十四师师长　吴化文

　　副师长杨团一

参谋长　徐孟儒

　　一五五旅旅长　杨友柏

　　一六一旅旅长　赵广兴

　　九十六军独立旅旅长　何志斌

　　整编二师二一一旅旅长　马培基

　　山东省救民先锋总队司令　孟昭进

　　青年教导总队总队长　刘　翔

　　教育长　张叔衡

　　整编第二师山炮营

　　第十二军轻榴弹炮营

总预备队：指挥官　晏子风

　　整编八十三师十九旅旅长　赵尧（3个团）

　　整编七十四师五十七旅旅长　杨晶（3个团）

　　第二绥靖区特务团团长　赵峙山

　　整编七十四师一七二团团长　刘炳昆（7个连）

　　国防部直属榴弹炮营、装甲车连（9辆）

　　独立工兵第二团第二营

协同作战部队：

　　空军第三大队的一至二个中队

　　陆空联络电台

第四兵站总监部总监　尹锡和

一〇六后方医院

（二）主要阵地部署与防御计划（略）

（三）战斗地境的划分

全线分为东、西两大防守地区，其地区分界线为：白马山、济南商埠西端至洛口之线（线上属东防守地区）。

各防守地区兵力配备如战斗序列所述，其防守地境如下：

东防守地区：由上述分界线以东地区，自洛口、黄台山、砚池山、燕子山、千佛山、四里山、白马山、商埠西端至洛口之线，线内为东防守地区。将特务旅、十五旅、七十七旅、二一三旅配置在第一线，以独立旅为地区预备队。

西防守地区：由上述分界线（线上不含）以西地区，自白马山（不含）经天青山、张庄飞机场、商埠西端（不含）至洛口之线，线内为西防守地区。

总预备队：位置在商埠。

三、战役经过

1948年9月16日午夜，解放军向砚池山和茂岭山发起突然攻击，当夜即消灭了这两个山上的国民党部队两个连，占领了济南市东面的制高点，控制了济南市，可以用炮火截断市区与千佛山之间的交通。同时在开元寺、八里洼一带，也发生了小型战斗。

当时，国民党第二绥靖区司令部所了解的解放军的情况是：济南东面是许世友将军率领的第九纵队，城南是谭震林将军指挥的数个纵队，城北是渤海纵队，对其余的解放军部队情况不详。

9月17日夜至18日夜，解放军向济南城东何庄、马庄、开元寺之线进攻，以马庄为攻击重点，双方战斗极为激烈，伤亡甚众。王耀武因十五旅、七十七旅伤亡过重，乃令从总预备队中抽调十九旅增加到马庄方面。此时东防守地区部队仍据守着马庄、何庄阵地，略有收缩，无大变化。同时，在西防守地区，解放军占领了天青山（济南最西的一个山）向张庄飞机场炮击，迫使国民党军从徐州运兵来济南的飞机无法降落，空运中断。

9月19日，城东的何庄、马庄一带仍在激战中。

19日晚9时，吴化文率西防守地区绝大部分国民党部队起义，因此，西防守地区的防线全部瓦解。原来以商埠为核心的防御计划彻底破产。

就在19日午后4时许，吴化文部的一个团长来见王耀武，密报吴化文将于当晚起义，他不愿起义，请求王耀武将他的一团兵力调至城内。王耀武令该团仍驻原地，要该团长随司令部行动。当时，王耀武用急电将吴化文起义情况报告蒋介石，并立即召集副司令官牟中珩、参谋长罗幸理到其室内，惊慌失措地说："吴化文投敌啦！济南大势已去，我要到第一线的开元寺去，今后的战局由罗参谋长负全责指挥。"当时罗幸理看了我一眼，说："可由副司令官负全责。"王耀武说："不行！副司令官与吴化文意见很深，留在此地恐怕吃他的亏，也要离开。"罗已知王耀武要逃走，乃对王说："那好吧！我本想与济南阵地共存亡，这样我也不准备牺牲啦，我准备被俘。请司令官到了后方时，对我妻子的生活关照一下。"王又指示罗："一般文件即行烧毁，只带重要文件，速将绥靖区司令部移驻城内省政府去，将原来重点坚守商埠的计划，改为坚守济南城。"

随后，王耀武又找来国民党山东省党部主任委员庞镜塘、第四兵站总监部副总监郑希冉（带一小包黄金）以及副官、卫士数人，策划一起逃走。王、牟、庞、郑等人首先到了四里山二一三旅旅部。王耀武给前方两个旅长打了电话，令其坚守阵地。然后伙同泰安县县长及便衣队十数人（王耀武是泰安县人），加上庞镜塘、郑希冉等一起向南逃窜。我见王耀武向南逃走，心想我是黄县人，应往东走，将来可以回家或到青岛去，于是决定不与王耀武同行，便由四里山回到司令部，与罗幸理见了一面。当时罗正忙着向城内搬家，对我说："我正忙于搬家，那好吧！咱们自便吧！"我离开司令部后，便沿着黄河南岸东行，逃至高密县境，就被当地的解放军查获了。

王耀武、庞镜塘、郑希冉等人向南逃窜，因城南系山区，解放军兵力布置得较密集，他们又转回洛口企图北逃，选了几条路，均未走通。整整窜了一夜，就是钻不出去，天明时只将又回到城内。王耀武又以最高指挥官身份，继续指挥战斗，打了五天，当济南城被解放军突破将要全部解放时，他又从大明湖出北极阁向东逃走，逃至寿光县境被民兵查获。

现将王耀武逃跑未遂，返城后又顽固抵抗了五天的情况叙述如下（这些情况是解放后王耀武亲自对我说的）：

他首先调整部署，缩短战线，企图集中兵力固守待援。除千佛山上由十五旅留一个营的兵力继续坚守外，将其他部队全部调至城内及商埠，以济南城为坚守重点，仍划分为东、西两个防守地区。东地区部队，负责防守济南城北、东、南三方面，由整编七十三师师长曹振铎任指挥官，指挥该师十五旅、七十七旅、整编八十三师的十九旅、整编二师二一三旅，绥署独立旅、山东省保安旅及独立炮兵营等部队、西地区部队，担任商埠及济南城西面的防守任务，由整编第二师师长晏子风任指挥官，指挥该师二一一旅，绥靖区特务旅，装甲车连，青年教导总队（约6000人），泰安县、莱芜县自卫总队及地方团队的混合队等部队。绥靖区特务团和整编七十四师的7个连担任绥靖区司令部及省府警卫任务，位置于省府附近。

9月20日夜，解放军围攻济南城及商埠，战斗不甚激烈。

9月21日，解放军猛攻济南城的南城圩子的东南角，将徐振中保安旅的阵地突破，该旅的残部退至城内。其左翼部队的十九旅赵尧部，亦退至城内，集结整顿。

在商埠方面，解放军于9月21日夜，由商埠的南、西、北三方面同时攻入，将火车站附近的二一一旅全部歼灭，旅长马培基被击毙。并将在邮政总局附近的整编七十四师的7个连歼灭，团长刘炳昆负伤后被俘。青年教导总队和各县自卫队均被击溃。其他各部亦被解放军重创，于是晏子风指挥的西地区残部，被迫退至城内。本日各方面战况均甚激烈。

9月22日，解放军继续攻城，战斗激烈。

9月23日，战斗更为激烈。是夜，解放军将济南城东南角十五旅与十九旅结合部的城墙突破，于是在市区的东部进行激烈的巷战。

9月24日，战斗进行到下午，济南市已大部解放，只有七十七旅旅长钱伯英率其残部在城西北角负隅顽抗，其后亦被歼灭。千佛山上的一个营，亦凭险顽抗，于9月27日被歼灭。

四、国民党军队的伤亡与被俘情况

参加这次战役的国民党部队约11万人（有10个旅），除随吴化文起义的两万余人外，被解放军击毙的约六七千人，其余自王耀武以下8万余人全部被俘，其武器弹药，亦全部被缴获。

五、我被解放军查获的经过

我于9月19日夜逃走后，先到黄河南岸的居民家中，抢掠了老百姓的四套黑布便衣，我同副官、卫士等换上了便衣乃向东逃窜。9月19日当夜未能逃出解放军的封锁线，并与副官、卫士失去了联络。我于9月20日晨潜伏在一块菜地的草棚内，20日午前解放军占领了城东北黄台山一带后，当时路途行人甚多，我便杂在行人中向东逃走。行至龙山附近，遇到山东保安处的一个职员，他认识我，介绍我到龙山居民冯丕棨（冯曾在山东省府教育厅当过视察员）家中潜伏了三天。冯也认识我，向国民党龙山乡公所给我要了一个路单，我改姓王，造了一个假名字，并由冯借给我3万多元（国民党币）作路费，我就继续向东逃走了。行至岞山，夜宿于一小店中，有查夜的民兵，他们看了我的路单说："乡公所是国民党的反动机构，这个路单在解放区不管用。"把路单没收了。我没有路单，不敢走大路，就走田径小路，行至高密，被解放军看出我行踪可疑，将我扣押七八天后，又将我解送到诸城滨海军区司令部看押了半月多，又将我解送坊子胶东俘管处。我一到俘管处，见有被俘的国民党官兵百数十人，我心中想，此地一定有人认识我。住了两天，领导果然查出我的身份来了。当时领导要我坦白真实姓名，不得已我就承认了是牟中珩。第二天即由胶东俘管处将我送到益都华东军医解放军官教导团改造，从此使我走向了新生。

国民党军第二绥靖区的彻底崩溃

罗幸理

1948年8月下旬到9月下旬，我在山东济南任国民党军第二绥靖区司令部参谋长。

1948年5月以后，山东济南外围的重要据点潍县、兖州相继解放。山东全省除济南及其附近的长清、齐河、历城等县城外，广大地区均在解放军控制之下，济南已成孤岛，注定了王耀武集团最后覆灭的命运。

关于战役经过，王耀武写的《济南战役的回忆》一文，已有记述，不复赘述。本文只就战役前、战役中我所知道的一些情况以及国民党军第二绥靖区的彻底崩溃，作一补叙。

战役前国民党军官的思想状况和防御上的弱点

（一）

王耀武统治集团的中上层骨干，在战前对济南的守备作战就失去了信心。这些人对于"为谁作战"的问题，当然是不明确的。过去打仗可以升官发财，而这一次却要对自己的身家性命付出重大的代价。因而内心里惶恐不安，矛盾重重，色厉内荏。从王耀武、牟中珩和我，到各个师、旅长，大体都是如此。而且，这些人深知，在人民解放军攻无不克、战无不胜的强大威力下，每次作战，国民党军队无疑不是损兵折将，或全军覆亡，官兵被俘；幸有逃脱，也只是少数。这些事实，在战役前，已在不少军官的心理上投下了深沉的阴影。战役前七八天，解放军放了成千的在潍县、兖州作战被俘的官兵回到济南，更是有形无形地加重了这种阴影。

（二）

对济南战役的防御配备、阵地编成、兵力部署、火网组织等重要方面，绥靖区司令部以下各级人员都缺少经验和周密的计划。以10万兵力，对这样一个70万人口、面积达几百里的城市进行防御守备，问题并不简单，需要做大量的具体、细致的工作，这对绥区以下各级司令部来说，都是异常复杂和生疏的任务。

同时，在防御配备上也存在着许多问题，第一，阵地和兵力不相适应，正面太大，兵力不足。当时国民党驻军的官兵人员，连同后勤报请领粮的约有11万多人，而实际参加作战、防守几百里宽的环形阵地的部队不足10万。兵力号称10万，由于缺旷，至少得打八折。第二，兵力和人力不相适应，正面宽，火力弱。第三，火力和障碍物亦不相适应，火力不能控制障碍物。第四，守备和机动不相配合，守备兵力多，机动兵力少，只有挨打，不能出击。其中特别突出的问题是兵力和阵地不适应，济南外围的守备区域，北起黄河，西到齐河、长清、肥城，南达崮山、仲宫，东至王舍人庄，周围200余里，逢村作石圩，要地皆守备，分兵把口，名为纵深据点配备，实为点线孤立，处处设防，处处薄弱。这种情况恰似小孩子穿大人衣服，极不相称。以致战火一起，破绽百出，处处被突破、割裂，下成死棋。

（三）

国民党军之所以失败，其统治集团的内部矛盾，又是一个重要因素。这种基于个人利害的相互间的矛盾，是无法统一的。上下猜疑，互不信任，各有打算。王耀武称他所属的一些基干人员，也是如此。整编九十六军军长兼整编八十四师师长吴化文，与王耀武相处时间不长，双方又都没有好感，一直是虚伪结合，同床异梦。整编第二师师长晏子风，与王耀武虽有十多年的关系，但除了互相利用，并无真正感情。整编七十三师师长曹振铎，表面为人厚重，但作战滑头。莱芜战役吐丝口一战，全军覆没。曹临阵脱逃极有经验（济南战役最后，据说乃是化装成赶骡马大车的，向北溜之大吉），其对济南作战自然不会付出全部力量。第二绥靖区副司令官牟中珩，王对他的态度是尊而不亲，并非真正依重牟年纪较大，亦不愿多揽事情，自居于作客地位。吴化文起义后，牟十分惊慌，借口与吴有旧恨，怕吴报复，其实是悲观战局，认为大势已去，乘机偕警卫、便衣潜逃。当时，我曾劝他镇静，但无效。王皆知悉，也未阻止。牟逃至高密，为解放军查获。我作为参谋长，缺乏作战经验，为人急躁幼稚。王对我也只当事务人员借重。我8月下旬才到济南，全般情况亦很生疏。王对我且存有怀疑，以我1946年同共产党和谈时曾当过代表、去过临沂，在济南军调小组谈判期间与共方人员有较多的往还，加以王耀武的亲信人员从旁中伤，所以对我在重要的作战指挥上，是将信将疑的。

其次，王耀武的一些中层骨干，如整编第二师二一三旅旅长胡景瑗、二一一旅旅长马培基，整编七十三师七十七旅旅长钱伯英、十五旅旅长王敬箴等，年轻、顽固、肯于作战，但对王也满腹牢骚，认为王对经济、人事抓得太紧，该给的钱不给，该用的人不用，只顾自己，不顾下属。其他司令部人员从我以下，对王也有牢骚、不满，论点和中层差不多。这些人认为济南已到这般地步，王耀武并没有下决心改革军队，加强战力，仍然是一切"向内抓"，主要是为自己和家庭的事打算，而且这次早已估计到局势不妙。

绥区司令部第一处处长吴鸢，是王的老人，管人事。此人心地狭小，对军事外行。二处军事情报处处长，是9月初济南战役即将开始时，才由整编七十三师七十七旅的团长李昆治调任的。李年轻，只能做些书面工作，情况生疏，对战斗没有起到作用。三处处长廖慰文，管作战。廖与晏子风、吴鸢、钱伯英、干戟（副参谋长）等几个湖北同乡为基干，拉成一片，战役开始，砚池山失守后，就失去信心，及至吴化文起义，随即化装潜逃了。第四处后勤处处长张介人是文人出身，不懂军事。副参谋长干戟是1948年通过晏子风等介绍由工兵团长调任的，过去没有直接参加过战事，在司令部只办业务。解放军夺取砚池山后，干即精神失常。据说9月24日王耀武逃跑后，干化装逃亡，中流弹而死。第四兵站副总监郑希冉，是王耀武的重要亲信之一，分管后勤经济，对王的经济支配、使用，起一定作用。这时，见王在经济上向内抓得过狠，也有意见。郑曾对我说，向王建议过几次，要王拿出一部分经济、物资，整顿军队，提高士气，但均为王口是心非地拒绝。

（四）

王耀武和他的司令部对作战行动始终是举棋不定的。8月中旬以前，济南的防御作战计划，基本上还没有最后定案。当时只确定飞机场比较重要，是后方交通生命线，必须确保。两个守备区还没有真正划定，机动部队也没有确定编成，师以下的作战行动都不明确。只遵照王的个人指示，构筑劳民伤财的工事，东一点，西一点，计划变动大，调动频繁，一切都很忙乱。部队的训练也无目的，而且是一般化的，没有进行一次很好的联合行动的防御攻守的现地训练演习。

把济南地区划分为两个守备区，以两个旅作机动部队，采取攻势防御的作战方针，9月初旬才最后大致确定。由于过迟地调整防御部署，将原作预备队的整编七十三师十五旅，增派到济南东南茂岭山、砚池山七十七旅左翼阵地，而把整编五十七旅、整编八十三师十九旅编成预备队。这样，就难免不打乱济南原来的防御配备。七十七旅和十五旅调动频繁，地形生疏，阵地内粮弹、饮水贮备不足，而且阵地上的障碍物随拆随修（调防者拆，接防者修），消损了防御力量，各连队逃兵多，新兵多，战力也受影响。又出于十九旅和整编五十七旅编成的预备队是临时组合，欠缺统一指挥，各级军官对作战计划均胸无成竹；对机动道路、桥梁也没有侦察、修补。还有当时自以为在各地构筑的据点式坚固阵地，能互相掩蔽支援，形成有力的纵深防御，实际上是各点孤立，一点被突破，无力恢复，即逐渐形成处处漏洞、处处被围、全线瓦解的局面，根本未起到纵深作战的作用。

王耀武本人和司令部人员，对作战计划的策定，更是摇摆不定。基本上是想确保飞机场和东南砚池山、茂岭山、千佛山等要地，苦撑苦打。王耀武于8月下旬曾对我说，准备组织两个核心指挥所，一个是以商埠的十大马路附近的某一坚固掩蔽部为基点，组织指挥枢纽；另一个则在千佛山东头茂岭山后的开元寺为指挥枢纽，存备粮弹、用水，与解放军作最后的坚决抵抗。但这也只是口头讲，并无具体措施。事实上，9月17日，茂岭山、砚池山失守后，以开元寺作核心据点的打算即成空想。19日吴化文起义，到20日，商埠一片混乱，十大马路核心据点的打算，也就成为泡影了。20日以后，在意外和被迫的情况下，商埠各兵站仓库，及绥区司令部人员，急促之间，迁入城里省府内苟延残喘，从此棋着更乱，连残局也不堪收拾了。

王耀武及其司令部人员如此举棋不定、枪法混乱，既不知彼，也不知己，在未战以前已注定了覆灭的命运。

（五）

8月下旬和9月上旬，在南京的蒋介石，参谋总长顾祝同和徐州"剿总"总司令刘峙，对王耀武在济南防御上存在的问题略有所闻，有些不放心，先后派国防部第三厅厅长郭汝瑰和徐州"剿总"副总司令杜聿明来济南视察。但他们两人只和王耀武作了一些室内、图上的研究，并未深入了解情况，更未现地视察。郭系工兵出身，对防御阵地的构成，作了一些理论上的介绍；杜聿明则作了一番自我标榜，吹嘘其在东北保卫哈尔滨战役与林彪将军作战的经过，对济南作战的实际情况，没有丝毫改变，王对郭、杜也并不十分重视。之后，顾祝同还派陆军总部第三署署长徐志勖和第三署副署长程有秋来济南视察一次。徐、程是王的旧属，视察后说了几句真话，也是认为济南防御部署的摊子拉得太大，兵力、火力均不足，小人穿大衣，问题不简单。王和我对此也有同感，但情势紧迫，积重难返，一时想改也来不及了。

王耀武因为欠缺实力，指挥的部队战力薄弱，致使他处处表现得色厉内荏，自感空虚，这就形成了一种变态心理：对吴化文的迷信与依靠。王认为吴一贯坚决反人民，与人民军队势不两立，必然能为国民党死战；又以为吴的部队虽被解放军消灭了不少，但还迷信他有一定的战力，竟把守备飞机场的重要任务（济南的"生命线"）交给了吴化文。那时吴的部队军风纪太差，作恶过多，国民党军自己也觉得过意不去，绥靖区司令部二处想派一些军事谍报人员去，了解搜集情况，促其改进，有利作战。但王为了表示一切相信吴化文，避免摩擦，竟告知第二处不要派军事谍报人员去吴的守备区域，任吴大胆为非作歹。所以，吴的起义活动、军队调动，王和司令部竟一无所知。

综合以上各种情况来看，王耀武集团中上层人员绝大部分腐朽、没落，既怕死，又爱钱，糊涂、动摇，早就决定了反动统治的必然崩溃。国民党军队内部的种种矛盾是绝对无法统一的。尽管其中有一些骨干分子妄图挣扎，仍失败的大局已定，早已无法挽回了。

二、战役中各特种兵未发挥作用

（一）

济南战役中，济南驻守空军（以南京为基地）约一个中队。国民党的空军完全是美国式的少爷兵，只能打太平仗，不能直接听到炮声和枪声，除了蒋介石、周至柔（国民党空军总司令）外，谁也指挥不动，狂妄骄纵，气焰冲天。王耀武想尽一切方法对机场加强守备，内心里似乎是有了飞机场就有了济南一样，对空军人员也尽情拉拢，望能协助作战。即使如此，这班公子哥儿航空兵，仍然百端借口，准备撤退。在整编七十四师五十八旅一七二团只运到七个连的时候，忽然发生了炮击机场跑道的事情。究竟是从腊山，还是从黄河北岸发射，把握不定。就在几声炮响之下，这些少爷兵全部如惊弓之鸟，驾机飞逃，只留下部分地勤人员和约几十万加仑的汽油和各种器材。

从此，济南成了完全被围的死城。

（二）

参加济南战役的国民党军炮兵不算多，除迫击炮约80余门外，还有十五榴、十榴加和七五口径的炮，炮种复杂，弹药不多，如果善于使用，也可以发挥较大火力。由于掌握、指挥、计划不好，事实并非如此。其中十榴加机甲炮（12门），当时是较现代化的，弹药也不少，可是在战役急剧转变的情况下，特别是吴化文起义，商埠被解放军攻占后，退守老城，地区狭小，竟无阵地可用了，被迫放在老城的体育场内（现皇亭体育场），因城内市街房屋过多，遮蔽角太大，以致完全失去了作战效力。

（三）

南京国防部给王耀武配备了一个连的装甲汽车（有9辆），是城市防御上比较有力的武器。但它和空军一样，也是少爷兵，平常在街上耀武扬威，吓唬人民；战时却胆小怕死，失去应有作用。解放军9月20日进占铁路大厂后，王和我曾几次下令该连掩护步兵反击，但他们以种种借口，根本不敢执行命令。

另外，还有几辆接收的日本式轻坦克，属绥靖区司令部特务团团长赵峙山指挥。从9月23日晨起，我们命令该坦克分队协助步兵反击普利门，这些老太爷式的坦克，行动蹒跚，机件不灵，并无用处。有二三辆为解放军的炸药包、手榴弹击毁，其余几辆也倒毙街头，成为王耀武集团覆灭的写照。

（四）

第二绥靖区司令部及兵站所有储备的弹药，粮食、器材、运输车辆等，绝大部分在商埠。吴化文起义后，从20日起，王耀武被迫调整部署。各级司令部人员匆忙狼狈地由商埠向老城迁移。兵站物资也大量向老城抢运。在这种仓促混乱的情况下，由于老城城门狭小，街道窄狭，20日午前8时起，由老城到商埠马路上，车辆成群，人流拥挤，哭声、骂声，乱成一团。特别是进城争先恐后，车辆，人流闭塞城门，挤伤、打死人的情况不断发生。到20日下午司令部不得不把东城门闭塞，阻止车辆、居民及兵站物资继续向城内搬运。兵站粮食、弹药，只能弃置商埠仓库，无法运进城内，造成国民党军撤进老城后，不能持续作战。同时，国民党省府是民政机关，未做战备，指挥所迁入后，人员甚杂，散处各地，没有储存粮弹、用水。到23日午后，解放军一部突占趵突泉自来水水源后，省府内水源均被断绝，最后战时抵抗中枢神经系统瘫痪了，也失去了最后组织抵抗的可能性。

三、司令部被歼经过

9月22日，王耀武为了鼓励老城守军的士气，作最后的垂死挣扎，亲率部分幕僚人员到老城城墙东、南、西各段守军阵地巡视并鼓励士气。巡视完毕，随即到达城东北角北极阁指挥所，就地指挥作战。跟王在北极阁指挥所的有副参谋长干戟、一处处长吴鸢、二处处长李昆治。从此时起，原由商埠随王迁到省府的司令部人员和所配属的电台（包括对空电台）及省府留住的秘书长刘玉田，建设厅厅长丁基实以及第四兵站副总监郑希冉，四处处长张介人等，均与我分住在省府大楼两侧的地下室内。其余人员散居省府其他房舍。此时虽然没有发生混乱，但已零落不堪。当时的任务是：我负责司令部的守备与后方秩序维持的责任；工耀武负责全盘作战的指挥，我们分居两处，各尽其责。副司令官牟中珩已逃，其他司令部各级人员也或逃或藏，分散不见了。

23日晚上，解放军继续从东、西两面进攻老城。西城战火激烈，枪炮声连续不断，西城天空也为之映红，守城部队陷于苦战。解放军一部分由南门及东北角突入外城，形势很紧急。但这时各指挥所的电话畅通，军队仍能调动，东凑西补，勉力挣扎。23日午夜，外城（济南旧城有内、外两城）各重要据点，如电灯公司、齐鲁大学等，均为解放军占领。晚间，国民党空军由青岛起飞的飞机（其中一部分是 B—29 型，一部分是运输机），携带汽油炸弹，向济南城区、城郊投掷，妄图阻止解放军的攻势，实际烧毁的是人民的房屋，损失的是人民的财产，对于阻止人民军队，根本没有起到作用。

　　24日子夜一时，我还与徐州"剿总"参谋长李树正用无线电通话一次，我告诉李济南的危急情况，李说了一些空话，做了一些鼓励和安慰，也没有别的办法。24日子夜以后，解放军复由普利门继续向内城进攻，进展很快。我指令七十七旅旅长钱伯英继续派部队堵截，想封锁城门，但由于解放军使用山炮作直接瞄准射击，威力较大，城门终于被突破，由东边大街突入济南内城。24日拂晓前，我接王耀武电话通知，由西门老城进攻的解放军已突破十五旅据守的东南角阵地，十五旅最后的防御工事已经瓦解。又因趵突泉水源被解放军占领，省府水电断绝；同时，因未曾存聚粮秣、燃料，全体千余人，从23日夜起即断绝饮食，情势相当恐慌。各配属的电台人员和一部分省府工作人员，多是文人，更为惊慌，时时派人向我的指挥所询问消息，观望颜色，打探出路。24日午前，解放军继续在城内分割蚕食进攻，七十七旅、十五旅残留部队的战斗在不同地区零星地分别进行。解放军后续部队继续进城增援，与守军进行激烈巷战，情况更为艰困。10时，王耀武电话通知我，告知情势紧急，正作最后挣扎，但电话中语气低沉，已经流露出最后失败即将到来的情绪。这时电话虽遭炮火轰击，经常中断，但电话兵不断维修，到11时与王的电话仍保持不断。24日11时30分，王电话通知我说，解放军主力已进入内城，有组织的抵抗全部崩溃，和各部队的电话也失去了联系，最后王在电话中低沉地对我说："情势困难，各自珍重。"这是王与我最后的一次通话。此后，电话线就断绝了。

我当时体会王的电话语气，估计王可能离开北极阁指挥所，但究竟是逃是藏，没有时间去想象和估计。在这种情况下，我当时的思想也很矛盾，主要是既怕死，又要面子。由于怕死，就不敢最后抵抗，也不敢做轻易的冒险逃亡（因为济南比较生疏，事先也没有准备）；另一方面又爱面子，不肯在许多同事和部属面前贸然向解放军投降。电话只有我一人知道，只好心里明白，隐而不宣。24日12时以后，解放军向省府的炮击更加猛烈，似乎已发起了对司令部的攻击，地下室周围落弹甚多，还失了一次火，经派兵抢救扑灭。14时，司令部更加紧张，解放军除继续炮击外，并不断向司令部的东面和东北角发射信号联络弹。这时，司令部的1000多人，都以我的行动、眼色为转移，还有两个南京配属的电台台长惊慌得痛哭流涕，跑到我的地下室请示办法。这时我稍一惊慌，首先就要引起整个司令部的混乱，可能发生火灾和乱兵的抢劫，各种破坏活动即会随之而来。

这时与我在掩蔽部内的兵站副总监郑希冉、司令部第四处处长张介人也束手无策。我当时的处境是死既不愿，逃又不能，结果只有拖。从15时起，守备部队陆续报告，解放军分路向司令部包围前进，兵力在两个团以上。我未作处置，只命令继续固守，以拖延时间，是一种无可奈何的心情。16时，解放军十三纵队开始从省府南大门和东南角进攻，前面小有接触。

省府总务处处长乔玉江，当时随我在地下室，与我仅一面之识，关系不深。这时乔就向我建议：省府工事单薄，守备省府的警卫团新兵多，训练差，抵抗效果不大，不如乘此机会向解放军提议停战，以避免人物损失。我对此正在考虑时，接着警卫报告解放军已进入大门，警卫团的一部分在前面已被缴械。我随命乔玉江去前面查看情况。乔离地下室15～20分钟就回来了。乔对我说："在前面见到了解放军的指挥官，他说山东兵团司令部参谋长要你前往接谈停战。这样，解放军就不准备强行攻击，可以减少双方的死伤，也可以减少你对战争应负的责任，山东兵团参谋长已在二门口外，希望考虑。"（大意）我当时正处在无可奈何、走投无路之际，只好接受乔的建议。随即由乔偕同前往。走到二门，见解放军部队成队成路地向二门涌进，其先头部队和守备省府的警卫部队枪口相对，不过百余米，情势紧张，只是没有开火。到二门口外，我见到一位解放军指挥员正在等待装电话，乔向其介绍我的职务后，那位指挥员（只说姓黄）就对我说："山东兵团司令员许世友将军要我转告你们，他要你们停战，放下武器。如果停战，对你们有好处，可以减轻你们的责任和双方伤亡，请你们认真考虑。"我觉得形势既已如此，抵抗也无能力，当即接受停战，放下武器。几分钟后，我回到地下室，郑希冉、张介人等亦无意见，愿意停战。只有相随多年、具有一定思想感情的警卫手枪排的官兵听到要缴械不愿意，一部分痛哭流涕，气氛相当阴沉，我对他们进行了抚慰。向他们说："能战就战，不能战就要逃，不战不逃那只有缴械，哭有什么用处。"之后，解放军黄指挥员派了位连长，随后又派了一位营长来地下室收缴武器，这两位解放军干部的态度和战场纪律都很好，言语委婉、温和，这就冲淡了当时的阴沉气氛，接收了武器。其余一个多营的守备部队（整一个团警卫省府的四周和内部各要点），也全部放下了武器，没有发生战斗。解放军顺利地结束了占领和接收绥站区司令部的工作。这时，大约是16时30分。隔了10多分钟，黄指挥员来到地下室，我把电话机和一些作战地图交给了他。17时以后，西边地下室省府的秘书长、厅长，前面各房舍内的绥靖区及省府、电台工作人员，也分别缴出了武器。停车场的车辆、油料亦均完好无缺。所有省府档案、电台、房舍、家具以及绥区通讯连、对空电台、各种中小型电台、电话机等，都完整无损地交给了人民解放军。

17时30分，黄指挥员派通讯员将我和郑希冉、张介人等送往团部。王耀武的第二绥靖区到此彻底崩溃。

当天晚上，国民党的轰炸机仍在市区、市郊乱投炸弹。城南门和东南角上某些居民房舍里还有国民党五十七旅和十五旅的一部分继续顽抗射击。20时到达团部后，我应解放军某指挥员的要求，写了一个手条，告知这些残余分子说："王耀武已逃走，罗幸理已被俘，继续抵抗无用，应该即时放下武器。"25日早上，我到了四里山十三纵队司令部，有一位参谋与我谈了一下作战情况。

9月底，我和郑希冉、张介人等由十三纵队司令部送往益都山东解放军官教导团学习。

我在济南战役中的经历和见闻

庞镜塘

1945年秋冬间，在国民党军队和敌伪残余武装的掩护下，国民党山东省政府主席何思源、山东省挺进军总司令李延年先后进入济南。但国民党政权尽管托庇于日、美帝国主义，一时虽占据了这个军事基地，却仍只限于孤立的一个城市，出城一二十里外便是解放军的许多据点，紧紧地包围着济南城。1946年2月以后，李延年部被撤销，他所指挥的军队也调离济南，或由第二绥靖区司令部加以改编。此后，虽然山东又调进了几批国民党军队，在一个短时间内占据了交通沿线，使津浦铁路和胶济铁路通了几次车，但为时不久，到年秋，济南又陷于重重包围之中。

在当时，王耀武和各级指挥官对"守卫济南"都毫无信心，却又不敢讲出口来，怕影响军心。虽然在彼此接触的时候，大家都强调有办法、有准备，但各级人员则纷纷运送眷属，携带资财，不分昼夜地逃离济南。有一次，王耀武对我说起济南的局势日益紧张，必须大大增强防卫力量，尤其驻济空军的力量更须特别加强，要我替他到南京向最高军事当局请求加派得力军队来济支援。我回答他说："你已有副司令官（指傅立平）在南京坐请增兵，不需要我再来代庖，而且关于军事问题我去接洽也不见得就能引起当局的重视，不可能有什么效果。"他说："我们副司令官所能接头的，只是军事主管部门，只能谈到一些具体问题，在老先生（指蒋介石）方面，你去代我当面要求，效力更大得多。"结果我以无关自己的责任，始终对他的请托未予接受。

其实他这一些表示，事后曾对我说，当时他对"守卫济南"已完全失去信心，为照顾我安全离开济南，只有趁最后几班飞机送我去南京，所谓要我替他请兵，仅是一种借口。这就明显地说明他当时已经存在着济南已不可保的心理。不过为了他自己有守土之责，就不得不硬着头皮坚持下去。这也是当时国民党军高级将领中相当普遍存在的一种思想。

1948年9月19日晚，正当济南外围战事最激烈的时候，担任济南西线防守任务的九十六军军长吴化文，召集该军团、处长以上人员开会，简单扼要地宣布：蒋军已无外援，只靠空运部队接应无济于事。本军已和解放军接洽妥当，决定于今晚在现场起义，投向人民。嘱各团长即刻回去，集合部队，撤出防线。散会后，各团长都回团进行准备工作，只有一五五旅四六五团团长王玉臣不同意起义，但又不敢公然反对，于是跑到绥靖区司令部向王耀武告密。

王耀武在得到密报后，亲用电话邀我到他的办公室，张皇失措地告诉我吴化文"叛变"的消息。当时他与我商定，先到城四面看看情况，再决定行止。两人到西闸口吴部防区卡子，发觉那里已无守兵，这才肯定吴部已真正"叛变"，到指定地点集合去了。王认为吴部既已"反戈"，机场和南京的联络已被他破坏，外来接济已告绝望，共军可以从西郊直逼城下，东线各军必将受到极大影响，济南的失守即将成为事实。这时，王才决定弃城逃走。

王在出走之前，向各将领交代一下，要他们早做准备。当时我们两人即回到四里山下二一三旅旅部，电话约各军师长来，告以吴军情况，嘱咐他们分头准备，必要时撤到城内固守待援。会后我俩遂即回城。刚到省府，接到吴部旅长杨友柏从北关打来的电话，说吴部已决定脱离战场，他这个旅不愿跟吴走，要求进城参加防守。接着王就派国民党山东省党部委员于宝仓，代表我们两人以慰问为名，前往北关和杨友柏会晤，以观虚实。结果于没再回来，以后，再找杨讲话，电话也接不通了。

王在失望的情况下，即交代参谋长罗幸理在绥区司令部负责指挥，自己准备化装逃走，副司令官牟中珩，在吴化文哗变后，因他与吴过去矛盾很深，害怕吴进行报复，也即逃走了。我俩到了一个团部，又到了一个营部，越发感到形势十分急迫。王耀武这时明白地对我说："有吴化文这么一来，机场和南京的联系已被他破坏，外来的接济已告绝望；济南的失守已马上成为事实，我们（指我俩）只好离开这里。另作打算。"但他又怕沿津浦铁路北来打援的解放军力量太大，不敢向南走，遂又想从洛口渡河先逃往天津再设法转到南京。不料刚到离洛口铁桥不远的地方，听到黄河北岸响起一阵一阵的枪声，知道对岸的解放军已早有准备，不敢迎面过去，乃相约先回城里，再定行止。等我们到达山东省政府时，文职人员都表现出面面相觑、一筹莫展的窘迫状态，军职人员也显得仓皇失措，束手无策。到处呈现混乱状态，各不相顾，我便在这种情况下和王耀武分手了。

我自己挤出了济南城，先到了普利门外三大马路一家国民党经营的"志成企业公司"里，和该公司的经理刘绳武商议，准备在该公司里暂避一时，了解一下四郊的情况再作打算。但仅在那里住了一夜，已经听到多次传来解放军大部队已逐渐结在城厢的消息，该公司的对面也住了一个解放军的连部。我知道自己已经隐蔽不住，乃于第三天的早晨化装为商民逃出西卡子，徒步直奔长清县城，在长清县城住了两天，雇一辆地排车随同大帮由济南逃出的各种人奔向济宁，企图由济宁搭运河船混出县城车站，逃往徐州，再转南京。但是我刚住进济宁北关的一家旅店，即被公安人员认为形迹可疑，送往招待所暂住，听候审查。由于我隐瞒了自己的其实身份，在招待所住了3天，还是放我乘船离开了济宁。1948年10月9日，到达距临城12里与解放区交界的杨桥，发现有几个便衣军人在村外出没，同行的一个旅伴（山东省银行副总经理司徒履光）判断是国民党军派出的侦察人员，遂向其暴露自己的真实姓名，也介绍了我的身份和姓名，请其护送到临城车站。于是由这几位便衣军人引导我们到另一个村庄，他们声明是解放军的一个连部侦察队，接着便解释党的宽大政策，要我们安心住下来接受党的宽大处理。

从这时起，结束了我在旧社会的生涯。

我任战地视察官时在济南战役中之所见

王　然

　　1947年夏，我奉蒋介石和国民党国防部之命到山东任战地视察官。当时驻山东的战地视察官共12人，组长是郑再生。这些视察官大都是从各地的政工、军事、后勤等部门调来的，由国民党国防部严格审查后，再由蒋介石分别召见，尔后加以任命。因为我是浙江人，是蒋介石的所谓大同乡，又是黄埔军校三期毕业的少将级军官，所以蒋召见我时，更是谆谆相嘱，期望弥切。我刚到山东战场时，在兖州霍守义的第十二军任视察官，后来调到济南，又在九十六军吴化文部任视察官。原山东战地视察组组长郑再生1948年3月被撤职后，蒋介石又电令我继郑再生之后任战地视察组组长。在济南战役中，我与第二绥靖区司令官兼山东省主席王耀武、第二绥靖区副司令官牟中珩、参谋长罗幸理以及济南其他军政要员，曾对济南防务时相磋商、谋划，又在济南战役中亲眼看见了吴化文起义和济南残余守军的溃灭。因此对济南战役的全部过程知之较详。

现在，我将这段史实写出，以供参考。

一、国民党军在济南战役中的部署

因为济南是山东的省会，又是南北交通的枢纽，战略地位相当重要。蒋介石为了不让华北和华东的解放军连成一片，所以下决心守住济南。为此他不但再三令王耀武加强防卫措施以确保济南，而且电令我们战地视察组协助，督导地方军事首脑确保济南。蒋介石既然把济南看得如此重要，作为战地视察官的我们（人们通常把我们这些人称作"督战官"），就决不能把这事视同小可。因为地方军事首脑一般把我们看作是拿着尚方宝剑的人物，我们不说撤退，他们一般是不敢擅自撤退的。1948年3月周村战役时，因守军二十二师师长周庆祥未经视察官同意弃城逃回济南，而视察官严某被打死（被谁打死不明），蒋介石则电令王耀武将周押至南京枪决。

1948年9月间，解放军华东野战军各部已开始向济南外围进逼，据可靠情报，其兵力约在20万以上，而各路民兵尚未统计在内。这就大大超过了济南国民党守军的力量，更不要说士气和人心的向背了。济南王耀武的守军共计10万余人，但是真正有战斗力的不到10万，而且各部均非满员。济南战役开始前，我曾准备对王耀武指挥下的各部队全面检查一次，以了解其各部队的缺员情况，进而以估价其真正的战斗力。但是，只检查了曹振铎的七十三师一个旅，便因大战迫在眉睫而中途停止。以此士气低落而又并非满员的10万之众，来对抗斗志昂扬的解放军之20万雄师，其结果就可想而知了。

王耀武守卫济南的家当只有这些，虽然他曾向蒋介石、刘峙、杜聿明乞求援兵，但直到济南战役开始时却只空运来了八十三师周志道部的第十九旅和整编七十四师的一七二团。对于这10万兵力王耀武做了这样的部署：

1. 第二绥靖区司令部驻商埠，吴化文起义后迁驻城里省政府内。

2. 九十六军军长吴化文负责指挥西守备区，包括城北洛口至城南八里洼一线以西直至长清，配备有八十四师的一五五旅、一六一旅、独立旅，以及整编二师晏子风的二一一旅、孟昭进的救民先锋总队、张叔衡的青年教导总队等。

3. 整编七十三师师长曹振铎负责指挥东守备区，包括城北洛口至城南八里洼以东直至郭店，由七十三师的十五旅、七十七旅等防守。

4. 以五十七旅整编八十三师已经空运来的十九旅为总预备队，归整编第二师师长晏子风统一指挥。

5. 外围据点由历城、长清、齐河的地方团队担任守卫，借以初步消耗解放军的战斗力。

从长远考虑还准备在千佛山北麓建设一个飞机场，以备西郊张庄机场发生不虞时之需，但尚未建设，济南战役便开始了。

二、吴化文战场起义

1948年9月13日即农历八月十四日，济南战役的枪声响了，华东人民解放军从济南外围向城郊进逼。战斗进行到19日，当解放军已扫清济南外围进逼到城郊的时候，吴化文率部2万余人起义。吴化文的起义打乱了王耀武的部署，形势急转直下，直至不可收拾。战斗进行到24日，济南遂告解放。对于吴化文这一人物，蒋介石、刘峙、杜聿明、王耀武等都曾加以分析，大都认为他从抗战末期投敌以来，屡次与共军作战，结怨甚深，料他不会投共。当然对他也不是毫无防备，因为大家除认为他与共军结怨甚深不致投共之外，也认为他是一个反复无常、内心诡诈的人物，因之除安抚之外，又多加防范。其实在吴化文起义之前，我们是发觉一些异常现象的。如：他派人向银行提取大批存款；借口急需运输粮弹到前线部队，几次向绥靖区请求增拨载重汽车，将其父及妻室迁离济南市区；以电话请求绥靖区把济南西郊的警戒及检查所任务由他派一个团担任等等。这些显然都是吴化文为起义作准备，但是因为没有料到他竟会起义，所以对这些异常现象没有引起注意。

对于吴化文起义，我认为大致有以下几个方面的原因：

1. 与蒋介石集团有矛盾

在1948年夏我驻吴化文部任视察官时，在闲谈中吴对我说："我投汪伪是遵蒋总统的旨意。戴笠叫我去见总统，当时总统小声地对我说，'只有你才能担负这个重任，可是戴笠死了，谁能证明我投靠汪伪是蒋总统叫我干的呢？戴笠如果不死，周佛海不会被枪毙，我也不至于落到今天这个地位！'言外之意流露出他对蒋介石的不满。又一次闲谈中吴化文对我说："你是黄埔三期，和王司令官（指王耀武）是同学，你们都有办法，连王司令官的几个保安旅团的装备都比我的好。另外，我的部队的缺额也太多，你能对王司令官说一声，帮我解决这些困难吗？"这些话也可说明他对自己受歧视有所不满。

2. 进步力量的影响

吴化文起义除了由于他对蒋介石集团不满感到跟着蒋介石走前途暗淡之外，进步力量的影响也是不可忽视的。据吴说抗日战争时期他曾和陈毅同志见过面，吴对陈的印象很好。抗战胜利后直至1948年六七月间，陈还写过信给吴，这恐怕对吴的转向也大有影响。

此外，他的部队在与解放军的战斗中，几次受挫，被俘官兵不少。这些官兵有的写信给吴化文，指明吴的前途，有的释放回吴部，这对吴也有一些影响。

再则是党的地下工作者的活动，这大概是促成吴化文起义的重要原因。例如泰安的情报机关，当吴部两次援充到泰安时，我曾听到八十四师师部的一些人说："这里的情报机关是两面交换情报的，即国民党军队的情报，收集交给解放军，解放军的情报收集交给国民党军队。"又如济南战役开始前夕，第二绥靖区的情报机关收集到一份有数十人之多的中共地下工作人员的名单，交给了王耀武。当时我看到王耀武随手交给了在座的八十四师和第四兵站总监部的负责人，叫他们赶快回去查办。吴起义后，听济南警察局分局长石建中说，吴化文的内弟就是共产党的地下工作人员之一。

三、吴化文起义后王耀武采取的措施

吴化文起义时，我正在第四兵站总监部总监尹锡和的住处参加宴会。忽然我接到第二绥靖区副司令官牟中珩打来的电话，他说："有紧急情况，请速到绥区司令部一谈。"我即驱车前往。当我到达绥区司令部时，发现只有牟中珩、罗幸理和几个处长惊惶失措地围着张桌子在纷纷议论，王耀武却不在那里。据了解，原来王得到吴起义的消息后，怕吴袭击绥区司令部，躲到他的亲信部队整编二师某旅部去了。当时参谋长罗幸理对我说："据吴化文部王团长（指王玉臣）报告，吴化文已经准备叛变，你看怎么办？"牟中珩和其他在场的人也都附和着罗幸理催促我赶快想办法。我觉得这问题很棘手，当时我考虑，一方面觉得我自己和吴化文相处了一个时期，关系还不错。因此我想单枪匹马去说服他回来，可是又想，六七月间为了催吴援兖曾在大汶口与吴发生冲突，而今只身深入虎穴，吴化文反复无常，弄得不好可能被吴扣留。同时我又考虑，我是代表总统来战地视察的，总统交给我的任务是"稳定军心"、是"战督"，却并没有将防守济南的任务交付给我。当时济南的部队除吴化文部外，其余是王耀武的部队，并且守卫济南的作战计划和兵力部署，也都是王耀武一手经办的。济南能否守得住，应由王耀武负责。想到这里，我迟疑了一阵之后，对牟中珩、罗幸理说："此事任王司令官处置。"牟、罗听到我这样作答，似乎不大满意。我知道他们的意思是想叫我说一句"放弃济南"，把济南不守的责任推到我身上，我不干。于是牟、罗又央求我打电报给蒋介石。我当即草拟了一个电稿，电告蒋介石："整编八十四师吴化文率部叛变，如何处理，乞示遵。"并立即将此电稿交罗幸理在第二绥靖区电台译发。

我由绥区司令部回到视察组后，王耀武给我打电话说："情况紧急，你已经知道了，请你把视察官分派到各师、旅去，你自己任便到哪个师都可以。希望你保重身体。"当时我觉得自己身为视察组组长，如济南失守，无以报蒋。于是我当即召集所有视察官商议对策。大家一致同意死活在一起，决不分散，紧随二绥区司令部，监视他们的行动，他王耀武不敢把视察组置若无睹，擅自脱逃，弃守济南。我并提出这样的主张：视察官不能分散到各个师去，也不能逃走，但要视察组迁到城里去，看情况行事。各视察官都同意我这个主张，于是便在当天（9月19日）夜里，把视察组迁到城里旧省府后面的一个陆军医院里。

第二天，我到绥区司令部去查看情况，见除少数杂兵和政工处几个下级军官外，没有一个指挥人员。我问他们，王耀武、牟中珩、罗幸理他们在什么地方，都说不知道。后来我打听到王耀武在下令各部队"缩短阵地，固守城垣"之后，与牟、罗带了一个旅向黄河铁桥方向去了。

四、济南守军的覆灭

吴化文起义后的第二天下午，王耀武又回到了济南。9月21日，我再到已迁到城里旧省府的绥区司令部，在那里见到了王耀武。他对我说，总统已电告他"缩短阵地，坚守待援"。他又叫我会同军法处起草一个督战命令。我主张实行"连坐法"，即师长不退，旅长先退者，即杀旅长；旅长不退，师长先退者，即杀师长，他们不同意。王耀武又叫我请示蒋介石派飞机将电灯公司炸掉，我不同意，他只好作罢。这天我也接到了蒋介石派飞机给我送来的信，说："贞夫弟，济南事你同王司令官协商处理。"怎么处理呢？吴化文起义，西线已敞开了大门，解放军已进入了商埠，东线解放军也已进逼城垣。第四兵站总监部储存在商埠西区辛庄一带的粮、弹，由于吴化文的起义和解放军的迅速挺进，也都成了解放军的战利品。城内的粮弹已所剩无几，而杜聿明指挥的孙元良、邱清泉、李弥三个兵团的援军还不知道在哪里爬行。在这种情况之下，蒋介石在吴化文起义之后的"将阵地缩短，坚守待援，已严令援军星夜前进，以解济南之围"的加急电报也只能起到望梅止渴的作用，而无法改变济南即将陷落的命运。

为了及时了解战况和王耀武的动向，22日我派了一个视察官驻进第二绥靖区司令部。据报，当天下午就见不到王耀武、牟中珩的踪影了。城外战斗的枪炮声整天不停地响着，双方在逐条街、逐座房地争夺，战斗在激烈地进行。为了具体地了解一下战况，我到七十三师阵地东城墙上去视察，发现解放军还没有攻到城墙脚下。我到了炮兵阵地，见炮兵在那里闲着抽烟，问他们这是怎么回事，他们说没有目标可打，上级也没有指示他们打什么目标。

9月22日，防守火车站的整编第二师二一一旅与解放军激烈交锋，该旅旅长马培基阵亡，其部队被歼灭，解放军直逼普利门、永镇门外。至此，商埠除邮政大楼原第二绥靖区司令部这个据点外，其余全部被解放军占领，开始向城内攻击。

9月23日，解放军开始搭起云梯爬城，手枪声、机关枪声、手榴弹及掷弹筒和炸药的爆炸声响成一片，城上城下一片火海。只因城高解放军未能径入，前曾电告国防部说粮弹将尽，昨日空投粮食一批，但大都落在城外，为解放军所获。23日以后，守军中、上级军官已开始化装逃跑，只有些下级军官和士兵负隅顽抗，是夜12点钟前后，南门东侧城墙被解放军爆破了一个宽高三四米的大缺口，攻城部队蜂拥而入，登上城墙，居高临下地用机枪、步枪向城内射击。至9月24日上午肃清躲在屋内顽抗的守军后，守城蒋军全部被歼。我派人到绥区司令部察看，回报说司令部只剩下两人，王耀武已从北城逃逸。当时我曾对视察官们说："我们只有两条路，一条是集体自杀，另一条是各人自便。"因为我们是所谓"督战官"，是蒋介石最信赖的人，为蒋氏信赖必为共产党所痛恨，所以我们绝不能被俘。然而命运的安排却并非如此。先是在吴化文起义之后，我即将视察组迁入城内。后来由于解放军攻入城内，我们又分散隐蔽在省图书馆西面的一家市民房内。三天后解放军清查户口，我与另一位视察官则化装成教师模样逃出济南，至王村被扣留。

　　济南战役在吴化文起义后，又打了5天之久，这与其说是蒋军战斗力强，毋宁说是我这个总统特派战地视察官员冥顽不灵"督战"的结果，以致在最后几天的战斗中使成千上万的人伤亡，每思至此，愧悔良深！现在我已垂耄耋之年，虽孑然一身鳏居故里，然而地方政府对我的关怀和照顾却无微不至，使我既无衣食之虞，又无寂寥之感。然而我过去的黄埔校友、浙东故人，却有不少人仍蛰居台湾，我衷心地希望他们回到祖国的怀抱中来。

（崔力明　整理）

济南战役前后

刘子瑛

1948年9月24日，解放军华东野战军攻克济南，全歼守敌11万人（内含一个军2万余人起义），从而揭开了我国解放战争战略决战的序幕。当时我在济南任国民党国防部军事新闻通讯社主任，亲自经历和亲眼看见了济南战役前前后后的一些情景，现追述于后。

一、济南的地理形势和战略位置

济南是山东省会所在地，津浦、胶济两条铁路在此交会，是贯穿南北东西的交通枢纽，地理位置非常重要，历史上即为兵家必争之地。

1948年4月30日，中共中央发布纪念"五一"劳动节口号，发出"打到南京去，活捉蒋介石"的号召。随着整个东北地区的解放，中原解放区的扩大和巩固，以及中国人民解放军在山东战场的节节胜利，济南孤城已成为人民军队的囊中之物，伸手可逮，只是时间迟早而已。而国民党更视济南为咽喉要地，以此作为沟通华北，控制山东，拱卫华东的战略据点，济南若有丢失，等于一个人割断咽喉，就得送命了。为此，蒋介石曾再三指令盘踞济南之国民党军第二绥靖区司令官兼山东省政府主席王耀武，要"固守确保与城共存"。

二、济南战役前双方的准备与部署

围绕着"争"与"保"、"攻"与"守"济南这个重要的据点，人民解放军与国民党军双方间展开了斗智与斗力的一系列的斗争。

在解放军方面：1946年，包括对山东境内几个大城市，如济南、青岛、潍县、兖州等都是这样。解放军占领了津浦、胶济铁路两侧广大农村，控制两条铁路干线，火车时通时停，或通一段，停一段，蒋军要有大部队出动，才能通过铁路沿线。到了1947年，解放军采取的战略改为"围而不打"（如包括济南在内的几个主要城市），都"围而困之"。到了1948年，人民解放军则采取主动出击，各个击破，攻而占之的战略。如1948年5月初，解放军攻占潍县，活捉国民党军九十六军军长陈金城，切断和控制了胶济铁路。1948年6月间，解放军又攻占了兖州，活捉了国民党十二军军长霍守义。这样，津浦铁路只剩下徐州到南京的一段为蒋军控制，从而使济南完全陷于孤立。

与此同时，人民解放军除了夺取外围据点，完成攻城准备的军事部署以外，还采取了分化瓦解敌军和火线练兵教育等一系列政治工作。国民党整编八十四师吴化文部，原系汪伪汉奸部队改编，非蒋嫡系，受王耀武歧视，且该师在1948年7月间南援兖州时在大汶口被解放军阻击打败，之后又释放囚俘，进行了分化瓦解工作，为济南战役打响时争取该师起义创造了条件。在1947年2月，莱芜战役中被俘的七十三军官佐，大部经解放军短期教育后释放，回济南后仍在重建整编七十三师（师长曹振铎）充当军官。因此，这支部队战斗力不强，士气低落。如有个叫谭星煌的，他原是七十三军的一个团长，莱芜被俘放回后，升任了副旅长，在济南战役中他最先放下武器。

鉴于德州、潍县、兖州等外围据点相继丢失，解放军大军压境，济南危在旦夕负责守备济南之国民党军第二绥靖区司令官王耀武，亦曾费尽心机，使尽花招，企图负隅顽抗，以作垂死挣扎。但他的守备部队却只有整编七十三师（师长曹振铎）、整编二师（师长晏子风）、整编八十四师（师长吴化文兼）和一个特务旅（旅长张尊光），兵力不到8万人；连同以后空运济南的正规军和地方保安团队，总共加起来约11万人。

所以王耀武担心的主要问题，就是兵员少、战斗力差。为此，他多次奔走南京、徐州，要求增加济南守备部队和争取徐州援军北上。1948年5月间，王耀武亲赴南京，面见蒋介石，请求把过去曾由他指挥的亲信部队整编七十四师、整编八十三师，调济南第二绥靖区，以增强防守力量。济南战役打响后，城外飞机场被解放军控制，只空运到整编七十四师的五十七旅（旅长杨晶）和整编八十三师的十九旅（旅长赵尧）。同年夏，国民党徐州剿总司令刘峙飞济南，与王耀武召开军事会议，决定加固和增筑防御工事，扩大和增修城内飞机场，并由徐州调派邱清泉、李弥两个主力兵团近20万人，准备随时北上增援，与济南守军呼应，里外夹击解放军。

王耀武还在济南临时扩编地方武装。一是收容和招募一些流亡地主武装，编成一个"救民先锋总队"，乌合了2000余众，于1948年春在济南市区杆石桥成立，总队长孟昭进（原流亡专员兼保安司令）；二是招收和诱骗一些流亡学生和失学青年，编成一个"青年教导总队"，临时拼凑了七八千青年学生，于1948年6月在济南市郊白马山成立。刘翔任总队长，由教育长张叔衡负实际责任（因系学生性质，临时编训，教育长实际就是参谋长）。在该总队成立时，还虚张声势，大造舆论，由王耀武亲自主持召开成立大会，邀请社会各界名流和各部队长官、新闻记者等参加。上午开大会、演说、照相、会餐，下午全总队官兵整队到济南市区大游行。当时国民党山东省参议会议长裴鸣宇还在讲演时吟诗"八千子弟起青齐，重整山河志亦奇"，把青教总队比喻为王耀武的八千子弟兵。我当时曾以《一寸山河一寸血，十万青年十万军》为题写了一篇特写，把王耀武的8000青教总队吹捧为抗日时的10万青年军，王耀武大为高兴，立刻送了我10袋面粉和一卡车煤炭。

与此同时，王耀武还施用镇压与笼络、调查，监视、打气等政治手腕来配合他的军事行动，以图维系人心，提高士气。1948年年初，王耀武曾报请将丢失济南附近周村阵地的国民党军三十二师师长周庆祥，由他亲自专机押送南京枪毙，以杀鸡儆猴。1948年7月间，王在整编七十三师七十七旅召开所谓"庆功大会"，"庆祝龙山大捷，选举战斗英雄"，为立功官兵升级授奖，照相登报。王还利用群众团体，由商会出钱，妇女会出人，组织所谓"慰劳队"（由一个名叫杨宝琳的女立法委员负责主持，杨是国民党山东主委庞镜塘的妻子，善于交际），用赠送慰劳品、演戏、唱歌，替士兵浆洗缝补等方法，笼络欺骗士兵，替他们当炮灰。王还命令济南市区实行宵禁，各街口设栏栅岗哨，不时突击检查户口和旅店、饭馆、戏院等公共场合。经常有便衣特务和武装军警巡逻、监视、盘查等等。王耀武还于1948年8月间，报请晋升整编八十四师师长吴化文为整编九十六军军长，仍兼整编八十四师师长，并指挥整编二师师长晏子风，实际上是牵制、监视吴化文。

此外，王耀武还在他的司令部内开展所谓"六项整风运动"，并印发小册子，官佐人手一册。我只记得其中四条，即"亲兵、爱民、廉勤、务实"，每周一项运动，如"亲兵周""爱民周"等等。王还规定司令部官佐每周要轮流参加体力劳动，劳动项目是修筑千佛山飞机场（主要是征用民工和调派军工）。

当时王耀武满以为经过他这番精心策划的调遣部署，济南城防可以万无一失，王并自诩他是山东泰安人，要使山东济南安如泰山。当时我在济南，曾多次参加王的这些集会活动，并经常向南京、上海各报拍发新闻电讯，替王耀武吹嘘捧场，称誉他"当年三捷长沙，今日砥柱黄河，古城名将，相得益彰，济南城防，坚如磐石，固若金汤"等等。

三、济南战役的经过概述

所谓"坚如磐石，固若金汤"，完全是自欺欺人的鬼话。当时守备济南的国民党军，当官的诚惶诚恐，各怀鬼胎；当兵的士气低落，纷纷逃亡。我还清楚地记得，解放军对济南发起总攻的时间是1948年9月16日深夜，那天正是农历中秋佳节前夕，官员和太太们在酒醉饭饱之后，从温柔的梦乡中突然被解放军的隆隆炮声惊醒，醉眼迷离，衣发不整，奔走呼号，到处乱作一团。折腾了大半夜，好不容易挨到第二天上午，很多官太太携儿带女和金银细软，坐上飞机，仓皇逃走，而留下来所谓守土有责的国民党高级军官，也是惶惶不可终日。当天，解放军强攻占领了城郊两个主要据点茂岭山和砚池山，以这两个山头为制高点，向济南市区猛烈炮击，威力极大。王耀武下令将丢失这两个山头阵地的朱营长枪决，组织反扑。到第四天黄昏，吴化文的副军长杨团一神色仓皇地来到绥区向王耀武密报，"吴化文正在和解放军联系，准备叛变"。王耀武一听甚是惊慌。当晚吴化文率部两万余人起义后，解放军得以迅速推进，占领了城外飞机场，这样就使得王耀武手忙脚乱，连夜在四里山召开军、师、旅长高级军官会议，调整军事部署。由于城外机场被解放军占领，千佛山机场又未完全竣工，这就切断了空运援军和大官逃跑的退路。国民党军官兵更是张皇失措，恐慌万分。整个绥区司令部内闹闹嚷嚷，乱作一团，搬运物资和烧毁文件，忙得不可开交，连夜把整个司令部搬到内城大明湖近旁的省政府里。我也匆忙打点行装随同绥区一道搬到省政府里，和绥区办公厅主任龙出云、监察官汤远理等临时住在一起，为了给蒋军官兵打气壮胆和安定市内人心，司令部的办公室和政工处还要我用"军闻社"消息，向城外商埠发出电讯，诡称"共军攻城部队已被击退，国军士气高昂，人心安定，济南可确保无虞"等等。

到第五天黄昏，解放军已迫近城郊，进逼市区，固守商埠原绥区大楼之整编七十四师五十八旅一七二团，在该处负隅顽抗，与解放军肉搏厮拼了一个昼夜，整座大楼的窗门墙壁，大部被解放军炮火和手榴弹炸塌焚毁，只剩下一座大楼躯壳架子。双方官兵死伤很多，最后该团团长刘炳昆重伤被俘，大楼被解放军攻占。至此，整个商埠市区全被解放军占领。国民党残兵败将且打且退，退入城内，紧闭城门，高踞城墙，凭深沟高垒，负隅顽抗。王耀武这时还表面上气壮如牛，狂叫"必死必守"，并下令组织"督战队""突击队"，架起机关枪，阻止蒋军后撤。王并授意参谋长罗幸理，要他的秘书吴中天用王的名义拟了一份所谓"书面谈话"，交由我向南京发出电讯。"谈话"诡称"要效法陈明仁苦守四平街41天的精神，固守待援，转败为胜"等等。实际上王胆小如鼠，他把设在国民党省府地下室的指挥部交由他的参谋长罗幸理负责，而他自己则独自到大明湖北极阁设"指挥所"，并私下密令他的亲信副官尤维贤打点便衣行装，准备逃跑。那时，我还向那些极少数负隅顽抗的残兵败将，散发所谓"号外"，造谣说："徐州援军邱清泉、李弥两个兵团日夜兼程北上，前锋已过平阴、肥城，克日可解济南之围"等等。其实，当时所谓援军，已遭到解放军增援部队的阻击，远在大汶口以南。我的那些谎话，不过是掩耳盗铃、自欺欺人而已。

在济南城内的高墙、铁门、宽壕间，来回拉锯战打了两个昼夜，国民党军死的死，逃的逃，更多的是做了俘虏。解放军的伤亡也不小。到了第七天，城内已开始发生巷战，重型炮弹准确无误地落在国民党省府司令部的屋顶上，机枪子弹更是像雨点似的从司令部驻地上空落下。这时，国民党少数高级军官只好龟缩在地下室内，有时派出一两个通信兵出去送信，多半是出地下室不几步就被流弹打死。地下室负责指挥的参谋长罗幸理自我解嘲地说："我认识陈毅，我就在这里等他好了，诸位，就各自请便了！"等到黄昏时分，炮停枪稀，大家也就彼此心照不宣，不打招呼，各自伸头探脑，缩手轻脚，东张西望，顺着墙根很快地溜走，消失在夜幕中了。

在第八天上午，王耀武由他的随从副官尤维贤护引着，偷偷从北极阁水北门底下的涵洞里钻出去，化装向东逃走了。

这时，城里还有稀稀落落的枪声。约莫中午时分，解放军大批大批地穿城搜索而过。大街上随时可见到被打死的国民党军官兵尸体和被炸毁、烧毁的坦克和卡车。

至此，济南全城完全解放了，济南战役全部结束，时间是：1948年9月24日。

四、济南战役的影响及其他

整个济南战役，从开始到结束，仅仅8天时间，全歼守备济南之国民党军11万有余（内含一个整编八十四师吴化文部2万余人起义）。济南战役的胜利结束，切断了华北平津与华东徐州国民党军事上的呼应联系，为淮海、平津两大战役的胜利进行和迅速结束创造了有利的条件，从而大大加速了"打倒蒋介石，解放全中国"的革命战争的历史进程。

济南战役结束后，所有被俘国民党军官佐，都押送后方学习改造。由于形势发展很快，为适应解放军的需要，团级以下校尉官佐，都在淮海战役前全部释放，只留下军、师、旅、处长以上将级军官继续改造。当时华东军区政治部设立"解放军官教导团"，团长季方（农工民主党负责人，黄埔军校一至三期教官），政委刘贯一（华东军区政治部联络部长），把俘虏的国民党军上校以上的高级军官，集中在山东益都郭家庄学习改造。这时，在济南战役中先期化装逃跑的第二绥靖区司令官王耀武（化装成生病的老头，化名乔坤，包头布，躺坐大车，在去青岛途中的寿光县被查获），副司令官牟中珩（冒充上士伙夫，在高密从俘虏士兵中查出来），国民党山东省主委庞镜塘（化装成商人，逃到滕县被俘获），三个巨头，一个也没有逃出解放区，分别从东、南不同方向，押解到益都学习改造。当时在郭家庄集中的是第一队（将官队）和第二队（上校队）两个中队，共百余人，几乎全部是济南战役中的俘虏。其中，少数是以前莱芜、潍县、兖州等地俘虏的李仙洲（二绥区副司令官）、韩浚（七十三军军长）、陈金城（九十六军军长）、霍守义（十二军军长）及其他高级军官。济南战役中俘虏的将级军官计有罗幸理（参谋长）、龙出云（办公厅主任）、王然（国防部战地视察组组长）、谭子奇（政工处处长）、吴鸢（一处处长）、李昆治（二处处长）、钱伯英（七十七旅旅长）、张介人（四处处长）、晏子风（整编二师师长）、唐孟墅（整编二师副师长）、龙矫（整编七十三师副师长）、赵尧（十九旅旅长）、杨晶（五十七旅旅长）、胡景瑗（二一三旅旅长）、张尊光（特务旅旅长）、张叔衡（青教总队教育长），整个第二绥区的领导班子处以上主官和直辖部队旅以上带兵官，大部落网。无怪当时有人这么嘲弄说："蒋介石在江西剿共时，曾号召我们的人要走到敌人的司令部去办事。而今我们的王司令官更高一筹，把他的整个第二绥区司令部全部搬到华东解放军官教导团来了。"

岁月悠悠，物换星移，时序年轮已进入到20世纪80年代。当年在济南战役这场历史活剧中扮演各个角色的国民党军军官，经过思想改造和教育，也都已由共产党和人民政府分别妥善安排，工作、生活各得其所。起义有功的吴化文军长，解放后曾担任浙江省交通厅厅长、浙江省政协副主席职务；改恶从善、特赦释放的王耀武、庞镜塘、牟中珩、李仙洲等人，也分别安排担任了全国政协委员和文史资料委员会委员。他们在共产党的统一战线政策感召之下，爱国一家，团结奋斗，共谋祖国统一，共图振兴中华。

杜聿明增援济南未果

刘继礼

1948年秋，我在国民党军第十三兵团（兵团司令是李弥）第八军四十二师（师长是石建中）任政工处处长。李弥兵团是国民党徐州"剿总"三大主力兵团之一。济南解放后，该兵团奉"剿总"命令自固镇、宿县移驻徐州，为徐州的警备部队。那时我曾在一次会议上听到杜聿明关于济南战役的谈话。兹就记忆所及，记述如下。

抗日战争胜利后，蒋介石不顾全国人民渴望和平的愿望，撕毁停战协定，向解放区大举进犯。但在人民解放军的痛击下，时仅两年，国民党部队就被歼300多万。无论是在东北、华北，还是在华东、中原，都只剩下几个孤立的重点防守城市。在此形势下，蒋介石为了调整态势，挽救危局，乃将其华东地区的主力部队编成三个兵团，即邱清泉任司令的第二兵团、黄百韬任司令的第七兵团和李弥任司令的第十三兵团，调驻徐州周围，并把他信任的名将杜聿明硬是从医院里拉出来任徐州"剿总"的副总司令（总司令刘峙，不过是个牌位而已）。以上所说的蒋的嫡系三个主力兵团及当时驻在豫东的川军孙元良的十六兵团和王耀武的二绥区、冯治安的三绥区统归徐州"剿总"指挥。杜聿明于1948年8月初旬上任伊始，即把邱清泉兵团集结于商丘，黄百韬兵团集结于徐州以东的新安，李弥兵团集结于徐州以南的固镇、宿县。他认为这样南可屏藩首都（南京），北可策应济南。

我所在的国民党第八军第四十二师驻在固镇。在中秋节的前三天，我师接到向洪泽湖地区扫荡的命令。我同师长石建中当即率部出发，沿着灵璧、泗县、泗洪一线向前推进。中秋节那天黄昏前到达泗洪城，刚部署好部队宿营，通信营营长就把刚从无线电里收到的军长周开成给我们师的命令送来师部，军长命令我师立即返回蚌埠飞机场。空运济南增援。我们乃连夜回师。20日拂晓走到灵璧县城时，又接到周军长的电令说，吴化文的九十六军于昨夜在济南投向共军，济南飞机场已由共军控制，空运已不可能，命我师在固镇停止待命。当晚我们就回到了固镇。我师在固镇喘息了一天，就被调到徐州做"剿总"的警卫部队。我们这个四十二师，原是抗日战争中国民党部队负过伤的荣誉官兵编成的"荣誉第一师"。宋希濂、郑洞国、李弥、汪波等都曾任过该师师长；1947年，陈诚改称该师为四十二师。1939年冬抗日的昆仑关战役中，荣誉一师曾归当时任第五军军长的杜聿明指挥，因而杜与该师的关系一直很亲切。济南战役后的一天，杜聿明到师里来看望我们，还召集全师营以上官长座谈。当谈到济南战役时，杜聿明说："我8月初来'剿总'视事后，曾飞往济南视察。当时我向王耀武指出两个问题：一是济南的防御工事太差，除千佛山阵地的工事（那还是我们荣誉师1947年春一度驻济南时构筑的）还可以外，其余都必须加固，凭现在这样的工事，济南是守不住的。二是吴化文这个人反复无常，朝秦暮楚，表面上服从，而内心里诡诈，让他负责守备济南西部地区，是靠不住的。可王耀武却说'从他的表现看，他不会有问题，吴化文一贯同共军摩擦，并且很厉害，1940年还在共军盘踞的老区山东临朐，残酷地制造过无人区。他是不敢投向共军的'。结果，济南一打响，王耀武就向蒋总统告急。总统电促我火速亲率部队增援济南。我当即令十三、十六两兵团置于津浦路正面，二兵团绕微山湖以西前进，同时决定把你们这个师先空运到济南去，因为你们去年曾归王耀武指挥驻过济南，人地都很熟悉，能增强防御力量。我原计划共军攻济南不下伤亡重大时，北上部队趁机自外面猛打，令济南守军也同时出击，不料9月19日夜里吴化文率九十六军在济南飞机场投共，只得令津浦正面的部队与共军预先埋伏的打援部队进行激战。结果吴化文投共后仅4天，济南即告失陷，王耀武、牟中珩东逃途中被俘，我增援各部只得掉头转回徐州。令人遗憾的是，我在济南指出的两点，并没引起王耀武的重视，反遭王的参谋长罗幸理的反对顶撞；否则，我认为济南战役会是另一种结局，绝对不会失败的。"

杜聿明这次的谈话是他当时的立场和职务决定的，当时他对济南战役也只能作上述分析，这点我是理解的，但他却认识不到问题的实质。蒋介石当时已是众叛亲离，陷于全国人民的包围之中，处于空前孤立的境地。他的一切阴谋和挣扎都是徒劳的，挽救不了他必然垮台的命运。

第二章

西线战斗经过

长清县城守卫战

张文骏

　　在济南战役中，长清县是王耀武部署的整个防御体系中的外围据点，没驻扎国民党的正规部队，由县自卫总队负责防守。县自卫总队共有2000余人，相当于一个团的编制。总队长刘某只挂个名字，实际是由长清县县长支剑光负责指挥。总队下辖三个大队（营）。一大队有七个中队（连），实力较强；二大队有五一个中队，系由武警改编，并附有一个骑兵队；三大队又称河西大队，在黄河岸边驻防。防守长清县城的是一、二两个大队，近2000人。自卫大队配备的武器有步枪、轻机枪、重机枪，没有炮。

　　我当时任十一中队的中队长，主要任务是防守南门。

　　长清县城的守卫战是从1948年9月14日正式开始的，在此前数日，长清情报系统即侦悉有解放军的大部队从平阴、肥城一带向济南移动，9月13日夜已进抵长清城郊，并开始向城内做骚扰性射击。14日一早，长清县城被团团包围。长清县城的守卫战开始了。

长清县城本是个小城，无险可守，又没国民党的正规部队驻防，只有2000余人的自卫队。这时解放大军兵临城下，如城内守军负隅顽抗，无异于以卵击石。在这种形势下，总指挥长清县县长支剑光在与攻城部队交火一阵后，乃命令城内守军到东门里大操场集合，以便济南援军接近长清县修筑较好的防御工事。可是到了上午10点来钟，得悉济南增援部队（据说是整编第二师某部）行至沙河受阻折返济南，突围已无希望。于是支剑光便又命令部队回守原防地。

我带着我所指挥的十一中队近200人返回南门原防地后，发现城外南关大街路面已被解放军控制，并将一些桌椅杂物堆置路中心，已阻止守军突围南行。我们迅速进入南门城墙的防御工事，继续与攻城部队交火。相持许久之后，解放军便用狙击手封闭城上碉堡的射击孔，并凭借城外一些较高的建筑物向守军开火，似有登城之意，守军只有依靠暗堡顽抗。

南门外有一座险要去处石麟山，距城约1000米，支剑光特派一个战斗力较强的中队防守。解放军在包围了长清县城的同时，也包围了石麟山。从13日战斗开始后，解放军一边攻城，一边向石麟山上的守军进攻。14日上午，石麟山被解放军攻占，守山的残余部队败逃至城东南隅，城内守军用绳子把他们一个个从城墙上拉进城内。可是石麟山一失守，城内守军受到很大威胁，因为站在石麟山上看长清城内如同站在房顶看院内一样，这时解放军可以居高临下地向城内使用各种轻重武器射击。在这种形势下要想坚守县城已不可能了。于是，总指挥部在14日下午4点钟命令全部守军于晚8点钟黄昏时在北门集合，准备突围。可是不到6点钟，我部两侧守军便撤出防地去北门里，至7点钟，我便带领部队撤退，并派一个班掩护。谁知，等我撤至北门时，解放军已开始进城，派去掩护撤退的那个班，班长已阵亡，全班只剩下四个人。

这时十几个中队的人全集中在北门里大街两侧，十二中队的几十匹马也集中在那里，解放军的炮弹向人群密集处猛射，几十匹战马被惊得满街乱跑，更增加了混乱。

支剑光命令以重机枪掩护十中队的一个排从北门突围，但出去不远即大部被消灭。接着又组织兵力二次突围。由于北门外的大路路面低于两边的地面2米多，路旁又无房屋，地面开阔，无物掩护。我判断由此处突围希望甚微，便同支剑光暗暗绕至西北城角，炸开一座暗堡，越过护城河，向济南方向奔去。

我随支剑光突围后，城内守军全部被俘，长清县城完全被解放军占领。

我因与孟昭进救民先锋总队的一个名叫杜月全的团长有旧交，乃去周王庄投奔他，而支剑光却在任家山口被俘。以后我又得悉，长清县自卫总队十二中队的队长是共产党的地下工作者，当我随支剑光突围后，他便腰插短枪给俘虏们训话了。

济南战役中的国民党军整编第二师

晏子风

我是1946年到达山东与王耀武共事的。当时，王任山东省主席兼山东省保安司令和第二绥靖区司令官；我任山东省保安副司令。1948年5月，我和整编第二师师长聂松溪对调，聂任省保安副司令，我任整编第二师师长。在济南战役中，我负责指挥国民党济南守军的总预备队，现将我在济南战役中的亲身经历简要叙述如下。

一、整编第二师在战役前的部署情况

1948年5月，整编第二师师部驻济南西郊井家沟。当时，该师下辖二一一旅（旅长马培基）、二一三旅（旅长胡景瑗）两个旅。师直属部队有：警卫营（营长徐子安）、工兵营（营长邢作霖）、辎重营（营长郝峰）、炮兵营（营长的名字已记不清）、独立大队（大队长瞿赓扬）、输送大队及师部六大处。二一一旅驻段店、大小饮马庄、腊山，杨庄、周王庄、古城一带；二一三旅驻四里山、六里山、七里山、梁家庄、千佛山一带；警卫营、辎重营驻井家沟、石寨、白马山、王官庄一带；工兵营驻北店子一带；独立大队驻芦家庄、大小魏庄、东西沙王庄一带，该师负责济南西北郊的防守任务。

兖州战役后，济南形势日趋紧张。王耀武请蒋增援，但只调来一个十九旅（旅长赵尧）计有三个团，后来王耀武又调拨一个保安第八旅（旅长孙荣扬）有三个团，归我指挥。到9月初，解放军攻济部队不断向济南地区移动。东面章丘的龙山附近已发现解放军活动，西南方面张夏、万德、青杨、小崮山一带，也有解放军活动；同时各专区、县给解放军输送粮秣、弹药的大批民工队伍，也浩浩荡荡地向济南推进，眼看一场大战就要爆发。就在此时，我哥哥晏道刚（他曾任蒋介石侍从室主任，1946年起义）派人送给我一封信，信中谈道，济南如果爆发战争，应相机向王耀武进言；如王忠蒋不变，要消极应付等语。在这千钧一发之际，我秉承哥哥的旨意，向王耀武进言献策，建议他把部队北移与傅作义并肩。王未采纳。在解放军攻城紧急的时刻，我又冒着炮火到王耀武的指挥所，请求王派我同庞镜塘二人与解放军谈判，王亦未许可。

1948年9月日，我在堤口路师部，接到了王耀武的命令。命令的大意是：为了确保济南，将济南划分为东、西两个守备区。自黄河洛口至城南八里洼为东西守备区的界线。以整编七十三师师长曹振铎为东守备区指挥官；以整编九十六军军长兼八十四师师长吴化文为西守备区指挥官；以五十七旅、十九旅、七十四师一七二团及部分保安部为总预备队，由我统一指挥。总预备队是机动防御部队，哪里战斗紧急即到哪里去支援。根据王耀武的命令，我对总预备队所属部队做了防御部署。具体部署情况是：整编第二师二一一旅三个团，驻段店以北大小饮马庄、大小金庄、周王庄、古城一带；二一三旅三个团，驻四里山、六里山、七里山、八里桂、千佛山、梁家庄一带；整编十九旅三个团，驻井家沟、白马山、大崮山、炒米店一带；保安第八旅三个团，驻金牛山、标山、药山、洛口、飞机场、黄河大堤一带；整编第二师师部驻堤口；师直属部队警卫营、辎重营驻匡山、崔庙、吴家堡一带，炮兵营驻堤口师部附近，输送大队驻王官庄，独立大队驻芦家庄、大小魏庄、东沙王庄、西沙王庄一带，工兵营驻扎北店子一带。整编第二师和总预备队的部署，除二一三旅外，其他各部均与吴化文部交叉驻防，实际上是共同防守西部地区。

二、整编第二师在西线的作战情况

在王耀武的命令下达之后，我接着召集副师长唐孟鳖、参谋长田豫生、参谋处长何霖、军务处长程智信、副官处处长何宝华、政工处处长兼独立大队队长瞿赓扬及参谋人员研究了作战方案。鉴于长清、万德一带已有解放军活动，并由西南方面向济南推进这一情况，师部决定命令瞿赓扬独立大队，于16日17时到达古城待命。

9月16日（农历八月十四日）下午5时前，瞿部全部抵达古城，到师前方指挥所报到。我即口述命令：长清方向沿济南至长清大道，有敌人重兵向济南方向移动。正前方琵琶山以南当面之敌，移动迅速，预计凌晨前可达琵琶山口。你部可派出搜索部队迅速前进，在午夜前占领琵琶山制高点，就地作业构筑掩体，拒敌前进。

9月17日凌晨2时，琵琶山枪炮声大作，瞿部已与解放军接火，在大孟庄以西以南一线高地两侧，形成锯齿形交叉战斗，战况激烈。我为保存瞿部实力，即派传骑兵去命令瞿部徒涉沙河，从小径绕道返回，撤退至周王庄待命。9月17日（农历八月十五日）古城正面二一一旅六三三团，被解放军攻击部队牵制撤不下来，且受到解放军炮击，死伤惨重。古城的砖石圩墙，被解放军的炮兵轰开几个缺口，战斗到上午10时，解放军停止攻击。此时赵尧部队也撤退下来，六三三团趁机撤出古城。何志斌的部队也急速地退到段店飞机场一线。此时周王庄四周均甚沉寂，但炮兵的机械、人马乱作一团，纷纷溃退，夺路而走，迅速撤到济南，进入守备区工事里，准备战斗。在独立大队的后卫掩护下，二一一旅退到段店驻地。当日下午3时撤退完毕，解放军未作追击。师独立大队完成掩护任务后，于当晚返回大小魏庄、芦家庄、东西沙王庄沿飞机场之线西北侧面，就地构筑工事，抗拒解放军的进攻。

三、整编第二师退到商埠及城内作战情况

9月19日拂晓，王耀武打电话给我说："吴化文情况不明，你可把沿飞机场、洛口之线的部队，急速撤回商埠，进入守备区工事，准备应战。"我接到电话后，又气又惊。济南战役开始前，我曾建议王耀武率部北移，靠拢傅作义，王拒不采纳，弄得如此结局！老实说，我已丧失了固守济南的信心。在失望之余，只得把副师长唐孟鏊、参谋长田豫生两人叫到我的房间，要副师长唐孟鏊代我指挥部队，参谋长田豫生计划部署。随后，我以面见王耀武为由，带领副官处处长何定华、军务处处长程智信及师部非作战人员，进入城里，把西门里一家西药店作为师部指挥所。副师长唐孟鏊，参谋长田豫生带领作战参谋人员及传令兵4人，撤到绥靖区司令部西边楼上，设置了前方指挥所，指挥作战。9月20日中午，参谋处处长何霈，带着商埠兵力部署要图，展示给我看，不过此时我已心不在作战上，而是在筹谋如何建议王耀武退出战场。正因为如此，所以我只心不在焉地看了一下，他们的部署是：二一一旅三个团（实际上已残缺不全），部署在经一路以北火车站、打包厂和省立医院几个制高点。师直属部队警卫营在普利门，工兵营在绥靖区司令部以北至青年会一线，辎重营在经一路以东到石太岩饭店一线，独立大队在正面，防守绥靖区东西两座大楼、经二路邮电大楼、经三路铭新池至经四路纬四路口之线。正前方十二

马路以西以南经六路、经七路、经八路至齐鲁大学一线由青教总队三个团拒守。下午2时，对商埠区防线部署完毕，副师长、参谋长带着随从人员，回到西门里师司令部位置。我们在一起忧心忡忡，这时还妄想蒋派援军来解围。这天下午7时，西线解放军就开始攻击，首当其冲的是青教总队第三团，所部尽是学生，没有经过战斗，作战经验更谈不上，不到两小时，阵地就被解放军突破，死伤惨重，该团团长史醒初当场被击毙，残部纷纷溃逃。晚11时左右，王耀武派装甲车队，由二大马路向西突击，妄图夺回十二马路。车到纬五路即被解放军打毁一辆，其他迅速逃回。此时防守在省立医院、打包厂、火车站等处的二一一旅正同从西南方面压下来的解放军激烈战斗，在火车站打了个几进几出，二一一旅官兵伤亡殆尽，旅长马培基在撤逃中被击毙，残余部队有的潜入民房藏匿起来，有的在桥洞底下顽抗，直至21日午前9时，被解放军全部歼灭。在解放军围攻二一一旅的同时，在纬四路一带防守的整编第二师独立大队、工兵营等也正与攻入商埠的解放军激战。王耀武恐正面抵挡不住解放军的攻击，乃以新调来的一七二团接替瞿赓扬的独立大队，负责守卫绥靖区司令部驻地和邮电大楼。为了重新部署作战，把徐子安的警卫营调至西门，加强瞿赓扬的独立大队，并将工兵营和二一三旅第三团二营，临时组建成师独立团调至青年会，麟祥门附近地区，由瞿赓扬任独立团团长指挥作战。解放军采用地下水道或由民宅打洞穿过的战法，使守军观察不到射击目标，无法抗拒，因而损失很大，伤亡惨重。后来守军也采取打洞进民宅的战法，抗拒解放军的进攻。因此双方形成锯齿形火线，战斗异常激烈。20日晚8时，工兵营在青年会一线，全部被歼。临时组建的师独立团，经过激战之后，伤亡很大，也被迫撤退到外城普利门一带防守。晚9时许，解放军用重炮将杆石桥圩子墙轰开一个大缺口，进攻的解放军即兵分两路，一路沿西南方向包围齐鲁大学，一路直入杆石桥，进攻坤顺门至西门一线，断绝普利门守军的后路。战斗到9月22日上午8时，普利门防线的守军全部被歼灭，普利门一带为解放军攻占。23日凌晨、永钲门、北门的解放军配合东、南、西三面的解放军向城墙上的守军猛烈轰击。此时，我感到任何援救已不可能到来，唯一的期望是王耀武能采纳我的建议和解放军谈判。于是我冒着激烈的炮火，跑到王耀武指挥所，再次要求他准许我同庞镜塘两人出城与解放军谈判，王仍坚持不准。我再不能打下去了，即借口有病不能坚持，指定由副师长唐孟鳌、参谋长田豫生代替我指挥作战，我就私下准备自己的退路。24日凌晨，七十七旅部队在坤顺门，二一三旅残部在南门，十九旅一部在东城角仍在血战中，实际上也只有这几支部队在抗拒解放军，双方伤亡很大。解放军在24日晨，终于突破了东城角，消灭了十九旅残部，经东向西南、东北两路突击，越战越勇，越打越强。七十七旅残部仍在坤顺门作垂死挣扎，但终因士气低落，在晨曦中阵地被解放军突破。此时，东、南、西三面解放军以排山倒海之势，一齐压进城来。副师长唐孟鳌、参谋长田豫生也早已不知去向。王耀武的电话也不叫了，他带着高子日团的残部，经大明湖北门逃走了。我在凌晨，趁混乱之时，带卫士二人化装逃走，还没有走出济南，在西门一带被查俘。当天，守军除在一两个据点孤守外，多已被歼。至此，济南市全部为解放军占领。

（瞿赓扬　整理）

国民党整编第二师独立大队被歼经过

瞿赓扬

　　国民党军整编第二师，原系夏楚中二十集团军的部队。1947年秋，该集团军撤销后，该师由师长聂松溪带到济南整顿，下辖二一一、二一三两个旅，师直属部队有独立大队、特务营、工兵营、辎重营、炮兵营等。因聂不是王耀武嫡系，乃被王调任山东省保安副司令；另由原保安副司令晏子风调任整编第二师师长，当时我在该师先任政工处处长，后调任独立大队队长。独立大队下设三个队，以后扩充成三个营：一营代号为先驱；二营代号为飞腾；三营代号为风云；共有1000多人。在济南战役中，将独立大队改为独立团，我任团长。独立大队的装备比较好，全是美式的，有半数是自动化的。枪榴组每班有4名射手。大队里有小炮排，配备小炮4门、火箭筒4门。

1948年9月16日，济南战役打响了，其西线战斗我从始到终参与。现将战役中我所亲历的情况，分述如下。

一、琵琶山遭遇战

战役前夕，整编第二师师部在堤口，二一一旅和我独立大队在西线防守，我大队驻西沙王庄。1948年9月16日（农历八月十四日）下午1时许，师部派副官用吉普车来接我。途中我很纳闷，为什么派车来接？有紧急任务吗？约10分钟后到了师部办公室，见到师长晏子风和参谋长田豫生；晏即指着墙上的军用地图叫我看插着标签的地方琵琶山，并面谕我说："午后4时30分，你大队立即出发，沿济长（济南至长清）大道前进，到达古城待命。"晏又叫原车把我送回大队部。我心里这时已明白，战斗就要开始了，因为3月间，解放军已将济南外围全部控制。我回到大队部，立即把三个营长（一营长张炳南、二营长邢建、三营长杨文明）叫来，向他们讲了师长的命令；当即迅速把全大队集合，按一营、大队部、二营、三营顺序，急行军向古城疾进。下午4时到达古城，我一进寨门就看到师长的吉普车停在一家地主大院门前，接着师作战参谋陈磊出来迎我。原来师部指挥所已移到这里。我向师长晏子风报告部队已经到齐。他立即叫陈参谋把作战任务告诉我："部队继续前进到离古城12里的杜家庙休息待命。可派一部兵力迅速占领琵琶山制高点，封锁长清到济南的大道。"我随即召集连长以上人员，下达了任务，由一营任前卫，并向道路两侧高地及300米内外开阔地搜索前进。约在下午7时,我率二、三营跟进;晚上9时整到达杜家庙,令部队休息开饭、露营。深夜11时,前方无何动静。我派联络员张晓光同三营一个指导员各带一个小组,向左右两侧搜索;又命令各营加强警戒。午夜12时,师部传骑送来命令,要我大队立即占领琵琶山高地,构筑工事,加强戒备,准备战斗,并指定我在小孟庄指挥。还告知我当前情况:"据侦察报告,解放军有一至两个纵队正沿长清至济南大道疾进。九十六军独立旅在琵琶山右前方,今夜通过你大队阵地前向西转移,左侧十九旅正向古城方向运动中,希迅速派员联络,前线情况随时用传骑速报师部。"

接到师部命令后,我即令各营出发,向琵琶山方向前进。以一营为前卫向小孟庄搜索前进;二营向右侧高地搜索前进,注意向右前右侧警戒;三营派一个连为我大队预备队,其余在大孟庄集结并监视左侧。是夜,月明如昼,行进中,未发生情况。当进至距小孟庄约一里许时,忽闻左侧有大部队运动的嘈杂声,并有刺刀水壶碰击声。我除令三营加强左翼警戒外,又派三名精悍联络员前去联络。不料联络员三人一去不复返。这时我决心不能停留此地,必须继续前进。当搜索部队到达小孟庄外,我即令停止入庄,等待预先派出的侦察人员汇报,搞清情况后再行动。约半小时,联络员仍无一人返回,只听庄里有互问口令的喊声,接着冲锋枪、手榴弹便响成一团。当时我为稳住立足点,就把跟在我身边的一个班也拿上去堵住村口。凭借民房院墙互相争夺。不久,前、左、右三面都打响了。解放军的火力,越来越猛。幸我留在大孟庄的第三营闻声前来增援,战斗约半小时,解放军从三面冲过来了,眼看要受到围歼,我乃命令三营掩护,迅即撤出小孟庄，向大孟庄东侧沙河方向转移。

与此同时，听到杜家庙方向人声鼎沸，并有骂声和零星枪声。这时忽由杜家庙方向来了师部传骑，令我大队立即由左侧徒涉沙河从小道撤回周王庄。解放军大部队已向我二一一旅六三三团古城阵地猛攻。部队全部徒涉过河完毕已是凌晨3时。所幸解放军未向我追击，他们的主攻目标是指向据守古城的二一一旅六三三团，我大队乃安全撤到周王庄一线。

二、撤到周王庄

9月17日（农历八月十五日）晨7时许，我大队到达周王庄，刚把部队部署在公路两侧村庄里，还未来得及清查人员伤亡情况，晏子风就派人叫我前去汇报情况。我把夜间遭遇战斗情况向他汇报后，晏说："你能够把这点东西保存下来，就很好。"国防部派在整编第二师的视察官也勉励了我几句。我想他们的意思是说我大队没被解放军吃掉，就算很好。这天正值中秋节，周王庄的商店都还开门做生意，老百姓也一如往常忙着过节，整个村子显得气氛平静。我们正在开午饭时，忽见独立旅何志斌部和赵尧的十九旅纷纷由周王庄两侧撤退下来；部队还比较整齐，万没料到几天之后，就会全军覆没。

当天上午9时，晏子风在师部召集我和二一一旅旅长马培甚和他的六三一团团长刘沛然、副师长唐孟鋈、参谋长田豫生谈话。晏向我们交代说："现在情况很紧急，崮山方向有情况，东线已全线接触，战斗很激烈，我师要确保西线安全，须作新的部署（他暗含着要注意吴化文有变化，当时我未理解，也未注意）"。接着他就下达任务，把我大队暂拨归马培基旅长指挥；我师要在18时前全部转移到4区，19时前进入阵地。从周王庄至古城、大金庄、小金庄直至段店一带，沿途由二一一旅掩护。随后马旅长又命我大队担任掩护本旅的任务。我大队俟掩护任务完毕，乃回归原驻地西沙王庄。

三、解放军炮击古城

我由师部回到大队部还不到10点钟，古城方面炮声隆隆，前方请援电话不断。守古城的二一一旅六三三团被解放军炮击，死伤甚重。该团原来就是个破烂摊子，又加在增援兖州战役中于满庄被解放军伏击，损失过半，战斗力明显薄弱。师里之所以把它配置在古城，是因当时古城是后方。未料，一昼夜间，变成前沿阵地。这时师部已撤走，前面的部队也相继地撤回。直到午后4时，六三三团的残余，方狼狈地逃回段店。二一一旅这时已面临独当西线重任。幸好解放军攻占古城后，未继续追击。我大队随二一一旅转移到大金庄，旅长把我大队留作他的预备队，我才得到半天休息。到傍晚7时许，战斗又开始了。解放军由古城、周王庄直迫大金庄而来；北店子、饮马庄等据点也同时受到解放军的攻击。原来峨眉山一带，均系吴化文部防地，这时忽然都撤走了，我们还莫名其妙；只有独自抗击解放军的攻击。战斗越打越激烈，至午夜已打了三次反复进退，双方伤亡都很大。到

9月18日（农历八月十六日）凌晨2时，大金庄受到密集炮弹轰击，情况十分紧急。就在此时，马旅长对他的卫士说："你把月饼拿来，我们过个节吧！"

他说这话实际是一种悲鸣，说不定什么时候会被炮弹打死。两盒月饼放在落满灰尘的桌子上，马说："老弟，咱俩过个节吧。"这时我俩内心都十分紧张，还故作镇静。他那凄惨的话音，我至今记忆犹新。吃完月饼后，马说："老弟，现在是时候了，你挑两个战斗力强的连，从右侧去冲一下；不然，对我们的压力太大了，解放军节节进逼，光招架不行。我想给他们一个突然侧击，也许能挽回一下颓势。"我当然毫不犹疑地服从。这时解放军的曳光弹一连串地射击过来，指挥枪清脆地啪啪响过之后，接着就是冲锋。约半小时后，解放军已攻至大金庄水沟外沿四五百米处，枪炮弹越来越密。随后，双方枪榴弹、手榴弹、掷弹筒等也互射起来，接着进入了白刃战。我从一、三两营各选一个连，告诉他们说："我们是打冲锋的，只许成功，不许失败。"这两连的骨干，都是我在"中美训练班"时的学生，我是比较有把握的。我带着卫士薄建章、李永海两人（他俩是随我由西安交警总队来的，曾经涉过日军八百里封锁线，有较多的战斗经验），亲自督阵出击。在我们绕行五六里外，用极隐蔽的行动摸到解放军侧后时，相距只有二百来米，被解放军发觉。我趁解放军没摸清我们有多少兵力时就用小炮、机步枪猛烈射击，猛冲过去。解放军受到这一突击，一时摸不清情况，就退下去了。约一刻钟后，大金庄正面火力也稀疏了。我们任务已完成，乃迅速由原道撤回大金庄至小金庄之间的阵地。这次出击，我两连有9人负伤，5人阵亡。马旅长见我回来紧紧握着我的双手说："老弟，你辛苦了，幸亏你这一冲。"
我说："这完全是旅座战术高明，指挥有方，才稳住阵脚。"

四、从大小金庄撤退

经一夜的激烈战斗，天明后寂静无声，好像没有战斗一样。这时大小金庄和附近各村老百姓都因躲避战祸跑了，村里只剩下个别老人。早饭后，二一一旅开始撤退，我大队担任掩护；到午后2时，二一一旅全部撤完，我大队也随之后撤，一营为后卫，最后留一个排，派几个掩护小组，一面监视战场，一面撤退。下午3时全部撤离，解放军并未追击。我带着最后一个排，安全地回到西沙王庄原驻地。至6时整我大队全部撤到东沙王庄、西沙王庄、大卫庄、小卫庄、大芦庄、小芦庄地区，就地构筑野战工事。并派联络员张晓光同我大队左、右友军联络。又派二营吴指导员到洛口与姚雨亭团联系。我的大队部设在大卫庄小学校里。部队部署完毕，已是深夜11时了。联络员张晓光汇报说："我大队正前方和右侧方是保安三团王明德部，沿黄河大坝、棉花张庄、北店子一带布防。飞机场周围和吴家堡、匡山等地都是吴化文部。"吴指导员汇报说："我左侧大小芦庄、金牛山至洛口同姚雨亭团已取得联络。"这时，已将近深夜12时了，我用电话向师参谋长田豫生汇报布防情况，并绘成要图派传骑送去。我正想写阵中日记时，师参谋长田豫生来电话斥责地问我："你已经被别人包围起来，你还不知道吗？"我很惊异地回答说："没有的事，我派出的联络员刚回来，左、右各友军都已取得联系，没有任何情况。"参谋长又问保安三团的情况，我说正常，没有变化。最后参谋长说："你再派人去联络，详情再向我汇报。"我立刻又派张晓光带一个班去各部联络，如有情况，马上返回。约一小时后，张晓光回来汇报"一切正常，没有变化"。我立即向参谋长汇报。不久，参谋长又电话令我把部队马上撤到北卡子门外待命；并规定撤退时行进路线，沿北马鞍山、金牛山、标山至成丰桥北卡子，限天亮前到达。我立即给各营下达书面命令，二营在前，大队直属部队及三营在中，一营为后卫加强警戒。凌晨4时，安全撤到北卡子门外。当时北卡子门外，只见野地里横七竖八地躺着一片人，不像一个部队。再一看卡子里面黑压压的一大片，乃是师部直属部队拥挤在那里待命。我这时遇到师部陈参谋，便同他一起到经二路原王耀武的绥靖区司令部找整编第二师师部，到了大门口，只见马路上躺的都是人，枪支、钢盔、米袋都挂在围墙的铁栏杆上，如同一群惊弓之鸟。这时，我心里纳闷，为什么会成这种状态呢！

五、守备原绥靖去司令部被歼

9月19日晨6时，我一到原绥靖区司令部院内西边那座黄色楼房，就看到副师长唐孟鄻、参谋长田豫生两人坐在办公室内，文件纸张散落满地，家具东倒西歪，好像刚抄过家一样。他们同声说"正在等你"，参谋长接着说："当前吴（化文）先生情况不明，司令官（王耀武）正在电话中同他谈着，是好是孬，要在9时左右才能分晓。你来得正好，可以把任务向你交代一下：绥靖区这四座大楼交你大队防守，要控制这四个制高点，即绥区东西两楼和路南两楼（即现在的邮电大楼）再从左面铭新池澡塘、麟祥门；右至石太岩饭店（不含）、迎贤门、青年会大楼、普利门外法院大楼作为控制点。经二路警戒阵地可延伸至纬四路口。右翼守备部队为我部工兵营、辎重营。石太岩至车站以北、以西是二一一旅防守区。特别注意西面、南面各街口，要派警戒部队，严加戒备，如发现脖子上有红布中的，要强行制止前进，解除其武装，将徒手人员集中看守，不许乱动，听候处理。如不服从，即开枪射杀。我部也要发一块三角黄绫盖有各部代号字码，戴在胸前或臂部，以资识别。"副师长唐孟垫说："把你笔记的命令复诵一下。"我照记录全部念了一遍。参谋长说："现在我们就进城了，以后电话联络。"领受任务后，我立即回到北卡子，把任务下达到各营、连，要求在下午4时前部署完备并将各营连防地部署要图报送大队部。

这天午后，济南市里一如往常，居民不惊，商店开业。午后4时我还去铭新池洗了澡，并回七家村家中转了一圈。回到防地已是下午6时多，我又到各连阵地巡视一迎，都已安排妥当。师里为确保四个制高点，指定的指挥所设在邮电大楼的地下室里，并配属两门山炮，指定炮位在楼顶平台上。为了充分备战，仅凭原半永久性地堡不够，又在经三路铭新池一带用大米包、面粉袋垒成工事。然后我将部署情况向师参谋长汇报："第一营守备正面绥靖区四座大楼；第二营配置在魏家庄、青年会，衔接纬二路一普之线；第三营在法院、麟祥门外，并向西南警戒。"后绘要图报送师部。时近7时，我上楼顶察看炮位，忽见西边由张叔衡指挥的青年教导总队三个学生军团守备的十二马路地区，火花四射，枪炮声响成一片，解放军攻城战开始了。激战至9时30分，解放军已攻破青教总队阵地，前锋到达十二马路。青教总队，伤亡很重，边打边退，由七大马路凌乱地退到南关外齐鲁大学里，解放军尾追直入。其他阵地，仍在顽抗。此时王耀武派三辆战车由普利门沿经二路向西疾跑，开到纬五路又转回来，我这里两门山炮，刚打了四五发炮弹，不知何故，参谋长忽然电话命令，将炮撤回城内。晚10时，解放军已攻到纬九路。我前方谍报穿梭似的报告情况。解放军进攻重点在经二、三、四路。此时战斗已是越打越硬，因为市区建筑群稠密，高大建筑易守难攻，所以解放军这时推进较慢。晚12时，解放军攻到纬五路，我大队非常紧张，纬四路就是我大队的前哨阵地了，即将接火。前面战斗激烈进行着。翌日凌晨1时30分，忽然接到王耀武亲自给我打的电话，他以嘶哑的声音问我："情况怎么样？能顶得住吗？"我回答："只要我人在，阵地就在。"王说："现在只有这样了。"接着师参谋长田豫生电话问我右翼（火车站、石太岩饭店）迤西北情况，我说："此时尚未接触，正处在严密戒备状态中。"半小时后，王耀武又来电话问："前面情况怎样？"我说："共军已打到纬五路和纬四路之间，我大队前沿阵地，开始接触，还能顶得住，战斗正在激烈进行中。"几分钟后，王耀武又来电话，命令我大队将四座大楼制高点交给从青岛空运来的七个连防守。我大队集中力量，确保青年会、法院两制高点，以及新市场（魏家庄）至经四路林祥门一线，构筑工事，架设路障。9月20日晨3时我全部进入新阵地。按指定池区部署,我大队部位置在魏家庄。部署完毕后向绥靖医司令部报告时,电话已叫不通了。接着我又向师部要电话,参谋长田豫生听到我的报告后,斥责我说:"谁叫你撤离原阵地?"我说:"王司令官亲自命令我的,现在请参座向司令官汇报一下,我和司令官联络不上。"天亮后,听到纬四路、纬三路战斗又趋激烈。8时以后,枪声渐趋稀疏;但南面情况转趋紧张,我的指挥所乃向南转移到林祥门外一家纸店。白天,解放军没有进攻,双方依托民房对峙,研究新的作战计划,有时有零星的狙击枪声。

几天的战斗,各部溃退下来的散兵,多混住在民房里。趁这时战斗间歇,都陆续出来。我乃果断地令各营连长,见到散兵一律收容,补充我部缺额;也有自动投效的。至午后3时收容达三四百人,分别补充到三个营里。此时,能作战的还有800余人。轻伤一律不准离队;重伤转入城内野战医院。下午2时,部署就绪,我立即电话汇报师部,参谋长很高兴,并叫我笔记下面命令:"一、你大队留一部在原阵地,确保青年会、法院两个制高点。二、工兵营200余人,留青年会归你指挥(因该营营长彭作行在夜战中失踪,部队无人指挥)。三、今日下午6时前,除固守阵地的部队不动外,其余部队带进普利门里待命。四、粮弹补给在下午5时前领发完毕。五、你大队指挥所设在义和铁庄(即现在城顶,共青团路口南角上)。"当时守普利门的是师部特务营徐子安部;左翼麟祥门是二一三旅第三团梁为学的第三营的阵地;杆石桥是该团第一营的阵地;第二营在麟祥门里为该团预备队。参谋长把我大队调进普利门,是为调整防地,把特务营调去扼守大西门。把普利门交给梁为学团第二营固守,向北延伸至迎贤门。这是我进普利门后副师长唐孟鏊在电话中交代我的。

我大队事先同守普利门的梁团二营联系好，在他们的火力掩护下趁天色黄昏转移进普利门里，接着师参谋长电话命令说："师特务营调大西门阵地，将你大队予以加强，组建成独立团，普利门由你团固守。你的左翼到麟祥门（不含）；右翼到迎贤门（含）；主阵地由梁团二营守御，归你指挥。师部同时通报二一三旅。你要控制足够的预备队。估计今夜有大战，要做好一切准备。"他还说："我和副座（指副师长）都要来你阵地的，要及时同梁团联络；师部炮兵前方观察所，就在普利门工事里，可随时取得联络。"9月20日（农历八月十八日）凌晨4时，解放军沿经二路纬二路进攻；天明时即攻占绥靖区两座大楼，至7时全歼守军，结束该地战斗。空运来的7个连国民党军，苦战8小时，孤军无援，惨遭覆灭。继而工兵营残部在青年会大楼顽抗，解放军又发起进攻，战斗异常激烈；因为双方交织在一起，师部炮兵无法支援。至此王耀武原绥区司令部守备部队，即被解放军彻底消灭而结束。

六、普利门防御被摧毁

9月20日午前9时王耀武原绥区司令部守军全部覆灭，战斗逐步推到普利门和青年会、法院两个制高点。国民党军凭借两座大楼到普利门的外壕、圩子墙的多层防御工事，继续顽抗。因为当时国民党军有部分官兵，一直抱着"唯武器论"的观点和对蒋介石的迷信，死到临头，还相信凭国民党军装备的优势，一定能顶住解放军的攻击；更有甚者，还相信蒋介石一定会空运精兵来解救他们。我本人当时就是这样想的。

9月20日晚8时，普利门、麟祥门外发生战斗，这是解放军总攻的先声。随后到12时解放军连续五次猛烈冲锋，都无进展。于是改从经二路正面攻上来了，青年会已被包围；我二营在法院仍然顽抗；魏家庄放弃。杆石桥方向，冲杀声仍烈。苦战至凌晨2时，普利门、青年会、法院、麟祥门仍无变化，半小时后，解放军又向浦利门正面连续冲杀7次，圩墙里弹落如雨、火光冲天。激战4小时，因法院、青年会两支撑点还在钳制解放军的侧背，使进攻部队受到夹击，不能停留在既占阵地，只能撤回纬一路，相互对峙，这一夜双方伤亡均重，我守法院的二营，因联络断绝伤亡情况不明，究竟还有多少战斗人员，不得而知。

9月21日白天，整天无战斗。午后3时副师长唐孟鳌来到普利门视察，当面指示，要我全面出击。"下午4时开始，把共军压到纬二路，夺回魏家庄。具体措施是：派工兵把顺河街烧掉，扫清阵地前沿障碍。工兵放火时，即发起攻击，以确保普利门的安全。"午后3时30分二绥区工兵团赵副团长带了一个工兵班准备出普利门去顺河街放火。我需掩护他们出去，并派三营一个连增援法院的二营守备。4时整，我开始出击。没料到在夜间战斗时，解放军利用逐屋打洞，穿越墙壁过来，用下水道设置地下暗堡作监视哨，我三营先头部队一露头就遭到阻击，很难前进一步。有一兵自告奋勇用炸药包去炸掉那个暗堡，连续三次均未送上。于是改用战防枪、火箭筒、枪榴弹几种兵器，集中火力射向那个暗堡，当暗堡被压下去的瞬间，部队趁机冲出，冲到马路中心，又一个暗堡出现了。同时民房上也有解放军的狙击手放冷枪，出击部队，受阻停止。法院守军，看到增援部队去了，也利用门窗做依托向对面解放军射击，扔手榴弹；接应援军，愈打愈烈；顺河街民房烧着了，解放军才略向后撤。我又命令猛冲，打到青年会附近，不仅冲不过去，反被解放军赶回来了。只得以民房为掩护，一直对峙到傍晚7时，未能前进一步。这时解放军也稍沉寂，我刚想活动，解放军又开始炮击了。

21日9时30分，解放军开始用榴弹炮向普利门、麟祥门、杆石桥三点猛轰，使整个阵地天昏地暗，炮弹空中飞行的奇异声，使人胆战心惊。炮弹爆炸声、伤者的惨叫声、建筑物的倒塌声，连在一起，犹如天崩地裂。这样猛轰了一个半钟头，方告停止。圩墙内外，一片火海。这时解放军的指挥枪咯咯咯地在各方响着，响一次就有一次冲杀。其声势之强大，攻击之猛烈，为内战中所罕见。"血流成河"这句形容战场的老话，用在当时普利门内外，也是恰当的。那里是血水横流、尸横遍地。青年会在炮击时楼被削平了，工兵营全部被歼。法院大楼，也听不到还击枪声；我命一营三次冲出去，均有去无回。至此我所指挥的部队，已被歼灭得差不多了，仅存二三十人。迎贤门里至南边马路，圩墙内也是死尸满地，道路阻塞，圩墙上的守兵，已稀稀落落，所剩无几了。我乃到普利门里小庙后面梁团二营指挥所同该营营长研究如何抵御，他呆若木鸡，一言不发，最后方说："我去墙上看看"，他就这样一去不复返了。外边解放军仍是一个劲儿地进攻，我又顺圩墙向南跑到三团指挥所同梁为学团长商议怎么办。梁也束手无策。我和他在麟祥门碉堡内待了一会儿，只听枪弹如雨点般地打在碉堡墙上，战斗之激烈达到顶点。然而杆石桥方面，反倒沉寂下来了。我又回到普利门，刚进堡垒，只见梁为学跑来说："杆石桥已被解放军攻占，现正逐屋打洞，向北压过来了。"我问梁："你还有预备队吗？"他说："还有百十多人。"我说："现已是山穷水尽，不是战死，就是当俘虏，我俩合在一起吧！"梁说："那只有听您的了。"在这危机四伏的时刻，忽然侦知，解放军攻破杆石桥后，未向北压，而是向侧后穿插过去，那里因无国民党军守备部队可直抄后路进攻大两门。被解放军打散的国民党军士也一齐拥到普利门北侧。这时解放军对普利门的攻击暂缓一刻，我们才松了一口气。实际上乃是解放军在杆石桥得手，南面战局已定。防守小北门的国民党军张尊光部，不知什么时候已向解放军投诚。这样普利门已陷入解放军包围之中，所以无须再行猛攻。从南面迂回过去的解放军，已和守西门的国民党军接战了。这时我自知已无出路，只得随被挤压过来的百余人涌到一家布庄里。只见两层楼上上下下挤得满满的，大门里有两挺战防枪，还有梁团一个副营长在守大门。不一会儿，梁为学在混乱中溜走。这时就只有我自己带着这些残余部队，在这个布庄里待着，听天由命了。

9月22日晨5时，我们刚进布庄门十几分钟，就听到解放军在外面喊话："优待俘虏，缴枪不杀！"也有的喊："如果不缴枪，就叫你坐飞机。"被困国民党兵也有叫骂的，双方相持约半小时。一个爬在楼窗台上的国民党兵，被解放军狙击手击中，手里的枪顺势掉在地上。这时，别的国民党兵听到甩枪声，纷纷从楼上向下丢枪。不一会儿，只见大门开了，解放军冲了过来。至此，全部国民党守军便被消灭干净了。当时有一位带驳壳枪的解放军干部，可能是个指导员，带着四五个战士进来，大声说"我们解放军优待俘虏，大家不要害怕，我们是共产党领导的人民军队，是解放人民的。只要你们放下了武器，我们是优待的"等等。接着就叫站队报数，我记得一共是73人。这时，我的卫士薄建章和我混在这家布庄人员中，有经理，还有他柜上的七八个人，挤在一间房子里。我怕解放军搜查，借了经理的黑长衫和呢礼帽穿戴着。薄建章也换上青布裤和白上衣。那位指导员走进房内问："你们都是干什么的？"经理忙说："我们都是柜上的人。"指导员看了看说："你们现在先别出去，等一会儿叫你们出去再走。"说完后就走了。他刚走几步，又转身回来，这时我心里害怕，是否这位指导员认出我不是柜上的人！结果指导员站在门口对我们说："楼上有两个死尸，你们上去抬下来放到外面去。"这时柜上的人，都不敢去；薄建章用手一拉我说："咱俩去抬。"我也理解了他的用意。我俩上楼把死人抬下来，就从小巷溜走了。路口的解放军问我们是干什么的，我们都说是家住在商埠，打仗回不去，现在不打了回去看看。解放军就放我俩过去。我们经二大马路到一大马路左雷祥家，他的女婿李文绍是我的把兄弟，我就暂在他家住下，这时已是9月22日上午10时。国民党军的所谓普利门防御，就这样被彻底摧毁。

整编第二师二一一旅援兖及在济南被歼经过

王秦秋

一、援兖受挫

1948年，我在整编第二师的二一一旅司令部任少校参谋。关于该旅援兖情况和在济南战役中被歼经过，我曾亲身经历过。

该旅旅长是马培基，辖六三一、六三二、六三三3个团。1948年7月驻防济南市千佛山一带整训。在此期间，鲁南兖州第十绥靖区司令官李玉堂所部及十二军霍守义部3万余人，被华东解放军包围告急，我旅奉第二绥靖区司令官王耀武命令，临时配属整编八十四师吴化文部，偕同该师之一五五旅、一六一旅、独立旅等，共4个旅2万余人，由济南沿津浦铁路分东西两路南下救援兖州。我旅为援军右翼部队，经泰安城西，向大汶口前进。其余3个旅，分别沿津浦铁路以东地区前进，7月11日中午，在部队渡过大汶河进抵曹山集时，先头部队之六三二团，受到解放军截击，不能前进。下午3时许，沿津浦路正面南下到达徂徕山区附近的整编八十四师的一六一旅，也与解放军遭遇。旅长马培基目睹部队前进受阻，深知情况不妙，推断当面兖州以北地区，必有解放军设下的打援伏兵。

这时，情报参谋彭维新报告：我旅以西沿大汶河的下游南岸，发现有解放军华东野战军第八纵队，于黄昏时北渡大汶河，似有沿河西迂回出击我旅侧背的企图。面对上述情况，旅长即决定：一面用无线电报请示吴化文师长，拟退守泰安，集结兵力，以迎击北上的解放军；一面着手变更原来全旅的行军作战计划，令各团原地固守，控制要点，加强戒备，做好机动作战准备。以六三三团扼守大汶口全旅渡河点之南北两岸高地，以保证旅之背后安全。令六三二团固守曹山集阵地。旅直属部队偕同六三一团，置于大汶河南岸附近。当天下午黄昏时，一六一旅在大汶口东南地区已被解放军歼灭过半，情况危急。师长吴化文心存畏惧，正拟摆脱当面解放军的纠缠，一听电台报告路西二一一旅也与解放军交火，恐被解放军东西夹击，于是命令在大汶口南岸的二一一旅，掩护全师北撤泰安集结待命。我旅奉命后，即决定首先摆脱旅之六三二团和六三一团部队在当前地形上处境不利的位置，命令六三二团雷励群团长，务于当天黄昏前向当面解放军阵地发起一次猛烈的反击，于入夜时迅速把部队撤离曹山集，经大汶口西侧渡河到北岸集结待命。接着，旅司令部率直属队和六三一团，从大汶口渡河北撤。当晚11时许，三个团分开在两个渡口涉河到达北岸，并继续北撤泰安。天将拂晓时，从大汶河下游以西抢渡北岸的解放军，和原在大汶河以南曹山集附近的解放军，约有一师之众，已进抵距离我旅四南方不到四公里的地方，与侧卫部队的六三二团发生激战。该团据守四个村子和解放军打了一个上午，旅长马培基估计前来迂回侧击的解放军兵力必然很大，如打下去，将会陷于解放军的重重包围之中。为保全力量，乃命令六三三团派出两个营，由团长王弼臣率领，猛袭刚刚渡河上岸不久的解放军，企图乘其立脚未稳之际，突破一个缺口，使六三二团向东北方突围。这时双方混战激烈，南面渡河北上的解放军，经六三三团堵击，因立脚未稳，遂即转入北岸村庄里，凭借房屋作战。这时被围的六三二团，得到外援部队六三三团的策应，才向东北突围出来。这一仗六三二团被解放军歼灭了6个连，缴去了重机枪6挺，八二迫击炮4门，其他冲锋枪、步枪、轻机枪200余支。该团团长雷励群生怕追究责任，在部队突口时趁机潜逃。我旅部队撤过汶河北岸后，继续向西北方铁路附近撤退。途中，收到了第二绥靖区司令部发给整编八十四师吴化文的电报，命令他终止南下驰援，说兖州城李玉堂所部几万人已被歼，李玉堂下落不明。旅参谋长张显源通过电台向八十四师请示部队集结位置，并报告了六三二团突围的经过。东路援兖的整编八十四师一六一旅，在大汶口附近地区被解放军歼灭，旅长徐曰政被俘。我旅撤退到泰安后，仍驻津浦路万德一带，担任肥城、长清两县之间地区的守备，并在那里休整，归还了整编第二师的建制。

二、在济南被歼

1948年7月，解放军华东野战军的许世友兵团于解放兖州稍做休整后，挥戈北上，进逼济南近郊，配合整个华东野战军，准备强攻济南。8月上旬，守备在济南以南山区仲宫之二一三旅和守备肥城一带我旅六三一团，均先后和北进的解放军发生了激烈的阵地争夺战，在万德附近，双方时战时停，对垒了三四天。8月中旬，旅和师的参谋处获得了华东解放军主力由东、南、西三面向济南移动的情报。根据情报分析，整编第二师师长晏子风，决定集中兵力摒守济南西郊，将我旅从万德、长清县城转移到古城、周官屯，加强现有工事；固守飞机场外围；阻止华东野战军插入市郊；保护机场空运。8月中旬，前线之六三一团和六三三团开始不断与前来作试探性攻击的解放军部队发生战斗。形势日趋紧张，预料解放军攻击济南的作战将开始。这时，我旅参谋主任晏伯衡探悉，在长清附近，解放军有三个师的野战部队，还有炮兵部队。判断迎面解放军的主攻目标是飞机场和济南西面的商埠区。我旅即根据师的作战命令，以据守城西飞机场为中心，组成一个强有力的阻击地带，掩护空运基地。至9月17日上午，由徐州空运来济南增援的整编七十四师五十八旅一七二团的部队在机场降落。当时空中往返起落的运输机每小时达十余架次之多。长清以东的解放军即开始进行夺取飞机场的战斗。他们先用远射程的野炮和榴弹炮，对我旅左翼青龙山保安第四旅的阵地，进行了40分钟的炮击，该旅被击溃，退到山脚下。入夜后，左侧青龙山高地已被解放军占领，严重威胁了我旅侧翼的安全。晚上9时后，在飞机场外西南方的六三二团第二营阵地，又被解放军突破，乃急派预备队增援堵口，战斗在激烈进行。这时全旅又处在来自长清方向之解放军重兵钳制夹击的态势，阵地突出，位置极为不利。次日上午，飞机场内跑道已受到解放军野炮射击，机场已无法使用。在机场南面的解放军，又发起强大攻势，因整二师的增援部队迟迟没有赶到，战况渐入危境。当晚8时，接师长晏子风命令："现在全面战况告急，师奉绥靖区命令，放弃西郊飞机场，改守白马山及济南火车站一带阵地。"继之，旅长又接到第二绥靖区司令部参谋长罗幸理电话说："担任守备济南商埠的整编八十四师吴化文部不听调动，吴本人拒不见面，看情况有投共'叛变'模样，着全旅密令各部队严加防范。从现在起，非有第二绥靖区司令部命令，任何人不得随意调动部队。"由于吴化文突然起义，而且他们的一五五旅和独立旅，正邻接我旅左方，相隔只有一条马路，因此，在震惊之余，旅立即饬令各团严密监视吴部官兵行动。这时师长晏子风，怕吴化文就近联合解放军里应外合将我旅裹胁带走，故星夜秘密通知旅长马培基，把全旅迅速撤入市区火车站内，并立即改换部队通行口令，以防解放军冒充整编八十四师的部队番号，乘机混入市区。晚上11时，全旅部队撤入市区济南火车站，担任守备警戒。当日部队变更的作战兵力布置如下：

（一）旅以全力守备济南城外商埠、火车站，竭力阻止进入市区的解放军渗透。并相机主动策应友军五十八旅一七二团、保安第八旅、救民先锋总队，歼灭入侵市区之解放军，协力固守济南内城。

（二）派六三三团进驻一大马路西端，沿济南打包厂直达火车站，与铁路警察大队衔接，南面经二大马路沿纬六路到省立医院后门，为该团的守备地区。

（三）六三二团，以省立医院为主阵地，北与六三三团第一营的阵地衔接，包括纬七路为该团守备地区。

（四）六三一团为旅的预备队，位置于火车站附近的天桥区。并该团抽出一个营和两个重机枪排，以及团的特务排等编成一个加强营，派少校团附袁道纯指挥，担任以上两团外围的机动支援战斗。该营位置于二大马路至一大马路纬八路之大华电影院，随时待命行动。

旅司令部直属部队的炮兵连、工兵连、特务连、通信连、搜索队、输送连、卫生营及六三一团（缺一个营），位置在一大马路济南火车站大楼一带。

9月18日晚，守备在济南商埠地区的吴化文整编八十四师起义后，乘夜即率部放弃阵地西移，整个商埠的守军，兵力单薄，全线动摇。吴化文部的起义，把济南商埠区的大槐树、卡子门拉开；20日解放军便乘虚而入，守军支持了两小时，即撤入了二大马路。攻占大槐树阵地的解放军后续部队蜂拥而进，并向西南两侧扩展渗透。当时我旅据守在一大马路和三大马路的两个团，凭借中高楼围墙构筑的堡垒，居高临下，竭力堵击冲入市区的解放军，双方相距仅百余公尺，均以冲锋枪、机枪、手榴弹为主战武器，爆炸声夹杂密如连珠的枪声，此起彼落，竟日未停。进攻打包厂和省立医院的解放军，因只能利用民房墙壁，对据守在工事里的守军射击缺乏掩体设备，故伤亡较

117

大。但解放军士气旺盛，前仆后继，且人数众多，终于突破了据守二大马路之六二三团第二营的阵地，把六三二团和六三三团分割开来。这时，旅长马培基即命令在二大马路大华电影院的六三一团的加强营，增援六三三团。部队行抵二大马路邮政大楼以西的马路上，就和解放军冲杀起来，马路两旁楼上的五十八旅一七二团，用机枪及其他自动兵器从窗口、地堡各射口，齐射击解放军。虽然阻止了解放军的前进，但六三三团的加强营，伤亡也很大，这次共伤亡连长一人，排长两人，士兵60余人。进攻二大马路的解放军，因遭到沿路两侧守军的射击封锁，一时无法通过，乃改由一大马路、三大马路纬六路、纬七路，迂回包围猛攻六三三团与六三二团的阵地。然后，围攻二大马路邮政大楼、省银行的守军和德国领事馆的第二绥靖区司令部。战斗持续到21日中午，六三三团和六三二团守备的省立医院、打包厂，已被解放军用爆破筒炸开附近房屋，突入核心阵地内，双方展开手榴弹对掷的战斗。下午2时，该两团即被解放军歼灭，战斗转到二大马路的邮政大楼和火车站大楼来。守在邮政大楼的一七二团，工事坚固，解放军经过激烈的战斗，歼灭了一七二团，攻占了大楼地下室。六二一团加强营400余人被困守在二大马路亨得利钟表店楼上及附近房屋内，负隅顽抗。面对进攻火车站大楼的解放军直扑我旅主阵地的来势，据守火车站大楼堡垒的守军六三一团及旅直属部队，凭借火力，以阻止解放军的接近。守在火车站南门外两座碉堡内的铁路警察大队，也阻止了解放军的通过。由于火车站有两道防御工事，附近有比较坚固的民房，被守军占用作为据点，控制进入车站的所有通路。站内轨道上，又有两列载有数西铁路武装警察的装甲列车，来回移动射击，给守军很大的火力支援。下午3时，解放军冒着激烈的炮火，攻占了二大马路第二绥靖区司令部后，即组织力量猛攻火车站据点。这时困守在火车站内的守军共有1000余人，受到了四面包围。下午4时许，解放军开始第二次猛攻火车站阵地，并调来山炮10余门，轰击站内守军大楼及炮兵阵地，继则攻占了铁路警察大队部的据点，直接使用迫击炮火力，压制车站守军，使之无法抬头。旅长马培基见阵地已是短兵相接，难以固守，如不趁早突围，必为解放军歼灭，即令六三一团团长刘沛然率领残余部队作掩护，自己带特务连等200余人，从火车站大楼地下室出来，向车站北面天桥地区逃走，企图与大明湖绥靖区司令部会合。出逃时，先组织部队向西南两方解放军阵地发动了最后一次出击，以掩护旅部北逃。这时天空飞来了三架轰炸机，向商埠解放军部队轰炸。于是马培基偕同参谋长张显源离开车站，冲过附近马路上解放军的阻击线，向成记面粉厂转移。途中受到各处解放军的截击，除伤亡散失者外，剩下来的只有七八十人。旅长马培基在逃跑中，被解放军击中腹部，因流血过多而死亡。同行的参谋长张显源，在突围中也曾负轻伤，在混乱中失去联系，下落不明；数十名逃出来的官兵，有被解放军俘虏的，也有换上便衣混进老百姓家中逃跑的。六三一团团长刘沛然残部700余人，因为和解放军近战无法脱身，到黄昏时，仍困守在济南火车站内，连同未撤走的我旅残部，全被解放军俘虏。至此，商埠的国民党守军，已全部被歼。

我所经历之古城和省立医院防守战

曹经萍

一、古城防守战

1948年3月，国民党军整编第二师二一一旅驻济南西郊古城。旅长马培基，下属三个团，即六三一、六三二、六三三团。这年7月中旬，我调到二一一旅六三二团任副团长兼第二营营长，团长是王彬基。

古城据点是济南西郊的门户。六三一团驻周官庄，六三二团驻古城，六三三团驻长旗屯、北店子，形成三足鼎立之势。当时，分配我六三二团一营的任务是担当古城外围警戒，搜集解放军情报，防止干扰，掩护我团构筑城防据点。三营守古城镇北和东面，我营担任西北和西南的弧形防区，侦察地形构筑工事。古城构筑工事的方案是：以古城为据点，形成我旅部指挥核心。除四角围墙上筑有碉堡楼，还有环城交通沟，四周视野开阔，我营在围墙外约300米处设有独立核心碉堡群，形如梅花，每个地堡与三营相连接，交通壕与围墙碉堡楼相通，星罗棋布，组成火力交叉，可互相防守支援。"梅花堡"高出地面1米，下挖1.5米，火口与地面平行，它既能独立防守，又能以火力相互支援，如解放军攻城墙，正能射击其背，不怕间隙处有解放军插进，要道隘路伏设地雷，单人监视信号，通讯指挥有线及无线电配合，交通沟分段设弹药储存和伤员绷带所。我自受任后，亲自监督施工40余天，完成了构筑工事的任务。

1948年农历八月十四、十五日两天的夜晚，解放军反复进攻，虽战斗激烈，但阵地未失。农历十七日晨3时，解放军的炮火密集，全线进攻，团长命令我营出击，夺取距村庄300多米的陈家坟茔地解放军的前哨据点。在旅部榴弹营和团的炮火掩护下，四连出击，抢占了坟地，团长命令增强兵力，坚守待命。天将黎明，各营长至团部开会。团长说，吴化文已经叛变，飞机场已被解放军控制，我旅转移到火车站。团长命令我营为后卫，掩护旅部转移，到日暮时，放弃古城。开会回来后，我与副营长商量，不让官兵知道吴部起义一事，防止士气消沉，并立即令各连固守阵地，加强工事，以迎接新的战斗。同时，派突击排士兵抬酒挑肉送往第一线犒劳官兵。

正当旅部及团的给养弹药开始向济南转移时，解放军发动了进攻，我阵地上落满了子弹，古城四围均响起了枪声。我进入碉堡，坐守电话，在与三营曹振兴营长通话联系中，得知他那里敌兵少，前进不猛。我们推测解放军是佯攻，可能另有企图。于是各派一排人出击，以造成当面解放军判断错误，掩护旅部撤退。晚9时，旅部及团部都转移后，我正电令第一线各连各留一个班固守阵地，其余到营部集结时，解放军重炮齐鸣，枪声大作，向古城全线发起攻击。我令各连留轻机枪固守阵地，各增一个排步兵以备冲锋，没有命令绝不放一枪，见到营红绿信号发射时，各向周官庄撤退，到火车站集结。约20分钟后，发射了红绿两种信号弹。我带六连跑步撤出古城，在城南三里许大杏林集结队伍。此时，前进阵地的士兵扶背着伤员都退了下来。于是，我重整队伍，向周官庄、大杨庄退却，到周官庄时，天已发白，搜索排向围墙守军叫门，他们不但不放吊桥，而且不准通过，经询问，始知是吴化文部的八十四师。这时，吴部已起义，于是双方开枪。我令速撤，转去洛口，再向火车站集结。我向团长汇报撤退后，王彬基团长转达旅司令部命令，让我团在火车站待命。

二、省立医院防守战

1943年农历八月十八日（公历9月20日）晨，我团将火车站的防务交给六三三团雷励群团长。我团调往省立医院防守。上午，团召开营连排长现场会议。我的防区是省立医院的西、北两方，三营是东、南两方，一营留火车站作为旅的机动部队，我六三二团部指挥所在医院中心楼和楼下的地下室。团的部署完成后，我们马上分头安排自己的阵地。

医院中心有个大花坛，高1.5米，方30米，底座下早有筑好的重机枪掩体，三营机三连派步兵一班，携重机枪两挺防守。医院四角有碉堡楼，四周系铁叉小花楈子墙，每隔二三十米设有活动碉堡（形似岗楼可以移动位置）。大门前设活动鹿寨电网。各连士兵紧张地控制交通壕。东楼为我营指挥所。医院南头有个大烟囱，从北头坡道下去是地下室，能住伤员100余名。当时该院的主治大夫及全体护士都已按照命令集中在地下室，准备治疗。我团战前的准备工作为：（1）各连储水屯粮，房上堆沙袋，开枪眼大口扫清射界。（2）分配弹药，埋地下线路构成通信网，标定炊事员送饭通道。（3）侦察四周地形，联络友军，派出前进哨搜集情报，以十二马路为主侦察区。（4）在经四路和经五路之间的纬九路口派出加强步兵排对西卡子门严密警戒。（5）左右联系，街立医院东南是三里庄、惠丰面粉公司大楼，属青年教导总队防守。经四纬五路的黎明中学（现济南宾馆）是绥靖区监护团防守。十二马路成为游击区，与解放军的小股部队时有接触。在这种情况下，我团加紧了工事的修筑。

农历八月十八日（公历8月20日）午后1时，侦察兵回报西卡子门守军撤走，我哨所时受冷枪的射击，哨所士兵出碉堡就被阻击，要求派兵搜索。我当即带警卫五人骑车到经四纬九路警戒哨上，指示他们分兵占领屋顶，防止敌人挖洞接近。如发现解放军大部队进攻，打不通电话就以烧房子作为信号，预备队即来增援。我又到经五路纬九路口，也受到冷枪射击，当即命守兵严防，我即回来与团长研究情况与对策。街道市民房屋内潜伏解放军武装不少，估计战斗打响后，会挖洞接近我阵地。我们决定除以岗哨坚守大马路外，也以打通房屋设防抵抗的办法，在经五纬九路两侧构筑阵地工事，以备巷战。并规定当晚特别口令为"王先生"（代表王司令官亲临指挥之意），立刻通知各连排及岗哨。团长对我们说："战斗开始后，会形成巷战和局部被包围，我们黄埔同学要对得起党国和司令官，我们要决心与阵地共存亡。团的位置在中心楼，万分紧急时在地下室。你们马上回去找机会休息，迎接新的战斗。"

我回到东楼营指挥所时，已是下午4时，王副营长汇报说，西卡子门阵地，受到两次进攻。此时三里庄、火车站枪声激烈，千佛山、四里山炮声隆隆，黎明中学高楼解放军指挥枪和红色信号弹升空，济南市变成一片火海。我们无兵力再进行搜索，预定的逐屋打通也都无能为力。西卡子门不通电话，发现燃烧的房屋火光直上云霄。跑回来的战士说，纬九路前进阵地也被包围，请求增援。此时绥靖区前进指挥所命令我团出击，夺回西卡子十二马路，并配属六辆装甲车来协助进攻。团长命我率六连预备队出击，我当即与战车小队长规定信号，以手电筒指挥。部署完毕，即顺经四经五两条马路出击。当时，战车开路，各分三辆，我在经四路前进，王副营长和六连黄连长在经五路同时前进，边走边打。装甲车行至纬八路口刹车不进，以手电筒指挥并且大声叫喊，对方置若罔闻，并且向我们开枪射击。只见战车上拉起白布投降了。我们即令部队退回医院阵地，团长电令固守阵地等待增援。午夜1时，医院已被包围，楼上玻璃窗被子弹击得粉碎，四角碉堡战斗激烈。解放军高声喊话："你们全被我们包围了，缴枪吧！优待俘虏！"四角碉堡电话不通，我用发报机与团长通话，卫团长回话："侠英老弟，时局如此了，我们守到最后一分钟！望你好自为之！"以后再也联系不上了。我和王副营长、六连黄连长，伏在两个大桌底下，上面以毯子数层沾水覆盖，防子弹飞片。到凌晨3时多钟，解放军对楼喊话："放下武器，缴枪不杀！"此时楼上只有我们7人，传令班长代突击排长匡正修、勤务员杨化信提出突围，王副营长、黄连长说："营长，咱们只有这条路了！"我沉思一下，决定突围，到泰安集结或徐州会面。此时天已微亮，立将五六十个手榴弹集束成捆，令一齐投掷，在爆炸声中我们冲下楼去，各不相顾。我冲出重围后，混在难民群中出济南奔向徐州。

整编第二师二一一旅六三一团被歼的回忆

曹绣五
—

　　1948年春，我在国民党九十六军（军长陈金城）军需处任少将军需。该军在章丘县明水驻防时，军工兵营营长刘沛然奉命调到整编第二师二一一旅六三一团任上校团长，同时我也随调到该团任少校军需主任。当时，该团驻守在济南市官扎营一带，后奉命调西郊周王庄。团长刘沛然、副团长赵振洲，令部队在周王庄筑工事、挖战壕，以防备解放军的进攻。吴化文在西防守区起义后，战况万分紧张，该团又被调到济南火车站防守。当时我团主力集中在火车站票房，不知解放军何部，突然从西挺进到车站周围，于是开始巷战。一阵交锋后，三营马营长和团部副官张持林以及一部分士兵丧生。活着的官兵，不敢再战。这时解放军已把票房紧紧包围了，形势危急，无法突围，即使拼命突围出来，也无退路。双方经过一夜较量，全团溃败，东逃西窜。团长刘沛然被俘，第一营营长马福英、第二营营长周承融、副团长赵振洲等人全部化装逃窜。至此，全团已全部被歼灭。当我团死守在车站时，我的工作已作了妥善安排，于是我跑回杆石桥的家中。我跑回家时，见到有先我跑来团部的士兵三人在我家，正在院内挖防空洞。我即告诉他们，这不起什么作用。当时情况十分紧张，商店、居民关门闭户，马路上行人稀少。有的地带，被国民党士兵禁止通过，只有少数官兵携带武器由北向东南方向逃跑。解放军先头部队，已陆续向普利门挺进，全城已不闻枪声，西门工事无一兵一卒防守。国民党部队溃不成军，纷纷向老东门洪家楼撤退。杆石桥一带，有少数解放军，正在查找国民党军政人员情况。

　　我对共产党解放军宽大政策，当时毫无了解，心存疑惧，即化装外出，跑到经七路纬六路一位在花店街开设颜料店的经理家中，躲藏了两天。由于对外边情况不明，心中非常急躁，家中妻子和孩子们的人身安全，不知怎样。决心冒险回家看望。尚未进门，即听到有解放军在院内讲话，持枪走动。进门后，解放军问我找谁。我便告诉他，是回来找孩子的。可敬的是这位年轻的解放军同志，很和善地告诉我，"我们进门时即无一人"。我再未下问，遂即走出门来，直奔普利门。刚到杆石桥桥头，国民党飞机一架，投下炸弹仓皇逃飞，幸未伤人。不多时有解放军来维持秩序，整个济南城已全部解放。解放军军纪严明，令人钦佩。

　　我趁济南战事混乱，逃往青岛，后又到上海。因生活无着即又到芜湖国民党暂编第一纵队第一团干军需工作。以后该团奉命撤到福州，改编为福州绥靖公署独立团。在解放军的攻势下，福州形势紧张，由兵团参谋长任同堂率福州蒋军各部队约万余人向厦门撤退，在途中向解放军二十九军投诚。从此，我就脱离了国民党部队。

济南战役中国民党驻济空军撤退之经过

黄　侗

　　在解放战争期间，国民党驻济南的空军单位有济南空军站、济南空军指挥所、济南空军飞机修理厂、空军汽车五中队、空军济南区电台、济南空军油弹库、空军第二十八中队、济南陆空联络组、济南导航台、济南气象台等。抗日战争胜利后，这些单位统归济南空军第九地区司令部领导。这个司令部是为接收日本空军而建的，1946年夏完成接收任务后撤销。当时驻济南的十几个单位各自为政，都直属自己的上级业务部门领导。1946年秋，国民党发动了反共反人民的内战，国民党空军为了适应战争的需要，将全国空军划分为五个军区司令部。驻北平（现北京）的空军第二军区司令部负责统帅山东空军各单位。该司令部在济南建立了济南空军指挥所，以北平第二军区司令部的名义指挥济南各空军单位。

济南空军指挥所是个临时单位，工作人员大都从北平第二军区司令部调来，工作一两个月以后再回北平，另调他人替换。从建所到1948年撤退，在济南的负责人是根据战事情况派遣的，在战争最紧张的时候，空军副总司令王叔铭曾亲自在济南坐镇，其他如北平的徐康良司令、陈有为参谋长、二处处长傅瑞瑷、二处副处长王××、三处处长万承烈、三处副处长苑金函等，都曾来济南指挥；在战争间隙，二处情报科的郭树田科长，也曾来济南主持过一段工作。

解放前，在济南市到处都能看到国民党空军人员的足迹，在山东战场上，不管战斗规模大小，只要有一点风吹草动，国民党的飞机便立刻出现在战场上空，这些表面现象，使人们摸不清当时的国民党空军在济南的实力情况。其实，国民党空军驻济南的参战部队只有一个中队，即空军第三大队第二十八中队，三大队大队部驻在徐州。

空军三大队二十八中队设中队长一人，副中队长一人，中队附一人，参谋二至三人，中队下辖四个小队，每一小队长领导三名队员。从中队长到小队队员，每人驾驶P-51型战斗驱逐机一架，整个中队共有P-51型飞机二十一二架，二十八中队共有官兵20余人，除二十几名飞行人员外，其他都是为这二十几架飞机服务的，其中包括飞机修理师和文职人员等。

P-51型飞机，又名野马战斗机，属驱逐机类型，单引擎，一人驾驶，两翼下各挂炸弹一枚（在济南，作战期间所用的炸弹最重为500磅），左右两机翼前方各有机关枪三挺。在当时，P-51的攻击力是较强的，在整个解放战争期间，驻济南的二十八中队，只有飞行员谷陆驾驶的一架P-51飞机，在轰炸沂蒙山区时被解放军击落。

在整个解放战争过程中，山东是一个主要战场。陆军战斗频繁，空军也随之作战紧张。战斗最激烈的时候，在一次战役中，从徐州、青岛等地起飞的飞机不算，仅从济南起飞助战的飞机多达100多架次。济南只驻扎一个拥有20余架飞机的二十八中队是担负不起这样繁重的战斗任务的；但空军的调遣是迅速的，一个调令发出去，几个钟头之内大批飞机就会云集济南。在战斗紧急时，济南飞机场上最多曾停放着100多架各式飞机。其中有为封锁黄河专在夜间沿黄侦察及轰炸飞行的从上海调来的C-47运输机；有从南京调来的B-25、B-24轰炸机；还有专司侦察的双机舱P-38型飞机（该机调来两架，其中一架在去烟台侦察时未返）。各种型号的飞机，24小时轮番出动。当时由副总司令王叔铭在济南亲自指挥。

济南解放前驻济空军已陆续撤退。油弹库的械弹、修理厂的机件、二十八中队的工具等等一些重要物资，已乘各班班机和便机的空位先后运走。除电台、陆空联络组、导航台等必须留守的单位外，其他单位的军官及空军军士，根据各自的工作情况，也先后南撤。

1948年中秋节，济南战役打响，国民党驻济部队面临被歼的形势。当时在飞机场的停机坪上，除留下一架C-47应急外，其他飞机已全部撤离，往日的热闹情景已不存在。但是被留下坚持工作的人员，在中秋节的这天晚上，却依然如常，乘坐一辆辆的交通车分别开往市里的电影院和大观园商场，照常游乐。

这时在济南指挥所主持工作的是二处处长傅瑞瑗。农历八月十六日（公历9月18日）早晨，还没有到上班的时候，指挥所的勤务兵就到各宿舍传达傅瑞瑗的命令，要指挥所的人都集合在办公室，令各自整理自己负责的档案，搬送到楼下装入早已等候在那里的一辆卡车上。大约9点左右，汽车开到了机场，每人都把自己负责的档案送到停留在跑道上C-47飞机上，傅瑞瑗命令所有人员立刻登机，然后落下舱门，发动引擎起飞。至此，国民党的空军在济南的统帅机关——济南空军指挥所就自行消失了。

　　飞机达到一定高度，开始平稳地向前方飞行。傅瑞瑗打破了机舱里的紧张气氛，对大家说："刚才你们听到几声炮响了吗？那是吴化文催我们走的信号。吴化文这就要'倒戈'了。我曾劝说过他，他坚持要走这条路，那就让他走吧！平时我们之间的关系很好，所以商定在最紧张的时候，他通知我们撤走。"在闲谈中，俯视地面，已是浩渺无际的大海，我们知道已经到了青岛。几分钟后，这架专机就在沧口机场降落了。

驻济南国民党空军地勤机关的覆灭

曾庆澄

　　我是原国民党空军第二军区济南无线电区台的下士二级译电士。1947年夏，我被借调到空军济南第二五三供应中队（原称济南空军站），负责该中队往来电文的译电工作。1948年9月济南战役期间，由于我是空军地勤机关的文职人员，对战况发展知道不多，仅就我在当时目睹身受的情景，追忆叙述如下。

　　1945年日本投降后，国民党空军在济南设空军第九地区司令部，统辖驻济南空军飞行中队及各地勤台、库、厂、站等单位。自1948年空军隶属于第二军区后，驻济机构大为减少，原在济南的油弹库、通信器材库、飞机修理工厂先后调离或合并。1948年只有空军第二军区司令部济南作战指挥所（简称空军指挥所）和空军济南无线电区台、空军第五汽车中队、空军第二五三供应中队以及飞机场指挥塔台、测候台等单位。这些驻济空军部队，都是执行地面勤务的地勤人员，各自直属其上级领导机关，并不隶属济南空军指挥所。因在济南驻有空军副总司令王叔铭和空军第二军区司令徐良等高级指挥官，所以，在指挥济南地区空战时，各驻济空军机构才统一归济南指挥所调遣。当时驻扎济南飞机场的还有隶属于国民党第二绥靖区王耀武的与空军部队配合的陆空联络组。驻济飞行作战部队只有空军第二十八中队。该中队原拥有美制野马式（即P-51）战斗机20余架，由于飞机不断损毁失事，缺乏补充，实际驻济南的只有10多架飞机，与驻青岛空军第二十七中队相策应。据二十八中队作战飞行员说，P-51都是第二次世界大战后美国撤离中国战场时留赠给国民党的。由于年久失修，飞机升空后，机身常受机器震动而叮咚乱响，尤其在发射机关炮时，机身震动更大，空战能力很低。

在济南解放前夕，驻守飞机场的陆军是吴化文的部队。济南外围战打响后第二天，即1948年9月17日，正值农历八月十五日，入夜，济南空军驻地上人们尚在饮酒赏月时，突然听到来自西方的隆隆炮声，这才感觉到局势紧迫；又联想到驻济二十八中队的飞机昨天连夜飞走了，这才意识到发生了什么事情。上午飞来的那架P-51飞机刚在跑道上着陆，随即有一发炮弹跟踪爆炸，就像在机场围墙上架有监视炮位一样，飞机旋即起飞跑了。这时偌大的飞机场上只有一架C-47小型客机孤零零地停在草坪上，到处都空荡荡的。这一切迹象，使慌乱的下级人员增加了恐惧感。

夜深了，密集的枪炮声像是更近了。我怀着不安的心情到处徘徊。因为我是从电台借调给供应中队专职翻译电报的，没有电报往来，他们两个单位都不管我的事，自己心里没有了依靠，不知该怎样处理目前的情况。我到了空军指挥所，见到我上中学时的同学黄偶，他在指挥所也是下士二级译电士，他们都乱哄哄地整理文卷，也没探听到什么消息。

13日，我听到中队驻地上一片抱怨谩骂声，听说空军指挥所全部人员搭机飞往青岛去了。地勤机关怎么办，没人知道，想起昨夜我去指挥所时见他们在整理东西，竟没人说要走，想来真令人胆寒。

上午，不知传达的谁的命令，空军驻地大院里到处在焚烧文卷、搬运物品，乱哄哄的。中队文书陈×告诉我"有什么可烧的快拿来"。我便把往来的电报稿送上了火堆。正巧，和我要好的汽车五中队的王班长，路过那里时喊我："你还不走等什么！"说着我携带起正使用的密电码，卷起行李，搭车飞奔市里回了家。

19日清晨，我到经二路纬二路陆空联络组（现在省工会旧楼），才知道所有空军地勤机关昨天都搬到这里来，电台也架设好了。因为空军指挥所带走了全部密码，往来电报因无密码翻译不出来，正忙着到处找我。我看了一下积压的电报，大都是通过空军南京总台转给王耀武的战报，无非到处激战，要坚持待援一类的官样文章。发出的电报也多是一些告急文书。当时我也纳闷，空军无战事，空军电台却为陆军传递电报，绥靖区电台干什么去了？

白天空军汽车五中队，慌乱地继续从飞机场向济南市里抢运物资。听他们说，在路上有时听到枪声。来回都是拼命飞奔。情况更加严重了，每个人都在考虑自己的出路。当时在济南的几个空军领导人，拟了个发往南京空军总部的"十万火急"的求援电报，意思是说济南外围已失去控制，空军地勤已无作用，请派飞机来，事先卸掉机舱门，约准时间，在济人员乘汽车等待，利用飞机在机场紧急着陆的刹那间，汽车接近机舱，人员弃车登机返京，电文发出后都在做突围准备，也都知道这将是一次可能有死亡的冒险。

傍晚吃饭时，供应中队队长手里拿着未吃完的馒头，气喘吁吁，仓皇跑来对我说："快！快发报，向总部（指南京空军总部）报告吴化文投降了！"我当时一惊，随即意识到飞机场已丢失，完全断了退路，空军完蛋了！我译完电报，也悄悄地通知了要好的朋友，做好应变准备。

当时根据中队长指示，除必要使用的密码外，其他全部焚毁。据此我电报南京总台。

20日上午，我回家将学生服穿在平装里面，又回到陆空联络组。电台领班杨体兼正在对空喊话。听声音飞来的是运输机，机上说"空军轰炸了砚池山，南郊已发现共军"等语。杨领班一面记录，一面继续呼叫："要求飞机在济南飞机场紧急着陆，我们已做好了突围登机准备。"可是飞机上断断续续地回答，一会儿说"我听不清你喊的什么"，一会儿又连续说"云层太厚，能见度太低""我看不见机场，我看不见机场"。随后再拼命呼叫也得不到回答了。报话机旁的人被激怒了，惊慌中爆发出绝望的叫骂……

当时大街上荷枪实弹的人往来奔走，战车不时开过，最后都是向着城里方向，估计王耀武是要撤守城内，放弃商埠。傍晚，在陆空联络组大门前垒起了街堡，街上连个人影都没有，寂静得可怕！中队军需乘车由摩托护卫着出去了。晚饭后，中队长训话说："每人发3个月薪饷（金圆券），希望大家坚守岗位……"

夜里，我们都睡在地楼里。突然一声炮响，震得大楼都在晃动，所有的人都惊醒了，说是在绥靖区（经二路纬三路）向外发炮了。街堡里和经二路沿街墙头上隐约地看到都有士兵。我马上意识到这是"准备巷战了"，远处枪声不知从什么时候开始的，像开了锅似的咕咕响成一片。楼里电灯突然熄灭，黑暗里有人在轻轻呼喊我，原来是电台于台长和军需。于台长说："咱们到中队长那里去吧！"我们从陆空联络组的后门，走到胶济铁路宿舍街南头路东一所小院里，他俩进入中队长卧室，我没进去。这时，远处密集的枪声好像又近了些。我当下意识到"干脆走吧"，于是我毅然走出小院，向哨兵问了声"厕所在什么地方"，他好像回答了一句什么，我没顾得上听，边走边脱掉军服顺手一丢，在铁路第三宿舍，我一跃跨墙进了院子，到了我一个朋友的家里……

济南解放以后好多天，在街上偶然遇到了一位前空军电台同事，南方人，衣衫褴褛，面色憔悴。他原是军官，过去很少说话，这次一见竟如故人。他说："我好不容易捡了条命。"他羡慕我在济南有家，早离开部队幸运。他说："再也不能干这白送命的事了，我要回南方老家去。"又说："绥区发炮那天夜里，电灯熄灭了，摸索着开动发电机，灯亮后找不着中队长、于台长、军需和你，想发电报没电码。杨领班发怒了，大声吼：'我上总部告他们叛逃！'"

叱咤一时的济南空军就这样在解放军的隆隆炮声中覆灭了！

我在济南战役中保护油库的经过

张文明

我原籍山东泰安，因幼时家庭贫困，无以为生，所以在初小毕业后，即到饼干公司当学徒，1934年，我投奔王耀武部当兵。因与王是同乡关系，在我当兵后被王收在身边，当卫士。1937年"七七事变"爆发，我防军参加了上海、南京、台儿庄、长沙、衡阳等战役。1941年考入中央军校第二分校（武岗）18期，在步科受训一年半。在受训期间集体加入了国民党组织，毕业后仍回王部，由少尉晋升至少校，任汽油库库长。

日本投降后，王耀武奉命率部调山东济南。我留守贵阳仓库。上级给我的任务是，把仓库东西用汽车运至长沙，然后再装火车运往济南。1947年底任务完成后，我回济南到王耀武处报到。1948年2月，王耀武委任我油库库长职，官衔为少校级。当时汽油库设在十二马路酱油厂内。济南形势紧迫时，又迁移到经七路小纬六路南街济丰窑厂和五里牌坊义和东窑厂。两处共储存"美孚"汽油1200桶。

我来济南任职后，父母在家乡听到消息当然很高兴（因我在外十几年没有音讯），便立即带着我妻子左炳英（小时候订的亲）来济南与我见面。全家人团聚一堂，很是欢喜。这时，有我上小学的老师赵平武领着于辰（又名于振田）来玩。赵老师一进门就介绍说："文义（我又名文义），这是你于老师，他来看你了。"当时我不认识，相谈后知道是乡亲，于是留他二人吃饭。谈话时知道了辰和我妻子的外祖母是同姓，这样联系起来以表兄弟相称。其弟于伟（又名于金田）在国民党军人力运输队第三十八中队连当文书。他知道是亲戚关系后，常来找我妻子接谈，作为表兄妹经常来往（此时我已知他们是共产党的地下工作者）。后来于辰和我妻子谈话时谈到汽油之事，说打起仗来叫我见机行事，一定要保留住汽油。后来，情况紧急了，于辰来我家，临走时将快要攻打济南的消息和日期告诉了我妻子。农历八月十三日晚，于辰给我妻子送来一张纸条，上面写着"让文明一定要保住汽油。"农历八月十四日下午，我妻子到仓库把纸条和一套便衣交给我，并嘱咐要好好注意。在这期间，由于我老家（是解放区）的亲戚经常到我家来，引起了绥靖区司令部的怀疑。参谋处参谋主任吴泪天有一天把我叫去，手枪放在桌子上训斥我说："文义，你是跟随司令官多年的老部下，又是他的同乡，据各方面的调查反映，你的家乡亲戚与你来往很多，并在你处住宿。有些情况值得怀疑，如果调查出你与共军有来往，泄露我方机密，不管你是跟随司令官多年的部下、老乡，一律按军法从严处理！"当时，我就对他讲，来我家的人，有我的父、母、妻子、老师，他们听到我到济南后自然来探望我。这样算是混过关了。那时，第二绥靖区在济南的部队，有吴化文的一个军守外围，其余有七十三师两个旅和保安旅、特务团、青年教导总队等守内城，共计10万多人。王耀武去南京请示，9月14日回来，召集高级军官开会，说："大家安心过八月十五，支援部队马上空运来到。"9月19日晚吴化文起义，济南西郊外围及飞机场全部被解放军接管。当晚王耀武退守商埠的部队与解放军在十二马路接触开火，第二绥靖区司令部迁移到内城。这时我接到军需处命令："严守汽油，等汽车来运，准备突围。"随后又来命令："汽油能保即保，不能保即炸掉！"战斗打响后，我曾派我妻子到官扎营去找于辰，由于战斗激烈，没联系上。当时汽油库所在地五里牌坊一带，有不少手榴弹落在窑顶爆炸，我很担心存在窑底的汽油出事。入夜后，特务团派来守卫油库的一排士兵撤往城内，其余库员王进升、玄绪振等也都全部逃跑，只剩下我和上士文书柯玉友在油库看守。当时我的办公室已被炮弹炸塌，我就进入地道区，保护汽油。9月20日早上，于辰及其弟于金田来仓库找我，见面后即问："汽油是否爆破？"我说："没有。"于就领我去见解放军的联络科科长孟武。见到孟科长后，谈了保护汽油的经过，并将我所用的手枪同时交给孟科长。孟命于辰领我去找济南市军事管制委员会。到了军管会，见到副主任曾山。经接谈认识后，曾主任问我："汽油为什么没有爆破？"我说："这是国家所有，人民的财富，应当保留。"接着曾主任和我握手说："你的认识很好。"问到有什么要求？我说要求回家。当时给开了汽油的收到条和路证，随即我将汽油日记表一并交给了军管会。随后，解放军派兵前去守卫。因内城还在激战，夜间，就用马车、地排车将1200桶汽油运出了汽油库，以防空袭。以后我即回到原籍泰安高家院村，享受到了起义人员的待遇。

第三章

吴化文将军起义

争取吴化文将军起义的一段经历

王一民

    1948年秋，解放军华东野战军向山东地区的战略要地济南发动攻势，经过八昼夜连续攻击，解放了国民党坚固设防的济南市。在战争的紧要关头，国民党守军西线指挥官、九十六军军长吴化文将军毅然弃暗投明，率部3个旅2万余人起义，从而敞开了商埠的大门，打乱了蒋介石的"点线防御"部署，缩短了整个解放济南战役的时间，减少了双方部队的伤亡和城市破坏。为此，党和国家授予吴化文将军一枚一级解放勋章。

    吴化文，山东掖县人，幼时随父母迁居安徽蒙城。韩复榘在山东时，他先后任韩的军事教育团团长、手枪旅旅长兼济南警备司令，颇为韩所器重。抗日战争开始后，蒋介石任吴化文为陆军新四师师长兼

144

山东保安师师长。1943年，戴笠授意吴化文接受汪伪汉奸第三方面军总司令的任命。1944—1945年春，吴部调至津浦路蚌埠一带，被蒋密任为第五路军军长兼津浦铁路南段警备司令，执行"防止共军占据铁路交通"的任务。1945年10月，蒋介石令吴化文率全军由蚌埠赶往山东兖州，接收日军修筑的飞机场及武器装备。1947年，吴部改为整编八十四师，吴任师长，我任副师长。1943年，吴升任九十六军军长兼八十四师师长，我任该军驻南京办事处主任。

在蒋介石的拉拢、威胁和控制、利用下，吴化文始终在屈辱和危险的夹缝中求生存，先是充当蒋介石"曲线救国"的走卒，后又被推上反共前线充当一箭双雕的牺牲品，这样的处境使吴化文不能不审时度势，考虑自己的出路。

吴化文是怎样开始倾向人民的呢？这要从我和农工民主党中央委员王寄一的关系讲起。1929年我住济南阜阳里，王寄一寄居在我家，日常交谈中，他常流露对蒋介石不满。后来知道他当时已参加中国国民党临时行动委员会（第三党）进行反蒋斗争，曾利用我家后院房屋秘密开会。1931年10月国民党临时行动委员会负责人邓演达被害，在山东的委员何世琨被捕，由我设法营救，并送王寄一到青岛乘外轮赴福建避难，因此感情深厚。不期相隔10多年，1946年5月，王寄一到南京来找我，向我谈了别后情况和当时的政治形势，并说他和章伯钧等正在开展策动反蒋工作，希望我同他们站在一起，还说章伯钧要来看我。我向他谈了吴化文的情况。第一天，王寄一果然陪同章伯钧来访。章说："你和王寄一所谈吴化文的情况，我已清楚，要反蒋，我有办法，共产党的代表周恩来先生住在梅园新村，吴随时可以和他密谈。"这期间，我和王、章时有来往，章伯钧还借用过我的小汽车，贴上"国大代表"的标志，掩护他在南京的秘密活动。

1943年7月上旬，蒋介石电令吴化文到南京，吴来后住在九十六军驻南京办事处。一见面，他就问我对时局的看法。我汇报了各种情况后，说章伯钧和王寄一都是民主人士，他们和我谈了一些问题，有道理。吴说："民主人士我信不过。蒋介石总想消灭共产党，也消灭我们，我们要保全实力，我想请教冯玉祥先生。"

7月11日，吴化文和我去上海路143号冯先生家里，冯先生和夫人李德全接待了我们。吴化文谈了自己的情况，抱怨说："原来有4万多人，损失了一半。"冯说："你看看南京的情况就知道了。蒋的嫡系军队的待遇比杂牌军队高得多，他们在搞新的'五子登科'（指房子、车子、金子、女子、厂子），老百姓深受其害。你们是受歧视的，当然不舒畅。"李德全说："我们要爱国，爱人民，就要反对他们，否则早晚要被他们吃掉。为了生存，要动脑筋，想办法，找出路。"冯问吴化文："你看怎样？"吴说："请冯先生指示。"冯玉祥说："要坚定自己的信心。我不便出面，介绍你去找李济深，他会帮忙。我写个名片给你，另外打电话介绍一下。"晚上7时，吴化文和我去鼓楼头条巷一号李济深家，章伯钧、王寄一已在座，大概是李济深接到冯玉祥电话后约他们来的。吴化文看到这情况很诧异，半天说不出话来。李济深赶忙说："这帮人是对蒋介石不满的，他们是民主党派负责人，站在共产党一边，是和共产党联系的桥梁。"还郑重地说："你的事情焕章（冯玉祥字）已经对我讲了，在这里可以公开商讨。"这时吴化文才打消疑虑，开始会谈。那次参加会谈的有李济深、章伯钧、王寄一、陈铭枢、吴化文和我，主要是彼此熟悉一下，没谈具体问题。李济深最后说："章是负责与中共方面谈判的，由他和周恩来先生商量后，再约会回答你们。但无论如何，只能我们几个人知道，千万保密。"

7月17日，王寄一约我在湖南路大同新村九号见面。下午2时许，吴化文和我没带随从，步行而去。这次见面，李济深派陈铭枢作代表，还有章伯钧、王寄一、吴化文和我共五人。章伯钧说："我已向周先生谈过，周说，吴先生愿意到人民方面来，我们欢迎，以后密切联系。"吴说："我的驻地在山东兖州，陈毅处解放军司令员，驻鲁南临沂。"章说："周先生会密电通知他和你联系。"

吴化文回到兖州后，陈毅司令员即通过被俘的吴的师长于怀安与吴化文通讯联络。11月陈毅司令员又派代表直接与吴联系，以吴的参议名义，时去时来。双方取得默契，吴的驻地没有受到解放军袭击。但这时吴的处境日益困难。一方面军统的电台进入吴部工作，另一方面不得不受国民党第二绥靖区司令官王耀武节制。不久，吴部奉令调离兖州，增援开封，因有中共代表指导，一路缓慢前进，援军未到，开封已经解放。此时山东潍县陈金城求援，王耀武又调吴增援，也因行军缓慢，到达青州时潍县又已经解放。当时吴化文即不愿为蒋介石卖命，而起义条件尚未成熟，不敢公然违抗，只得采取阳奉阴违态度。解放军攻下潍县后，进攻兖州，王耀武又急令吴部增援，吴派一六一旅先行，孤军深入，于1948年6月上旬在大汶口被解放军消灭，旅长徐曰政被俘。为此，吴对王耀武公开表示不满。兖州解放后，济南防务尤其是飞机场更为重要。王耀武为拉拢、利用吴部固守济南，向蒋介石推荐升任吴化文为九十六军军长，并将山东保安二旅拨归吴建制，编为九十六军独立旅，旅长何志斌。在解放军进攻济南前夕，王耀武任吴化文为驻济南国民党军西防守区指挥官。是年冬，周恩来离开南京，王寄一到了上海，我们的秘密活动也转到上海，我经常由宁赴沪联系，汇报情况。1948年7月某日，我在杨虎家里同中共地下党负责人吴克坚会面，他询问了吴的情况，没有深谈。这月下旬，又在国际饭店会面，在座的有吴克坚、杨虎、王寄一、连端奇、郝宇新和我，他们一致要我去济南促吴起义。我答应等本军请领的卡车，弹药批下来就去，大家要我写亲笔信，让郝宇新先去联系。不久，吴化文来信说，已与郝见面，因过去不认识，没有多谈，并说济南紧张，到处是特务，瞩我慎重。9月间，王寄一奉上海地下党指示，打长途电话给我，示意催促，吴化文也发来两次电报，催我去济南，9月8日我飞往济南，行前通过长途电话向王寄一报告行踪。到济南后，方知吴为了准备起义，行动方便，已住在我家（吴家在城内，我家在商埠）。当晚，我向吴传达了中共地下党指示，吴说："解放军要进攻济南，情况紧张，看几天再说。"

9月12日，津浦铁路副局长陈调元的儿子陈序请吴化文和我吃饭，并约有王耀武的副官长霍松山和参谋长（名字已忘）。席间陈序等问吴化文："共军要进攻济南，吴军长看情况如何？"这是试探的信号，吴假作坦然，以乐观的口气回答说："共军来得好，我们打个样子给他看看，我相信保卫济南是不成问题的。"从他们的恭维中，可以看出吴的应付起了一定的麻痹作用。晚上，中共代表刘同志到我家和吴单独谈话约一小时，吴叫我送到大门口，刘同志郑重指出，现在时机已到，应立即行动，为人民立功。

13日王耀武飞往南京求援，14日下午回来，看样子非常紧张。就在此日，吴化文派处长卢连章陪我到飞机场和旅、团长们见面，要我表面上给他们固守飞机场打气，同时作些暗示，使他们对"应变"有一定的思想准备。我思考了一下，应该以本军的感情来维系军长的威信，于是我说："济南局势紧张，大家更要和过去一样，相信军长，不论什么情况下，听军长指挥。我们大家知道，军长是有办法的。"这天晚上，吴对我说，预定起义日期为9月25日，至迟不得超过9月底，叫我15日飞回南京，把他在南京的家眷送到上海转往香港。

正当起义准备工作顺利进行之际，不料副师长杨团一告密。因此，我乘的飞机到青岛时，上来两个军统特务，到南京下飞机后，即被特务紧紧盯上。当时我知难以脱身，于16日写了封信，叫前妻去上海面交王寄一，并向济南打军用电话找吴讲话，没有找到。事后得知，这时吴化文已进入飞机场，军用电话从我家搬走。吴进飞机场后，把所有通道都封锁起来，不让任何人进出。连王耀武召开紧急军事会议，他也托故不去。17、18日两天，王耀武找不到吴化文，心知有异，但因自己兵力有限，解放军又在进攻，没有办法，只好央请城内八个头面士绅和两个新闻界代表，到飞机场求见吴化文，连去三次，岗哨都拒绝传达，此时吴的态度已明朗化，到了短兵相接的地步。9月19日晚，吴在共产党的指导下，宣布起义，于解放军迫近机场时，把济南西线阵地连同飞机场完整地交给了解放军，打开了进入市区的大门，自己带着部队撤到黄河以北的桑梓店一带听候整编。他几经周折，终于弃暗投明，为人民解放事业做出了贡献。

随吴化文将军起义的回忆

高清辰

　　1948年9月19日，吴化文将军率国民党军整编九十六军在济南战役中举行了战场起义。直到现在，回顾起这一历史事实和起义期间那紧张的日日夜夜如在眼前。同时，倍觉吴化文将军在历史转折关头，率部脱离内战、走向人民的行动，不愧为明智之举。

　　吴化文将军济南起义的成功，严重地动摇了国民党军队的斗志，加快了济南解放的进程。

　　吴化文将军起义时，我正在国民党军整编九十六军任副官处少将处长。我自16岁参加冯玉祥的西北军以后，20余年，一直跟随吴化文过着军旅生活，相互间过往甚密，对吴化文将军的济南起义，我亲历其全过程，做了一些我应做的事。现在我将我所耳闻目睹的有关吴化文起义的一切记之于后。

1945年8月，日军无条件投降，蒋介石立即将吴化文的伪和平建国军第三方面军改编为第五路军，并令其火速北上，进驻兖州，负责掩护兖州—泰安间铁路修复任务。吴接到命令后，立即将部队分成两个梯队北上，第一梯队由杨友柏带领，第二梯队由于怀安带领。在界河附近第二梯队被八路军全部消灭，于怀安被俘。

吴部进驻兖州后，四面均是解放区，受到八路军的包围。杂牌部队又受到蒋介石歧视，部队弹药、粮食供给困难，陷于困境。界河战役后，中国人民解放军华东军区通过被俘的于怀安与吴化文取得了联系，并派鲁南军区联络部部长胡成放同志到兖州去做吴的工作，争取吴化文早日退出内战。同年秋，通过吴部一六一旅参谋长董子才事先联络好后，华东军区联络部部长刘贯一同志遵照陈毅同志指示到兖州东关一六一旅旅部与吴化文直接见面，推动吴化文快下决心，争取在驻地兖州起义。我陪同吴化文参加了这次会面，会谈进行了一夜，双方达成了"避免作战"和"建立电台联系"的协议。虽因各种干扰，吴化文未能最后下定决心起义，但这次会谈，使吴部与华东军区建立了联系，为济南战役中吴化文率部起义奠定了基础。

事隔不久，吴部的赵广兴团在大汶口被解放军包围，有被歼灭之势。华东军区为争取吴化文站到人民方面来，解放军立即撤出包围，让出了一条路，使该团安全撤回兖州。吴化文对此十分感激，并对共产党有了初步认识，立下了待机走向人民的意愿。

1947年2月，吴部改编为国民党整编八十四师，兵员扩大近两万人。7月间吴部离开兖州，活动在鲁西、豫东一带，归新五军邱清泉指挥。吴为保存实力，行动迟缓，避免与解放军主力作战。1948年4月，解放军发起潍县战役，守备潍县的国民党整编四十五师陈金城部被困于潍县城。国民党第二绥靖区司令官王耀武为挽救败局，使济南免遭孤立状态，亲自向蒋介石请求，将吴化文的整编八十四师自河南商丘由铁路车运至济南以东郭店，与国民党整编七十三师、整编七十五师会合。在王耀武督战下，企图集中兵力，打通胶济铁路，解潍县之围。吴化文部刚行至淄河，潍县即告解放。吴化文带所部退回济南。1948年5月初，国民党徐州"剿总"总司令刘峙令吴化文部留驻济南，归王耀武指挥。王耀武与吴化文同为爱国民主人士刘子衡先生的学生，师出同门，但二人之间互存戒心，貌合神离。1946年初，自吴没有执行蒋介石令其解滕县之围的命令，为此蒋密令驻守济南的王耀武召令吴化文，以"违反军令"罪名就地正法，因当时吴的密友、山东省政府主席何思源向吴透露消息，吴化文拒不赴济，才免遭杀身之祸。这件事给吴、王之间的关系投下了阴影。但在吴化文奉令留驻济南后，王耀武为拉拢吴化文，将趵突泉西边的张家花园送给吴化文，从此，吴化文家住张家花园，师部设在亚细亚公司（英国煤油公司）。1948年7月，兖州国民党第十绥区李玉堂及国民党十二军霍守义部被解放军包围，形势危急。徐州"剿总"总司令刘峙令吴化文率部去增援解兖州之围。在蒋介石手谕严督下，吴部于十余日后由济南行至汶河两岸时，兖州即告解放，吴部已过汶河的整八十四师一六一旅被解放军打援部队包围，突围不成，旅长徐曰政及全体官兵缴械投降。吴化文率余部败退济南，一六一旅的损失使吴终日闷闷不乐，消极沉闷。在选择前途的道路上举棋不定，左右摇摆。同时，国共双方都加强了对吴化文的争取工作。王耀武为拉拢稳定吴化文，在蒋介石面前力荐提升吴化文为整编九十六军军长。蒋介石为安抚吴化文，委任吴化文任国民党整编九十六军军长兼八十四师师长，并答应配备一批新式武器，令其将损失掉的一六一旅重新组建起来。还将整编第二师及较有战斗力的山东保安第二旅拨归九十六军建制，旅长为吴化文的旧交何志斌。此时，济南战役临近，王耀武即令整二师师长晏子风统领所部国民党军为总预备队，该师之一部亦驻防于西线。

潍县和兖州两次战役的结束，使济南陷入了空前的孤立状态。王耀武为执行南京国民党统帅部"确保济南"的命令，对济南防守做了兵力部署，将济南地区划为东西两个守备区。自黄河洛口渡口到城南八里洼以西至长清为西守备区，以腊山、周王庄、白马山、青龙山、任家山口、大小杨庄、大小金庄、荆家沟等为主阵地，背倚商埠区（北大槐树，普利门护城河外，十二马路、经十路之间），并担负飞机场外围安全。西守备区由九十六军军长吴化文任指挥官，司令部设在亚细亚公司，以后又移住段店西营房为指挥所。自此以后，吴化文即担负了防守济南西部广大区域扼守济南西大门的重责。吴化文将一六一旅（旅长赵广兴）布置在青龙山、白马山、荆家沟一带。一五五旅（旅长杨友柏）布置在任家山口、大小金庄及飞机场外围地区。独立旅（旅长何志斌）、救民先锋总队（总队长孟昭进）布置在大小杨庄、周王庄。另外，驻无影山的整编第二师山炮营，驻段店以西红庙营房附近的第十二军榴弹炮营，也统归吴化文指挥，兵力约计两万余人。

这时，孤城济南作为连接华北、徐淮两大战场的交通咽喉，是蒋介石在山东重点防守的战略要地。同时，几年解放战争的结果，华北、华东、山东广大解放区已连成一片，华东人民解放军进攻矛头直指济南，大战在即，吴化文最后抉择的关头已经迫在眉睫了。

吴化文原为西北军冯玉祥旧部，并非蒋介石嫡系部队，在装备给养等方面倍受歧视，政治上受排挤，所率部队几经动乱，几次濒于瓦解边缘。吴部终年长途跋涉，经常与八路军、新四军作战，蒋介石使用的这种"两败俱伤、坐收渔利"的恶毒手段，吴化文心中十分明白，但又无可奈何。派系矛盾的尖锐化及长年征伐，官兵厌战，吴对这种情况既厌烦又痛恨自己无力改变。周旋在派系矛盾和战争旋流中，终日为保存实力和寻找出路费尽心机。这种基本状态是吴化文将军后来决心起义、投向人民怀抱的重要原因。解放战争形势的迅速发展，共产党屡次对吴化文的关怀、启发和教育，以及不断的争取，使吴对起义增添了信心和力量。这些耐心的工作，打消了吴化文心中的顾虑，对他在济南起义起了决定性作用。

1948年7月底的一天，吴化文派人找我到张家花园他的家中，这时已是兖州战役以后，吴刚刚升任九十六军军长的时候。时近中午，我们两人一起在院内西屋喝酒。谈起了时局，吴说："蒋介石的中央军（指嫡系部队）纪律败坏，所到之处烧杀抢掠，弄得民不聊生！各级地方政府不顾人民死活，搜刮民财，强抓壮丁，搞得民无宁日，怨声载道；各级官员欺上压下，争名夺利。蒋的部队除武器装备优良之外，别无一长。据我看失败命运已经注定，只不过是时间问题而已。"他顿了顿又忧伤地说："官兵们跟随我数十年，同生死，共患难，相依为命，如果这样下去，把他们的前途都丧尽了，我心里实在不忍，现在急需找一条光明的出路了。"当时吴提出有三条道路可走，第一条路是把部队拉出去，脱离王耀武，打游击去，以保存自己的实力，就像抗战初期手枪旅留在山东那样。这时我就说，现在情况不同了，当时是我们和共产党一起打鬼子，现在我们是和共产党作战，全省除几个大城市外，都已是共产党的天下，到处都组织得很严密，拉出去哪有存身之地呢？部队给养、补充都将成大问题。像我们这种部队与共产党两相争斗，最终被共产党消灭不正合蒋介石的心意吗？吴化文听罢说道："看来这条路行不通。"他说的第二条路就是在济南加强防御工事，与阵地共存亡，死拼到底。说到这里，吴化文又沉闷起来，只喝酒不说话。当时我说："这样做，一切不就完了吗？这和你所顾虑的部队前途问题是相违背的，即使有点活路，这个办法也要不得。"这时，吴化文用很严肃的口吻说："看来，以上两条路都走不通了，我看只有第三条路了，就是走摆脱蒋介石，投靠解放军，接受共产党领导的这条路。通过各方面情况来看，国民党是靠不住了，只有共产党才能得到老百姓的拥护，共产党战胜国民党似乎已成定局。"说到这里，他看了看我，好像问我此路如何。我当时内心比较激动，但也真摸不清他说的是不是心里话。我同吴化文在一起已20余年，共同度过了许多动乱岁月，彼此关系密切，形影不离，深知其脾气性格。吴化文与共产党的多次接触和来往，我都跟随在左右，哪几次都是他左右逢源，没做投共的根本考虑，尽管我们之间无所不谈，但这些话数十年来我还是第一次听他说，而且是一个事关两万余官兵的命运、后果和影响深远的大事。我有心赞成，又担心他可能会反复无常。所以，以谨慎的口吻说："这个行动可不是一个简单的小事，而且要有可靠的线路，要慎重考虑，绝对不可贸然行事。"这时，吴化文说："以前驻兖州时，就和解放军建立过联系，赵广兴因在大汶口被解放军包围，就是通过这条渠道安全撤出来的，现在这条渠道还没有断。我准备带全军起义，参加解放军，让全军官兵走一条光明的路。"说到此处，吴化文无限后悔地提起一件往事，就是在1947年3月，吴化文率整编八十四师驻防兖州时，有一天上午，蒋介石在陈诚、蒋经国的陪同下，乘机来兖州，到八十四师视察，前后有几个小时的时间。提到此事时，吴化文说："要是当时能当机立断，扣留蒋介石，制造第二个西安事变，这功劳就大了。当时情况那么好，兖州没有其他国民党部队，兖州外围即是华东野战军和鲁南军区的部队，而且和解放军正在联系之中，要扣留蒋介石把握太大了，这功劳足以将功补过。"我当时对吴化文说："过去的事不能再提了，现在关键是把眼前的事情办好，以免再后悔。"在交谈中，吴化文还对率部起义的可能性做了一些估计，他谈到的主要有利条件是：第一，解放军力量日益强大并已靠近济南外围，一旦起义，有可靠的军事力量接应，免去王耀武背后袭击之忧；第二，九十六军主力部队整编八十四师是吴化文几十年一手经营、逐步扩大的家庭式部队，亲信众多，主要军官全由吴一手提拔栽培，部队官兵继承西北军旧旨，服从命令的风气沿袭至今，可谓一呼百应；第三，部队官兵厌战情绪强烈，一旦宣布起义，会得到广大官兵的支持拥护。但是，吴化文也有几个极不放心的问题，即九十六军各部中，混有一些军统、中统特务，这些人由南京方面安插下来名为做政治工作，实则从事特务活动，对吴部实行监视。军部参谋处第二科（谍报科）就是一个军统科，科长史敬堂，就是军统特务。吴对这些人挺痛恨，存有戒心，不予重用。为此，吴化文强调起义之前要严禁走漏风声，否则，事情一旦败露，后果相当危险。为防止这些人的破坏，吴说在起义时要把他们全部抓起来。当时可以看出，吴化文率部起义的决心已经定了。谈话终了，吴化文又很严肃地对我说："此事现在只有你个人知道，要绝对严守机密，表面上不能有丝毫表现，与共产党解放军联系我负责，你对下边要多多留心，严防在事头上出乱子，找好机会，时机成熟就干他一下子。"这时我心中十分兴奋，我知道吴化文对我谈这些心里话是出于对我的信任，我暗下决心，要协助军长共同完成起义大业。

在这之后，吴化文对起义做了一些准备工作。吴为了以后的行动方便和安全，以指挥便利为名，要求王耀武准许九十六军司令部，也就是西防守区指挥部由商埠亚细亚公司大楼移到段店西营房，原司令部由九十六军参谋长徐孟儒留守。为避免王耀武对此事怀疑，吴以备战为名，在段店营房内举办了一个营级以下军官短期训练班，由我任大队长。

在8月上旬的一天，我到吴化文家去，他说向我介绍一个人，说着从屋里叫出一个年轻人来，就是李昌言同志。吴指着李对我说："他是共产党华东局派来做联络工作的。"我们相互握手后，没有再谈别的事情。待李回到里屋以后，吴对我说："现在和共产党联系，主要就靠这条线了，要注意保护他的安全，防止意外事件发生。"在和吴的这次谈话中得知，李昌言是吴的夫人林世英的表弟，以表亲关系前来，并以这种关系住在吴的家中，做吴化文的工作，劝其脱离蒋介石的控制，争取在济南起义。

在这期间，济南外围据点已被解放军基本肃清，并集结了六七个纵队的兵力从东西两个方面，开始向济南进攻。9月上旬，解放军攻到济南近郊，接近了吴的防地。这时，干训班已临近结束，中共华东局、济南市委的地下工作小组也积极展开了对吴化文的争取工作。为与解放军联系的便利，李昌言带电台转移到段店西营房九十六军司令部，住在我的房间里，联系用的电台也架设在我的房间内，由我负责安全。在这以后与李昌言的交谈中，知道地下小组的另外两名同志是黄志平和辛光，他们三人为工作便利，都身穿吴部军装，以副官身份出入内外。

9月18日晚，吴部驻在井家沟的一五五旅一个团与解放军发生误会，双方进行了炮击，步兵也开始接火，大有全面大战之势。后来通过电报及派人穿越火线到解放军处联系，说明吴部准备起义的情况，双方战斗随即停止。

9月19日早晨，吴化文召集杨友柏、赵广兴两位旅长秘密开会，向他们讲明起义的决心，并决定当晚召集团长以上军官开会，宣布起义。当日下午，吴化文叫我到他的办公室内，小声对我说："晚上召集团、处长以上军官会议，宣布起义。为了会议顺利进行，开会时你守住会场，严密监视到会军官言行，如有当场反对的，或有抵抗行动的，不管是谁，就先下手开枪处决了他！"同时吴又着重说明不能让军部政工处处长张××参加会议，因为张××是蒋介石派在九十六军监视吴化文行动的。

9月19日晚9时许，吴化文在段店西营房九十六军司令部召集全军军官会议，到会者计有整编八十四师副师长杨团一，一五五旅旅长杨友柏，一六一旅旅长赵广兴，一五五旅四六三团、四六四团、四六五团三位团长，一六一旅四八一团、四八二团、四八三团三位团长，军部除政工处外，还有各处的处长，总计到会近20人。因整二师一直受王耀武指挥、控制，没有通知他们参加。独立旅和救民先锋总队刚刚归建不久，为防意外事件发生，也没有通知何志斌和孟昭进参加。

约到9时，与会人员全部到齐，会议开始。吴化文首先讲了部队当前面临的形势，讲了部队从手枪旅发展到九十六军的艰难历程，接着他说："在座诸位跟随我多年，大家互相信任，情同手足。当前形势已不允许我们再打下去，打下去也不会有好的下场。在这生死关头，为了全军的安全，我决心退出内战，参加和平。我已经派人与解放军联系好，大家可以放心，有我吴某就有大家。但有一条，有谁坏我的好事，我吴某决不客气！"最后，吴化文在会议上郑重宣布，今晚部队即举行起义，并命令到会人员回去后立即向部队传达，绝对不要再同解放军发生误会，等待撤出阵地集结。当时会场气氛比较紧张。吴化文讲话的时候，会场秩序非常肃静，黄志平、辛光、李昌言守在吴化文左右，保护吴的安全。我守在会议室门口，目不转睛地注视着每个人的动态，双手握着两支手枪，以防意外事件发生。在会场外，每个窗口都有我安排的人，每人枪内子弹上膛，注视屋内，等待我的命令。幸好，会上每个人都没有表示异议，一致表示服从命令，随从军长起义，没有发生意外。这样，吴化文将军的起义命令开始连夜向全军下达。

散会以后，吴化文下令逮捕分布在全军上下的政工人员，力求一网打尽，以免他们在起义中制造混乱。但是，不知怎么走漏了风声，这些人一个也不见了，全跑掉了。

9月19日晚军官会议散会以后，一五五旅四六五团团长王玉臣，因历史上曾杀害革命同志及群众，畏罪跑到绥区，向王耀武告了密。王玉臣的逃跑引起了吴化文的恐慌。此时九十六军各部尚未全部得到起义命令，解放军部队还没有穿插进来。为此，吴化文首先将他的指挥部移到大金庄，立即开始组织起义。并与解放军西线纵队首长通过电话联系，要求解放军部队迅速向九十六军防地靠拢，以防王耀武背后袭击。吴通话后，即命令任家山口守军将阵地移交给解放军。

19日晚10时许，吴化文找我，要我到四六五团一个营去下达起义命令。这个营驻在小金庄一带，扼守长清通往济南的公路，因他们团长逃跑了，所以没有接到起义命令。这时解放军先头部队已开始顺长清至济南的公路向商埠方向穿插，有发生误会的危险。为了避免发生误会，辛光和我一起前去这个营布置起义。我们到了这个营阵地以后，即召集营、连、排长会议，传达了吴军长率部起义的命令，要全营士兵撤出阵地。当时，营、连长都表示服从命令。从这一点可以看出官兵厌战渴望和平的愿望多么强烈。我随即告诉他们，立即把阵地上警戒撤回，街口派上岗哨，右臂缠一条白毛巾，口令不变，特别注意不要和解放军发生误会和冲突，解放军通过阵地不要阻拦。

9月20日晨，华东野战军三纵第十师高师长带领解放军部队到达段店，在一间民房内和吴化文见了面，商谈两军接防的方法和解放军出击路线。从此，解放军接收了吴部防地，分两路向商埠和飞机场出击。王耀武防守济南的西郊门户被打开，济南防御体系严重动摇，号称"固若金汤"的济南古城，指日可下了。

吴化文宣布起义之后，解放军西线部队三纵孙继先司令员来到段店会见了吴化文，对吴化文率部起义进行了鼓励和表扬。这次会见，黄志平、辛光等同志和我都在场。

由于9月19日晚的军官会议何志斌、孟昭进两人没有参加，在解放军前进部队推进后，何、孟二部已处于解放军的包围之中。9月20日，吴化文派人前去联系，动员他们认清形势，起义立功。随即，何、孟二旅也参加了起义的行列，并开始向七里铺北店子集结。

9月20日上午，为商谈吴部起义后的行动及给养等问题，我和李昌言、辛光乘美式道奇卡车，经段店到红庙营房解放军前线指挥部联系工作。当时我和李昌言在驾驶室内，辛光在车厢内。由于担任飞机场内部警备的王耀武的一个团和铁路大厂附近的青教总队仍在进行顽抗，我们所乘汽车经过敌人阵地前沿时，我命令司机加大油门全速前进，闯过封锁区。车到红庙后，汽车不能再继续前进，我们只好隐蔽好汽车，穿越正在激战的开阔地带，来到解放军前线指挥所。在一座小楼的二楼上，我们受到了华东野战军山东兵团副司令员王建安的接见。王副司令员对吴化文部队的集结点、行动计划、给养补充等问题作了详尽的指示。随后，我们穿越火线返回，向吴化文传达了首长的指示。

九十六军起义后，受到了热烈的欢迎，解放军西线部队首长宋时轮司令员到段店营房会见了吴化文将军和其他起义将领，热情赞扬了吴化文弃暗投明、战场举义的爱国行动，充分肯定了他对人民解放事业所做出的贡献。

吴化文将军战场举义的行动，激怒了蒋介石。蒋的空军曾多次出动飞机轰炸井家沟的吴军阵地，炸毁了北卡子的一个汽油库。吴部在向北店子移动时，也遭到袭击，有三辆弹药车被击毁爆炸。

根据华东野战军山东兵团领导的指示，吴部将阵地移交完毕后，陆续向大金庄、七里铺一带集结。为防敌机袭扰，部队分数路向北店子移动，准备过黄河去齐河整训。

在解放军进入商埠以后的战斗中，原九十六军司令部（亚细亚公司）以九十六军参谋长徐孟儒为首的留守处，得到了解放军部队的充分保护，在商埠战斗基本结束后，徐孟儒带领留守处人员赶到七里铺与吴化文会合。

在吴化文的司令部暂住七里铺的时候，山东兵团联络部部长王兴刚到吴部洽谈部队整编、待通等问题，吴化文表示接受改编的意见。华东野战军联络部部长吴宪同志随即到达吴部慰问，看望了起义官兵，并协助解决了供给、渡河等问题。在吴部改编为中国人民解放军第三十五军后，吴宪同志即任三十五军政治部主任。

在七里铺住了几天后，部队即分两个渡河口过黄河，到齐河县以西焦庙一带整训，并点名清理人数。就在这时，三十五军政治委员何兑希到达部队开始办公。

不久，政治部主任吴宪同吴化文、李昌言和我带一个排的兵力，分乘两部汽车，准备经兖州前往曲阜会见陈毅司令员，因泗水河水暴涨，流量太大，未能过河。于是在兖州会见了当时的华东局书记饶漱石，汇报了起义经过，住了一夜，即返回部队。

1948年9月25日，吴化文将军向全国发表起义通电。随后在10月份，吴化文先后收到毛主席、朱总司令、陈毅司令员等发来的贺电，对吴化文率部起义给予了高度的评价和鼓励。

1948年10月15日，中国人民解放军总部发布命令，将吴化文起义部队改编为中国人民解放军第三十五军，并任命吴化文为第三十五军军长，下辖一〇三、一〇四、一〇五3个师，我被任命为第三十五军后勤部副部长。

1949年1月1日，在大雪纷飞中，三十五军从黄河北岸桑梓店车站分乘火车南下。我和政治部主任吴宪同志带领后勤辎重车队，向徐州方向前进，去参加伟大的淮海战役。

我参与做吴化文思想转化工作的回忆

林世英

　　吴化文，字绍周，于1904年出生在山东掖县一个农民家庭里。在吴化文八岁那年，因家中生活贫苦，其父吴一斋带领儿女到安徽蒙城落户。1920年，吴化文17岁时投西北军冯玉祥部当兵。从1923年到1928年，冯玉祥先后把他送到北京教导团、北京陆军大学学习。1928年，陆大毕业后，又回到冯玉祥那里。1929年吴化文在韩复榘部任职，先后任军事教育团团长、手枪旅旅长兼济南警备司令。抗日战争初期，手枪旅改编为中央独立第二十八旅，以后又改编为新四师，吴化文任师长。

　　1937年底，日本占领济南后，吴化文奉令率部进入鲁西、鲁南一带。1943年，吴化文接到蒋介石的密令，叫他"曲线救国"，他便投靠了汪精卫，并任伪第三方面军总司令。他的部队从沂水张家庄移驻泰安，并在济南设了办事处。

　　1945年，蒋介石任命吴化文为第五路军总司令，部队进驻安徽蚌埠。1945年中秋节前后，蒋介石给吴化文手令，让他率部北上兖州。部队走到滕县以北的界河，遭到八路军的伏击，第六军于怀安军长被生俘。吴化文只好返回滕县，把家属送回徐州，自己化装到达兖州。是年底，吴部改编为山东保安第二纵队，吴化文任纵队司令。他对这次改编甚为不满，而且驻军兖州，四面被解放军包围，口粮补给困难，经常受到解放军的打击。这时吴化文既担心自己的部队被逐步吃掉，又不满于保安纵队这一地方军番号。为了保存实力，改变这种处境，吴化文于1946年7月，借蒋介石召见之机到南京，此时，冯玉祥、李济深等人也在南京。吴化文见到了冯玉祥，冯玉祥启发教育他说："我们西北军是杂牌军，要想法找个出路。"吴化文问道："如何找出路？"冯玉祥说："想办法，你明天就到李济深那里去，今天晚上我打电话告诉李济深。"第二天，吴化文就和李济深接了头。李济深把吴的意见反映给周恩来副主席，当时周副主席住在梅园新村。周副主席本想会见吴，但南京到处是蒋介石的便衣特务，考虑到吴的安全，未能会见，只通过李济深转达了周副主席的意见："欢迎吴先生站到人民方面来，共产党对他既往不咎，现在可保存实力，待机而动。"吴化文心中有数了，便回到了兖州。在这期间，吴化文先后与华东军区、鲁南军区秘密建立了联系，即表明不打共产党。解放军为了争取他，也避免与他作战。当时吴部赵广兴团，在大汶口被解放军包围数月，弹尽粮绝，面临被歼之势，由于同共产党有了联系，解放军在大汶口闪出一条道来，让赵广兴团突围出来。这样，赵广兴团才免遭覆灭。这一仗过去以后，吴化文即调到河南朱集驻防。

1947年1月，我四弟林世昌化名原立，从北京来到徐州。那时他在北京朝阳大学念书，后来知道他是共产党的地下工作者。是想通过我做吴化文的思想转化工作，使他认清形势，选择适当时机，脱离内战，投向人民。当时家里打电话告诉我四弟来了，要我回徐州。我回到徐州后，见到了四弟，开始时，我们姊弟之间先谈了些家务，然后弟弟对我进行启发教育，提高我的觉悟。

吴化文虽说不是出身于富贵家庭，但是他的家事是很复杂的。他有一个姐姐，三个妹妹，兄弟三个，他是老二。大哥叫吴化善，三弟叫吴化刚。吴化文的原配夫人叫马玉珍，是安徽蒙城人，得肝炎死于北京协和医院。后续赵华珍，安徽芜湖人，吴大8岁。后来，他的父母就到掖县去说我，完全是父母之命，媒妁之言。我到了吴家以后，虽然吃穿不愁，但心情是痛苦的。吴在旧军队混了多年，沾染了很多坏习气，也像其他旧军阀官僚那样娶妻纳妾。因此，我整天神情抑郁，日子是很难熬的。弟弟联系我的身世和在吴家的处境，给我讲共产党的好处，揭露蒋介石统治集团的黑暗，恳切地对我说："绍周只有脱离内战，才有光明前途，你们家庭内部的纠纷和矛盾也能够解决，你个人也能争得自由和平的权利，享有政治地位。"

四弟结合我家庭的实际情况向我进行教育，我很容易接受，弟弟在徐州住了几天，我就给他出主意，让他直接到河南朱集一趟，当面同绍周谈谈，让他迷途知返，早日投向人民，不要再打内战。弟弟临行时，我还让他给绍周带去了衣服和吃的东西，好让绍周对他有个好印象。同时我嘱咐弟弟："你放心去好了，我和你是一母同胞姊弟，绍周不会伤害你的。不过，你说话要注意一些，以免他翻脸，如果翻脸，再劝就不好劝了。"四弟同意了我的意见，第二天就去了，到了河南朱集，四弟把全国的形势向他讲了，并劝他说："姐夫，以后怎么办？蒋介石拿着你们并不当人，他的嫡系部队全部穿得很暖和，棉衣、棉裤、棉大衣都有，可你的兵冬天还穿着短裤，露着膝盖。"吴化文听了这些话，只叹气不说话，对四弟存有戒心。那时，四弟才二十几岁，怕靠不住，所以，他很少说话，只是让四弟喝酒。第二天，四弟又对他讲了一些道理，但他始终未向四弟吐露一句他与共产党、八路军接触的真情。第三天，四弟就向吴化文辞行，他对四弟说："好吧，我也不留你了，因为战事很紧，留你也不安全，你在北京好好读书，你回去给你姐姐讲，放心好了。"四弟回到徐州，没住几天便回北京去了。

1948年春天，我到济南齐鲁医院为女儿联系扁桃体开刀一事，住在我母亲家里，碰上了李昌言。我和李昌言是姨表姊弟，比他大几岁，我们之间已经十几年没见面了。我们见面寒暄了几句，谈了些分别后的情况。随后，我女儿住院，他经常到医院看望、照料。一天我与他游趵突泉时，他开门见山地对我说："你在吴家虽然吃的、穿的都很好，但是你在这样复杂的家庭里很受气，精神不会愉快！"我说："这是命运的安排，我有什么办法呢？到哪里去找精神愉快啊！"他继续说："只有投奔共产党，才能做到男女平等，妇女获得解放。"接着他又把解放战争开始后，解放军不断取得胜利、国民党军队接连失败的情况讲给我听，劝我多为个人和绍周的前途着想，并要我配合他做绍周的思想工作。我有四弟给我谈话的基础，所以对他讲的这些话很受感动，我答应他共同配合做绍周的工作。接着表弟就交给我一项任务，就是要经常不断地向吴化文灌输国民党腐败、共产党将来一定会成功、蒋介石要借解放军把杂牌部队消灭掉的思想，把他争取过来。从那以后，我便注意向吴化文做工作。

1948年初夏，解放军包围了昌乐、潍县。山东国民党兵力空虚，便将吴化文的八十四师由河南调到济南，归第二绥靖区司令官王耀武指挥。蒋介石打电报给王耀武，要吴化文马上前去解围。这时，吴化文不那么卖命了，上边让急行军，他让部队就慢慢地走。部队刚过淄河，昌乐、潍县就解放了，部队就很快回到济南。那时我得到了消息，立即来到济南，便开始了工作。

同年7月初，兖州又被解放军包围，蒋介石再次打电报叫吴化文立即到兖州解围。吴化文率全师前往兖州增援，其先头部队一六一旅冒进，行至大汶河南岸，即被解放军包围歼灭，旅长徐曰政被俘。这时兖州已解放，吴化文即匆忙撤回济南。

一六一旅是吴部的主力部队，该旅被歼，对吴的打击很大，他曾为此伤心痛哭。他回济南后，不但未受处分，反而得到了蒋介石的嘉奖。王耀武为了给吴化文打气和宽慰，遂令他将一六一旅扩充起来，并向蒋介石推荐他为九十六军军长。尽管如此，也不能振作起他的精神，他已在失败的惨痛教训中领悟到，再这样打下去，最终难逃灭亡的命运，从而初下退出内战、投向人民的决心。但是绍周这时并没有立即做出姿态，他既顾虑自己以前的过错能否得到共产党的宽容，更担心起义后能否保住自己的权力、地位和财产。因此，他要等待，他要同共产党高级领导人联系，想从共产党那里得到确实保证之后，才考虑自己的行动。

不久，解放军开始向济南四面包围。这时，吴化文的思想很犹豫。我和李昌言等，加紧做他的工作。有一天，吴化文对我讲："我如果投奔共产党，共产党能对我善罢甘休吗？我这条命不会保住的。"我便启发他："你可找个明白人去问问嘛！"他沉思了一会儿说："慢慢再说吧！"几天后，他的思想又动摇了。我就把四弟、黄志平、李昌言、李如刚叫来，把情况向他们说了，他们就提醒我要注意。

形势越来越紧张，解放军向济南四周大量增兵，包围圈越来越小，形成大军压境之势。这时，他叫我带着两个孩子，连同他的父母，马上撤到徐州。我便乘军用飞机到了徐州，以后又到了上海。到上海的第三天，一连接到吴化文的三封电报，叫我立即回济南。我猜不透他的用意，就给我母亲家打了个电报，询问是吉还是凶。他们回电让我急速回济。因此，我带着两个孩子乘飞机回到济南，仍然住在张家花园。晚上，吴化文回来了，他说："你回来的正是时候。"我问："正是什么时候？"他说："我和昌言都见面了，事情我们谈了，必须你回来掩护工作。"我又问："怎么掩护法？"他说："两部大汽车、一部小吉普，全部归你调动。为了避免王耀武的注意，你们以招收新兵为名，出小东门哨卡然后去华东局联系。"于是，由李昌言等人戴着军部颁发的"招收新兵"的红袖章，顺利地通过了小东门哨卡。当时，李昌言等人把情报送到了驻在济南城外的中共济南市委，汇报了市内的工作，然后再把由中共济南市委传达华东局的指示带进来。那时，我们送情报不用信件，怕丢失，由林世勋（现名方凡）用毛笔蘸着米饭汤写在背心上，穿在身上，一点儿也看不出来。到了那里，用一大盆凉水，里面放上碘酒，把衣服往里一泡，就析出白字来。回来时也是如此。这样来回送情报的有李昌言、林世勋、黄志平、李如刚、辛光等人。

为了消除吴化文举义的后顾之忧，我们根据华东局的指示，动员他将他的父母、南京的赵华珍等人接来济南。吴化文同意后，由我大哥林世达、三弟林世勋，乘军用飞机到蚌埠、徐州将他父母等人接来济南。这时，解放军的包围圈继续收缩，大有一触即发之势。在这种形势下，我们继续做他的工作，使他认识到王耀武并不和他一条心，把他的杂牌军摆在商埠及飞机场，当解放军进攻商埠时，先牺牲他的部队。我对他讲："咱们就这样等死吗？你为什么把老少都叫回来等死呢？"这时，他才下了决心，把李昌言叫来，提出了三个条件：一是保证他的生命；二是保证他的职务；三是保证他的财产。我们立即派黄志平向华东局做了汇报。华东局完全保证他提出的三个条件，党对他既往不咎，希望他立功赎罪。吴化文得到保证后，就下决心起义，与华东局建立了电台联系，并规定双方用"加减乘除"为密码进行联络。王耀武的司令部发现市区有电报信号来往，就是测不出来。王耀武也曾收到过电报，但翻译不出来，派人到处搜查也未查出来。

为了吴化文的安全，同时防止他的思想反复，根据上级的指示，由我负责保护他，还有林世勋、林世达、辛光等。这时，有人打电话找吴化文，说王耀武找他，问他在不在家。我说两天没回来了。不一会儿，杨团一来电话说："前方很紧张，军长在家里，为什么不叫他到军部来？”我反问他："谁说军长在家里？他根本没有回来，我还想找你们要人呢！"他骂了一句："他娘的，这个坏女人！"就把电话挂上了。

9月16日（即农历八月十四日），我们开始转移了，从张家花园转移到亚细亚大楼军部（今济南市总工会）。由我的几个兄弟护送吴化文到了军部，张家花园留下我和五弟林世杰。吴化文刚走不多时，王耀武亲自带着两瓶白兰地酒、水果、糕点来了，说是给老太爷、老太太来过节，实则看看吴化文在不在家。我早料到他今天会来的，我在西厢房帘子里观看，两位老人按照预先说好的话告诉王耀武，吴化文几天没有回来了。过了一会儿，王耀武走了。我立即决定将吴化文的父母想法转移到我父母家。然后，又转移到亚细亚大楼。于是，我就买上月饼、酒、水果，并对吴化文的几个副官说："两家老人要在一起过节，用不着去很多人送，只让弟弟去就行了，你们还有很多事要做，就不必去了。"车一开出张家花园，就立即开往亚细亚大楼。到了吃晚饭时，我就故意问："为什么两位老人还不回来？是不是喝醉酒了？你们看好家，我去看看。"就这样，我挎了一个小包，领着两个孩子，最后离开张家花园去亚细亚大楼。到了以后，立即打电报给华东局，汇报我们安全撤出王耀武防区的情况。

9月16日夜晚，解放军发起对济南国民党军队的攻击。我们又撤到商埠的一个酱园里。第二天下午，又撤到靠近飞机场的吴部的特务团。这天晚上，因为电台与华东局联系不上，结果双方接火了，打得相当激烈，吴的部队损失很大，这边的电报又发不过去。这时，吴化文翻脸了，一拍桌子，"打就打吧！老子不打没饭吃！"几个地下工作人员的生命也非常危险。我和李昌言等就劝他："不要着急，可能误会了，因为电台中断，我们可以派人越过火线联系停火。"吴化文迫于解放军的军事压力便答应了。由地下工作人员黄志平、李昌言、辛光等三人，冒着枪林弹雨，穿越火线，到达了三纵队司令部，见到了孙继先司令员。经过谭震林政委和工建安副司令员批准，停止了对吴部阵地的进攻。他们三人又穿越火线，传达了解放军孙司令员要吴化文部立即撤出防线的指示。在这种情况下，吴化文于9月19日晚就召集他的旅长、团长开会，宣布起义。他的部下表示，军长走到哪里，他们就跟到那里。但是，会后杨团一叛变了，向王耀武告了密，说吴化文的家属在特务团驻地，要求派飞机轰炸。由于我们得知这一消息及时，我带着他的父母、孩子，便立即乘吉普车离开特务团，冒雨向黄河边转移，在解放军护送下，先期过了黄河，到达齐河县的周家楼。几天后，吴的部队也都过了黄河，在齐河进行了整编。

从起义那天起，吴化文就受到共产党和人民政府的信任和照顾。1948年10月22日，毛泽东主席、朱德总司令，得悉吴化文率部起义，发来电报祝贺。1948年10月29日，中央军委将原国民党九十六军改编为中国人民解放军第三十五军，任命吴化文为军长，让他率部参加了伟大的淮海战役和渡江南下。中华人民共和国成立后，中央人民政府主席毛泽东、政务院总理周恩来任命吴化文为浙江省人民政府委员、浙江省人民政府交通厅厅长，1959年起任浙江省政协副主席。吴化文在军队几十年奔波，身上留下了多种疾病，党和政府先后安排他到各地著名医院进行医治和疗养，提供了十分优越的条件。吴化文生前，每逢同我谈起起义的往事，总是感慨万千，庆幸自己选择了正确的道路，同时也无限感激党的恩情。我在推动吴化文起义的过程中，虽然只做了些力所能及的工作，但是党和人民政府却给予我很高的政治地位和优厚的生活待遇。现在我任浙江省政协委员，两个孩子都在大学任教，家庭生活幸福愉快。我虽已是70多岁的人，但身体还很健康。我要在有生之年，继续工作，发挥余热，以报答党和人民的关怀和信任。

怀吴化文部同鲁南军区建立联系的经过

董子才

　　抗战胜利后，八路军鲁南军区，认真贯彻中国共产党提出的和平建国方针，同驻守兖州的吴化文部队主动建立联系，为争取他脱离内战，走上光明的道路，做了大量艰苦细致的工作。当时，我在国民党第五路军独立师任参谋长。1947年第五路军改编为国民党整编八十四师后，我又在该师一六一旅任参谋长，亲自参加了吴化文部同八路军鲁南军区的联络工作，现将这段历史追述如下。

　　1948年8月，日本无条件投降后，蒋介石立即电令将吴化文的伪和平建国军第三方面军改编为第五路军，从安徽蚌埠火速北上，同年10月7日进驻兖州。吴化文部赵广兴团进驻大汶口，负责兖州至泰安间铁路掩护和修复任务。当时的兖州，只是一座孤城，四面被解放军包围，各路交通要道，均被八路军切断。吴化文部进驻兖州后的一切后勤补给无法解决。偶而由国民党飞机从徐州来兖州空投少量物资或由部队到郊区（活动范围在城郊20里）强征点粮柴，终属杯水车薪，况且又时常受到地方人民武装的打击，因此，处境十分艰难。

1945年10月在界河战役被八路军所俘的吴化文部第六军军长于怀安经过中国共产党的教育，转变了立场，立志为人民解放事业贡献力量。于是，他受八路军鲁南军区的委托，于1946年年初多次去信和派人与吴化文联系关于争取吴化文部投奔人民的事宜。吴化文就派我秘密到鲁南军区驻地曲阜，面见了于怀安，并经于怀安介绍，见到了鲁南军区联络部部长胡成放和军区政委傅秋涛。傅政委热情豪爽，具有军人兼政治家的气质。他向我谈了国内外形势和当前各战场的情况，深刻阐明了共产党必胜、蒋介石集团必败的道理。要我转告吴化文，希望他顺应历史潮流，明察大义，主动撤离兖州，举行起义。我立即回兖州向吴化文报告了联络的情况。吴化文的意见是，蒋介石已答应补充一部分新式武器，待这些东西拿到手以后再说。过了数日，我又回到曲阜，把吴化文的意见向傅秋涛政委讲了。这时，正好华东军区联络部部长刘贯一同志也在曲阜，他热情地接见了我，谈了一些互相联络的情况，他表示愿意到兖州直接会见吴化文。我便回到兖州，向吴化文报告了这一情况，吴化文同意同刘贯一部长见面。我即回到曲阜。在一天夜里，我引导刘贯一部长秘密到兖州东关徐日政旅（当时我是该旅参谋长）与吴化文见面。在座的有刘贯一、吴化文、徐日政和我，还有吴化文的一位客人，是郝鹏举的代表。后来据徐日政旅长说，他是来和吴化文谈判，打算与郝鹏举共同搞第三条战线的。

可见，他的在场对吴化文立即起义是有很大破坏性影响的。一夜的谈判，刘贯一部长详尽地阐述了国内外形势，并揭露了蒋介石集团反共内战的阴谋，要求吴化文认清时局，明辨是非，立即举行起义，站到人民一边。吴化文仍然提出等武器搞到手再说。最后，经过充分协商，达成了两项协议：一是双方互不侵犯，避免摩擦；二是吴化文部赵广兴团撤离大汶口。就在黎明前，我把刘贯一部长送离兖州。

达成协议后，赵广兴团撤离大汶口的任务又落在我的身上。我赶到曲阜，首先由胡成放部长介绍我同一纵队司令员叶飞见面，然后与直接包围大汶口的一纵队某部首长晤谈。他们一致保证撤离部队的安全。我便设法进入大汶口据点，因双方还不断地互相射击，进入据点仍有颇多困难。在大汶口据点的赵广兴，这时接到吴化文电报，说由我去传达撤军命令。我到据点附近，一纵的一位旅长亲自到前线命令部队停战。刚好赵广兴的副团长王树林在据点大门等候，我这才安全地进入据点。我向赵广兴传达了撤军任务，他便召集几个营长和参谋人员讨论如何撤军问题。当时争论十分激烈，有的说这是八路的圈套，我们一出据点就被消灭，这种意见只占少数；大多数认为，我们应当撤退，在这里作困兽之斗，没有好下场。搞得赵广兴一时下不了决心。因为我同赵广兴一向关系很好，感情甚笃，这时我不得不表明态度，以帮助赵广兴定下决心。我说，关于撤军的问题，我已经同解放军一纵队各级首长见过面，他们一致表示保证撤军的安全，并且还派一位军区参谋同沿途地方武装联系，不会发生误会。我还说，死守据点，援军无望，到弹尽粮绝之时必遭全歼无疑。再退一步说，走出去还有两个可能，一是中途被歼，这种可能性极小；二是安全返回兖州。我们是坐以待毙好呢，还是寻求生路好呢？我说到这里，赵广兴一拍桌子，果断地说："撤，我们一定要撤！"赵广兴下令当夜出发。这时，胡成放同志和鲁南军区的一位参谋同沿途地方部队联络，避免发生误会。然后，我在部队最前面引导向兖州进发。途中一切顺利，没有发生任何意外，但到天放亮时却发生一件意想不到的惨剧。国民党两架野马式战斗机，误认为我们是八路军，突然向我们扫射，就在我的后面有十几人被打倒。我立即叫部队拿出陆空联络符号，这时飞机才停止扫射飞走了。当天，部队就到了兖州。因我几天没有睡觉，又走了一百多里路，实在是过于疲劳，到兖州以后，双腿也迈不动了，叫人扶着向吴化文交了差。这次赵广兴团安全撤离，对吴化文教育很大，使他亲自感受到了共产党人的宽阔胸襟和信守诺言的磊落态度，为他在济南起义打下了思想基础。同时，我在兖州——曲阜之间的往返联络过程中，多次受到傅秋涛政委和其他首长的亲切接见和劝导，并阅读了傅政委亲自赠送的《论联合政府》《论持久战》等毛主席著作以及解放区的地方报纸，加之在途中亲眼看到解放区一片充满生机的蓬勃景象，从而对共产党和人民军队产生敬仰和钦佩之情，在思想深处埋下了倾向革命的种子。

在赵广兴团安全撤离后的一段时间里，兖州地区比较平静，双方没有发生重大冲突。到1947年3、4月份，蒋介石下令对山东解放区实行重点进攻，大批国民党军队换上美式装备，源源北上，气焰十分嚣张。鲁西南一带被国民党军队攻占。这时，吴化文看到国民党军来势凶猛，力量强大，以为共产党和解放军难以支持下去，又动摇了他准备起义的决心，重新同人民解放军冲突起来。1947年7月，吴部撤离兖州，归国民党新五军邱清泉指挥，在鲁西南面济宁、曹州、定陶和河南开封一带活动，但基本上没有同解放军发生重大冲突。

1948年7月，驻兖州国民党军队的李玉堂部队被解放军包围告急。驻防济南的国民党军整编八十四师奉命前去解围，到大汶口附近宿营。师部和一五五旅驻大汶口附近，一八一旅驻大汶口以南地区。当时一六一旅部和四八一团驻一个村庄，四八二团和四八三团各驻一个村庄。当夜我们接到吴化文电报，说及兖州已经失守，要我们立即撤退。师部撤退较快，我所在的一六一旅还未来得及撤退，即被解放军四面包围。在这紧急的情况下，我看没有抵抗的必要了，就向徐曰政提出立即停止抵抗的意见，副官长李子贞（他是在1945年10月界河战役中被俘的，后经于怀安请求释放回来）支持我的意见。开始徐曰政要拔枪自杀，听了我的建议后，随即放弃自杀念头，下令部队停止抵抗。这样很快就结束了战斗，避免了双方过大伤亡。一六一旅所有军官被送到后方解放军官教导团学习。在那里，我又一次受到了共产党的亲切教育，进一步领悟到共产党必胜、蒋介石集团必败的道理，从此抱定了跟随共产党、参加革命队伍的决心。有一天，刘贯一部长突然找我和徐曰政谈话，讲了解放军兵临济南城下，指日可望解放的形势，要我们去济南说服吴化文迅速起义，为济南解放做出贡献。临走前，我同徐曰政又受到了华野政治部主任舒同的接见。当天，我和徐曰政同华野联络部的一名同志一起赶往济南。由于连日阴雨，路途难行，途中耽误了不少时间。我们到达济南时，吴化文已经率部起义，正在同解放军移交防务。我当时根据中共济南市委安排，做吴化文部失散官兵收容归队工作，并协助公安人员维持社会秩序。当时，济南市公安局李局长发现我家庭生活困难，还送给我一部分救济金。我在济南大概有月余时间，参加起义的原国民党整编九十六军改编为中国人民解放军三十五军，奉命回到该军，军政委何克希委派我临时负责军参谋处工作。整编结束后，我随部队南下，投入了伟大的淮海战役、渡江战役，在革命的征途上迈出了新的步伐。

吴化文将军起义过程中联络工作的

一段回忆

靳文元

　　1945年8月15日日本投降以后，吴化文部被国民党改编为第五路军，吴化文任总司令，下辖第六军、第七军和独立师。第六军军长于怀安，参谋长黄孝先，参谋主任由我担任。第七军军长杨友柏，独立师师长徐曰政。

　　1945年9、10月份，蒋介石命吴部开赴山东兖州一带，以掩护国民党嫡系李延年部北进。第六军从安徽临淮关出发，向山东解放区滕县进犯，目的地是兖州，军部准备驻在兖州。因铁路被民兵拆毁，只好步行前往，先头部队行动迟缓，到达界河，部队继续向北，但走了一天，战士们饥寒交迫。此时，遭到解放军伏击，他们大喊"缴枪不杀"的口号，界河战斗，没怎么打，军部八大处（没战斗力）全部投降。下边部队虽然打得激烈，几个小时以后也不打了。吴化文部第六军基本瓦解，全部缴械投降，战斗结束。

战斗结束后，解放军的一位科长叫我们被俘人员排队。解放军战士知道我们一天没吃上饭，将自己吃的馒头，全部凑集在一起，给我们吃。我们很受感动。第二天，解放军带我们到临沂。我当时患了伤寒病，病治好后，到了解放军官训练团。江靖宇同志（中华人民共和国成立后曾任南京市副市长）任解放军官训练团团长，在学习期间，华东军区联络部部长刘贯一，指定第六军于怀安军长在联络部学习。我们被俘人员一致要求见见于怀安军长。联络部同意了我们的要求，还招待我们吃了一顿酒饭，大家非常愉快安定。

1946年夏，在解放军官训练团学习结束，我被分配到参谋处领导的军训班，这里主要是培训参谋人员的，参加学习人员大部分是东北军、西北军的人，也有华东野战军的连、营、团干部。不久，刘贯一部长找我谈话，准备让我回吴化文部做策反工作。我当时思想上有顾虑，因为我知道吴化文很厉害，而且我也知道国民党军队被共军俘虏人员不是枪杀，就是关禁闭，但为了感谢共产党和解放军，我毅然决定冒险前往。

刘贯一部长、原吴部第六军军长于怀安等与我一同到了鲁南军区，鲁南军区联络部部长胡成放又约我们一同到曲阜。当时华野指挥部就设在那里。我们到达曲阜后，开了两次会，做了一些思想准备。我脱了军衣换上便衣，带上陈毅司令员和于怀安的信去兖州。走前，首长考虑到如从兖州东门进去，怕被怀疑是从华野指挥部驻地来的，所以商定从南门进城。那天傍晚我到达城边，正巧碰上吴部很多人到城外搞粮草。吴部的卫队有人认识我，叫我进城，我请传达向司令部通话，允许进去后再进去。我站在障碍物外边，等到天黑，得到的答复是："从哪里来，还是回到哪里去。"我只好在城外住了一宿，第二天又回曲阜，汇报了情况，又开会商量办法，决定从东门进，直接讲明是从华野指挥部来的。兖州城东关花园驻了很多部队，部队警戒除了地面上的以外，还有布防在城墙上的。我走到城边，距离很远，就拿草帽招呼，吴部过来几个便衣，问明情况，我把陈毅司令员和于怀安给吴化文的信，交给他们带进据点，转交吴化文，等待答复。当晚9点多钟，有人带我从地下道进去，见了吴化文。吴化文说："陈毅司令员和于怀安的信已见到了，现在起义还有困难，因为还有几个部队也驻兖州。"吴化文当即写了复信给陈毅司令员。我的策反工作，从此就正式开始。在华野指挥部和吴化文指挥部之间常来常往。后来于怀安军长曾想直接面见吴化文，做一些动员说服工作，因此，我把于军长想面见吴的口信捎给吴化文，吴化文当时说："不行，因为于军长在此年久，认识的人太多，一旦被人发现，不好交代。"我问吴化文司令有什么困难时，吴说："燃料缺乏。"我回指挥部汇报了以后，指挥部为争取吴部起义，立即决定动员老百姓用独轮车送煤进城。

华东军区联络部刘贯一部长、鲁南军区联络部胡成放部长均欲亲见吴化文。我进城时将此意告诉吴化文，吴表示同意，但再三叮嘱我，汽车要停在我军警戒线外，然后步行进城，千万不能暴露。一天夜里，我将刘贯一部长带到兖州，与吴会面。见面地点，就在吴部独立师徐曰政师长的指挥部里。参加会谈的有刘贯一部长、吴化文和独立师师长徐曰政、独立师参谋长董子才等。当时共同商定建立电台联系，互换密码，和允许吴部驻大汶口被解放军包围的一个团撤退兖州。

吴部驻大汶口的赵广兴团，当时被华野一纵叶飞司令员的部队包围了很长时间，弹尽粮绝，吴化文提出让该团撤回兖州，双方会谈中已同意，华野指挥部也同意用突围方式转移，但突围时双方只能对空鸣枪。吴化文为了掩人耳目，还请示南京军事统帅部派三架战斗机掩护突围。据说：蒋介石也同意这个行动。谁去通知该团呢？指挥部又派我去。我同吴部的代表独立师参谋长董子才，一同骑马到大汶口去做赵广兴团长的工作。首先到达大汶口附近找华野叶飞司令员，同他商量之后，叶司令员命包围大汶口的部队，用喊话形式告诉赵广兴团，说有两个人过去，请你们接谈。我们过去以后，将吴化文军部和华野指挥部研究意见，告诉该团团长赵广兴，该团团长不敢突围，我们又回兖州告诉吴化文。吴立即给该团写信，叫他们一定要突围，否则军法处置，并叫我们再送进去。我们到大汶口，仍用第一次方法喊话，进入据点以后，详细介绍吴化文的旨意，该团团长同意突围，并要我在前面走，遇到问题由我解决。在路上由于飞机与该团联络，地面部队未及时将联系信号报出，结果吴部赵广兴团遭受国民党的飞机扫射，死伤七八个人。到了吴化文部警戒线，由于步行太远，我的脚上起了个泡、疼痛，掉队十几里路，落在撤出部队的后边。当时吴化文没有见到我，立即派人带马找我，在离兖州近十里处找到了我，让我骑马进城。1947年年初，我在与吴部联络时，因脚上起泡化脓，行动困难，我看吴化文对我比较放心，我就在吴部副官处住了一段时间，待机开展工作。

吴化文率部起义，最后选择的时间是在济南战役期间。共产党地下组织的联络工作，是起了重要作用的，各方力量的配合，也是相当密切的。双方间经历了由不通到通、由不信任到信任的漫长过程，特别是在兖州时，陈毅司令员给他的亲笔信，华东军区联络部刘贯一与他进行了面谈，鲁南军区联络部胡成放部长也曾多次和他谈话，对他的教育是很深的。吴化文之所以能在济南战役率部起义，最主要的还是解放军的强大压力，兵临城下，当时只有起义才是他唯一的光明出路。

总之，吴化文率部起义，赴中共中央华东局、华东野战军和山东兵团、中共济南市委，正确贯彻了中国共产党人民解放军关于瓦解敌军和对国民党起义部队的政策，对吴化文部实施军事压力和政治争取相结合的方针所取得的成果；是在解放军重兵包围济南，攻城战役已经打响，并迅速摧毁济南守敌外围防御体系的时刻实现的；是党的地下工作者长期隐蔽自己，进行艰苦工作，正确贯彻上级指示和吴化文及其所属部队自身的因素相结合而促成的。

忆追随吴化文将军起义

杨友柏

1948年9月中旬，人民解放军发起了济南战役。在战役开始后的第三天，国民党第二绥靖区西线指挥官、九十六军军长吴化文将军毅然率部起义，从而打开了解放军进攻商埠的通道，加速了战役进程，为济南解放立了一大功。当时，我在九十六军八十四师任副师长兼一五五旅旅长，全力支持吴化文将军这一正义之举，由此脱离了反动营垒，走上了光明道路，开始了我的新生。

在历史的紧要关头，吴化文将军能够同旧营垒决裂，宣布投向人民，绝不是一时冲动，而是他审时度势、察明大义，经过长期复杂、激烈、痛苦的思想斗争之后，所做出的正确抉择，是人民解放事业胜利发展的现实教育和共产党对国民党军起义投诚的英明政策感召的结果。

　　作为旧军人出身的吴化文，有着十分复杂的生活经历。他早年投奔冯玉祥将军麾下，后又追随韩复榘，深为韩所器重。抗日战争开始后，蒋介石任命吴化文为陆军新四师师长兼山东保安师师长。1943年他又秉承特务头了戴笠旨意接受汪伪汉奸的第三方面军总司令的任命。1944年，吴部调至津浦路蚌埠一带，1945年8月，被蒋秘密任命为第五路军总司令兼津浦铁路段警备司令。1946年2月和3月又先后被蒋介石任命为第七纵队司令和第二保安纵队司令。1947年改编为整编八十四师，吴任师长、1948年吴升任九十六军军长兼八十四师师长。从蒋冯之战、抗日战争到蒋介石发动全面内战的长期战争环境中，吴化文能够拉起这支队伍，并得以保存下来，确实绞尽了脑汁、煞费了心机。但是，吴化文所统领的这支杂牌部队，并没有得到蒋介石集团的赏识和重用。蒋对其一贯抱着歧视、排斥的态度，在使用上采取利用、消耗的政策，其最终目的则是把这支部队逐步予以分化和瓦解。从1945年开始，吴化文带着这支部队一直在作战的第一线，东奔西突，疲于奔命，连战受挫，元气大伤。1945年8月，日本无条件投降后，蒋介石立即电令吴化文由蚌埠开往兖州，掩护李延年兵团北进。吴奉命后即将部队分成两个梯队北上，第一梯队由我带领，第二梯队由于怀安带领。在界河附近，第二梯队被八路军全部消灭。1946年，吴率部驻军兖州，所属赵广兴团在大汶口被解放军包围，有被歼之势。吴为保存实力，便秘密派人与解放军取得联系，表示要退出内战，请求解放军让路准赵部突围返兖。人民解放军不愧是正义之师，恪守信义，待人以诚，为了争取吴将军站到人民方面，解放军便主动撤除对赵广兴的包围，使该团安全撤回兖州。但那时吴化文对蒋介石集团抱有很大的幻想，以为蒋介石重兵在握，并占据全国各大城市，国共交战，胜负未卜，因此并没有立即退出内战，从而失去了第一次为人民解放事业立功的机会。

然而形势的发展，迫使吴化文不得不一步一步打掉对蒋介石集团的幻想。仅就山东战场而言，人民解放军从1948年3月至5月，就连克周村、张店、潍县；5月底又发起兖州战役。吴化文奉徐州剿总刘峙电令，南驰曾援，先头部队一六一旅进至大汶口地堠，即被解放军全歼，旅长徐曰政被俘。我旅的四六三团被歼两个营。这次打击，使吴化文深感前途渺茫，精神十分沮丧。8月份，华东解放军西线兵团、苏北兵团和山东兵团又胜利会师，兵临济南城下，吴化文及全军官兵面临覆没命运。在这存亡之秋，吴化文在华东局联络部代表李勇烈和共产党地下工作人员李昌言以及吴的妻室林世英女士等劝导下，不得不为他本人及全军官兵的前途着想，再次谋求同解放军取得联系。8月2日吴化文亲自同李昌言晤谈，托李先生转告华东局济南战役打响后，即可率部起义，配合解放军行动。解放军得悉吴化文有起义意向后，随即表示不咎既往，热情欢迎，并对吴化文本人及其家眷生命安全采取了保卫措施，以防蒋特暗算。吴在共产党英明政策的感召下，思想上几经动摇、彷徨、反复之后，终于冷静下来，面对现实，认真考虑起义的事项了。在举事前几天，吴化文向攻城解放军兵团送出了电报密码，沟通了电台联系，并通过电台向人民解放军提供了王耀武守城的兵力部署和晏子风整编二师派兵驰援长清的重要军事情报。根据共产党地下工作者的建议，吴化文尽量避免出席王耀武召开的军事会议，不同王耀武见面。这时，王似乎对吴有所戒备，便于9月16日，以拜节（中秋节）为名，带着酒和水果，亲自来到吴家探视吴的父母。当时吴化文仍是躲着不见。9月19日早晨，吴化文召我和一六一旅旅长赵广兴密议，决定当晚宣布起义，并要我们两人严守秘密。当天下午5时，吴化文郑重宣布退出内战，参加和平，并命令所属部队一律停火，绝对不能同解放军再发生误会。至此，吴化文终于走上了起义的正确道路。在部队开始撤离防地时，我旅四六五团团长王玉臣未回本团宣布起义命令，潜逃到绥靖区司令部向王耀武告密。王闻之甚为惊骇，随即打来电话，要找吴化文通话，我顺手抓起话筒，谎称吴已失踪，不知去向。王玉臣逃跑后，因他慑于吴化文的军法，始终未敢回到部队。第二天下午，由我去该团宣布起义命令并将全团官兵带走。这时，王耀武得知我的位置，想利用我拆散九十六军，便派何修甫参议等二人，带他的亲笔信、万元金圆券和加力克香烟来见我，并许以八十四师师长的地位，加以引诱。当时有人想将王耀武的"说客"杀掉，后经某位党代表提醒，说是为了麻痹王耀武和部队撤退时的安全，可屈意收下礼物，接受任命。9月19日晚，移防铁路北侧和洛口以南地域，几天之后部队就开始北渡黄河，进至齐河、禹城地区整训，准备迎接新的使命。

我跟随吴化文将军参加济南起义距今已近40年了，每当忆起，常常令我心潮难平，感慨系之。当年起义时，吴化文将军和同僚们的音容笑貌历历在目。起义后，共产党对我们起义人员的关怀、信任、器重更使我终生难忘。起义后不久，毛泽东主席、朱德总司令、陈毅将军、粟裕将军相继发来贺电，高度赞扬我们的起义行动，给予鼓励。

1948年10月29日，中国人民解放军总部宣布正式改编原国民党九十六军为中国人民解放军第三十五军，任命吴化文将军为军长，我为该军副军长兼一〇三师师长，参加了伟大的淮海战役和渡江战役。中华人民共和国成立后，共产党、人民政府对吴将军和我以及参加此次起义的同僚们，均委以重任，使之各得其所。如今，我已届垂暮之年，党和人民政府已安置我光荣离休，安度晚年。但我时常感到：党和人民给予我的甚多，而我的奉献甚少，常以"老骥伏枥，壮心不已"的精神，激励自己为祖国的四化建设和统一大业贡献余力。

我与吴化文相处的回忆

田向前

我是1945年冬与吴化文相识的，因此仅就我们相识以后的所见所闻，加以叙述，以供参考。

一、从我认识吴化文谈起

1945年日本投降以后，国民党为了抢夺人民的胜利果实，到处进行"劫收"。我在这年的十月底，来济南担任国民党山东省田粮处秘书兼第三科科长，负责粮食加工厂的接收和管理，帮助田粮处处长王荫三接收敌伪在济南的所有面粉厂和食品、油、酒加工厂。当时国民党山东省主席何思源的亲戚郭文萱（系何四弟的岳父），托我给他谋一职务，我派他到丰年面粉厂当监督专员。嗣后郭文萱又介绍何思源的哥哥何敬斋，托我给何谋一能抓钱的肥缺，于是何请我到他家吃饭。我在何家中，酒后发现他院内西屋住有一位小姐，经询问系吴化文的侧室宁宜文之妹，尚未婚配。我当即托何敬斋为我玉成婚事，就这样我与宁女结为夫妇。这年冬，吴化文由兖州到济南进行活动，他有两个目的：一是想法脱去汉奸皮的问题；二是解决部队在兖州的粮食供应问题。吴到济南后，住奎盛街十三号办事处，随即到我岳母郑伯贤家，岳母即将其女宁容涵许配给我之事对他谈了，吹嘘我如何能干，并拿出相片给他看。他一看非常高兴，并向宁女贺喜，同时请我岳母打电话约我去见面。我当即前往，经我岳母介绍后，两人谈得非常投机。吴化文对我说："老弟，你现在主管田粮大权，希望设法帮助我部解决吃饭问题，也不枉咱们是亲戚。"我说："大哥放心，小弟定当效劳，明日我去见王荫三、郭文萱等，大哥可同去一见。"他听了很高兴。过了一天，他邀我到办事处，谈到李延年想办他汉奸罪，何思源在保他；并说他的投敌是得到戴笠的密谕，命他表面投日，实为反共，因此他并不害怕。不过，当前没有吃的可不行。我说："走！去见田粮处处长王荫三，他和我关系很好，一定能有办法。"我们见了王荫三，当即谈妥将济宁丰年面粉厂的产品，均拨给他的部队。下午由丰年监督专员，在百花村饭店请王荫三、许登柱、吴化文和我等吃饭。次日，吴又约我在办事处交谈，他说："谢谢老弟帮了我的大忙，我想日内就回兖州。"我说："与大哥初次相识，一见如故，走得这样快，未能尽情畅谈。我没有别的表示，明天我从嘉门酒厂拨日本清酒五百瓶送你，以便慰问你部弟兄。"他笑着谢道："真是知心兄弟，现在我宣布委你为我军参议。"就这样我当上了他的参议。当晚他还告诉我说："郝鹏举是我盟兄弟，投了共产党，当上了民主盟军总司令，我曾暗地化装去看他，目的是看看风声，准备个后路。谁知我去后，郝团的团长们都来看我，因为他的部下有很多是我的旧部，他在安徽当汉奸省长时是个光杆。你猜他进来怎么说？他叫部下都滚出去，并骂部下是婊子生的。我当时很生气，我认为他是怀疑我来拉他的队伍。我对他说，部下要是婊子，我俩就是天津提大茶壶的了（妓院差役）。就这样我一气回来了。明春我还想到南京、上海去一趟，找找朋友。"我说："大哥的主张很对，若有叫我帮忙的事，可来信指示。"

1947年6月，我偕妻乘飞机由济南到南京，路过兖州去看吴化文，那时他已是整编八十四师师长了。在谈话中，他吹得很厉害，说蒋介石对他的信任胜过王敬久。又说："老弟，你想当官，我这个部队外人很难进来，现在你先当高参，以后你主办个训练班，与下面熟悉了，你就可以带兵了。"

二、从伪军到国民党整编师长

吴化文在日伪时期，任伪军第三方面军总司令。1945年抗日战争胜利后，改任国民党第五路军总司令。1945年10月，国民党十一战区副司令长官李延年，奉蒋介石之命由徐州入鲁，抢夺人民胜利果实。

李延年为了打开入鲁之路，就请吴化文到徐州协商，决定由吴化文部配合日军为入鲁先遣部队，沿津浦路北上为李延年开道，攻打解放军。吴化文于10月7日进驻兖州，吴部赵广兴团进驻大汶口。由于日、伪军的配合，使李延年顺利地于10月10日进入济南。1945年冬，吴化文部改编为山东保安第二总队，吴任总队司令，司令部驻兖州。吴化文对改编命令非常不满，自认为反人民功劳不小，而结果仅给他一个保安总队司令，驻防兖州，四面被解放军包围，口粮补给日渐困难，若到农村抢夺，就要受到解放军的打击。另外，吴也明白，国民党给他一个保安总队司令的头衔，只不过是为了暂时利用他，但在幕后为了排斥异己，仍要办他的汉奸罪。经过吴化文亲封到济南活动，得到当时山东省主席何思源的庇护，并通过请客送礼以及各方面的朋友相助，总算暂时未将他作为汉奸惩办。但吴化文却不放心，一方面恐怕不定什么时候会找他算旧账；另一方面也不安于保安总队这一地方军番号。因此，如何能变为国民党的正规军，就成为吴化文的心事。他为了寻求靠山，解决部队番号问题，1946年7月，趁赴南京开会之机，秘密去上海路143号见冯玉祥，由冯介绍认识李济深，通过李济深的关系，解决了吴化文部队的给养及装备问题。吴化文在1948年11月，曾向我谈了这段经过。吴化文去见冯玉祥是在一个早上，冯正在刷牙。吴见冯后即跪倒在地落泪说："先生（指冯），我错了（指投靠日伪），我现在一点儿办法也没有了。驻在兖州，四面被共军包围，国民党也不给装备，这次来特求先生设法。"冯玉祥当时很严肃地训斥他说："小孩子做错了事又来找我，我有什么办法！现在我被蒋介石特务监视，自己都不能自由，最近蒋介石还叫我去美国，以考察水利为名把我赶到国外。对你的事我有什么办法？你拿我一张名片找李济深去。"吴化文连访两次才见到李济深。吴化文将冯玉祥介绍他来的意思向李说了。李问明兖州情况，即向吴说："你不会不打共产党吗？"吴说："不打没饭吃，怎么办？"李济深当时向他说："共产党是打不得的，谁打谁就要碰得头破血流。你只要不打，关于给养问题，周恩来先生现在在南京，我负责向他讲，给你想办法由解放区解决。"吴又提出装备问题。李济深说："这个好办，我有几个学生在陆军总司令部当处长，我给你写个信叫他们帮忙。"吴又请求说："我有一团人在大汶口被共军包围，请先生说情不要打我。"李济深答应了他的请求。吴化文回来后，即表明不打共产党。解放军为了争取他，也就避免与吴部作战。吴化文在大汶口的赵广兴团，被解放军包围数月，即将全部就歼，由于这种关系，解放军有意让路，使这个团逃出包围圈回到兖州。这就是1946年，国民党的《山东日报》《青年报》等大肆宣传的"铁团"赵广兴以寡敌众，被围数月歼敌无数，胜利突围大汶口战役的内幕。在解放军争取吴化文早日弃暗投明之际，吴却采取两面手法大搞投机，靠这些虚假战报，得到蒋介石的垂青，蒋对他除传嘉奖令外，还授予勋章。1947年春，蒋介石命令他在鲁西南一带招募新兵一万名，他用抓丁办法，不到两周，把兵员运到徐州，这又得到蒋介石的嘉许，并调他到南京中央训练团受训一个月，奖予青天白日勋章。1947年春，蒋介石在由北京飞往南京的途中经过兖州，亲笔手谕委任吴化文为整编八十四师师长。这时吴化文不仅脱去了汉奸皮，而且当上了国民党整编师师长。他认为从此可以青云直上了！

三、吴化文部北调解潍县之围

1947年，华东人民解放军在山东战场上取得莱芜、孟良崮等战役的胜利之后，王耀武指挥的部队龟缩在几个城市里，处于被包围状态。胶济线上国民党的整编三十二师、交警总队、保安团先后被歼灭，张店、周村、淄川先后被解放军占领，守备潍县的九十六军陈金城部被解放军重重包围。王耀武的老巢济南，已处于孤立状态，形势岌岌可危，人心惶惶，地主、官吏等准备南逃。在这种形势下，王耀武为了挽回颓势，亲自向蒋介石请求，并利用山东省参议员名义向南京要求，将吴化文部调来济南，以便集中兵力解潍县之围，进而打通胶济铁路。这样，吴化文就于1948年4月间，率整编八十四师来到济南。

吴部到济南后，随即会同七十三师曹振铎、整编七十五师沈澄年、整编一〇一师胡琏等部，沿胶济线齐头东进，王耀武亲自督战，以解困守潍县的九十六军陈金城之围。当时吴化文不愿意担任解围任务，因为他近年来在和解放军作战中得到了教训，知道解放军善于围城打援。在行军途中，他又看到"活捉吴化文"的标语，听到"七十三，八十四，阎王不叫自己去"的民谣，他疑心其中说的"八十四"，可能是指他八十四师要被歼的不祥之兆，同时得到情报，长白山一带有解放军活动，"口袋"已经形成。吴化文面对这一情况，心惊胆战，数次向王耀武建议撤军，王耀武不听。因行军受阻，前进缓慢，当先头部队刚渡过淄河时，潍县已为解放军占领。待援军后撤时，整编七十五师的一个团已被解放军歼灭。吴部由章丘之线撤回济南。吴化文回济后，约我到他家饮酒，谈到王耀武在这次进军和撤退的指挥时，吴化文说，王耀武是"耀武不扬威"，非大将之风，并以"不是英雄是狗熊"讽之，说今后设法离开他，去依靠别人。当时我家住在济南，很希望吴部留在济南，我就对吴化文说："你要利用王耀武的弱点，他现在希望你部留在济南，以增强他的力量。他是在蒋介石面前说话有分量的人，你要抓住这一时机，来扩大自己的势力。"吴化文听了默笑不语。

四、援兖受挫

潍县被解放军占领后，胶济全线已被解放军控制，济南已处于被大包围的形势。王耀武所指挥的部队除被解放军歼灭的以外，仅剩编七十三师曹振铎部和绥靖区独立旅王敬箴部勉强有点战斗力，其余都是些游杂部队，其中包括还乡团、保安队、土匪流氓武装等，人数不过六七万人，战斗力很差。在济南岌岌可危的形势下，王耀武看中了吴化文部还有一定的战斗力，就决定将吴部留驻济南，以加强济南的防务。经再三电请"剿总"，5月间吴化文部奉命留济归王耀武指挥。当时吴化文师部住在六大马路纬三路亚细亚公司大楼，部队驻白马山、孔庄、崮山、腊山、飞机场和纬十二路一带，担任济南西北之线防务。是时我家住在亚细亚大楼后院，离吴化文师部很近，吴又将夫人宁宜文搬到我家，我们同住在一所洋房里。王耀武为了笼络吴化文，亲自保举吴化文为九十六军军长，兼八十四师师长。

是年7月，第十绥靖区李玉堂部在兖州被围，徐州"剿总"刘峙令吴化文率整编八十四师、整编第二师二一一旅，由济南经泰安、大汶口向兖州前进，以解兖州之围。在出发前夕，吴化文心神不定，顾虑重重，唯恐孤军深入，进入解放军的口袋阵。在这种心情下，他采取了走着瞧的态度。部队一到泰安，就迟迟不进，以观变化。据吴化文说，王耀武不愿让他南下，以防济南有失，实际是吴化文怕过了大汶河会被解放军吃掉。后来刘峙再三督催，蒋介石也亲自命令吴化文前进，吴部的一六一旅徐曰政部才渡过大汶河。这时兖州已解放，解放军回师转向吴化文，在大汶口全歼了徐曰政旅，吴化文迅即率余部星夜向济南逃窜。当时正是夏季炎热之时，吴部退却时，纪律败坏，沿途群众拒绝供应饮食，部队饥饿干渴难支，残兵横卧道旁，公路被堵塞，许多老弱残兵被汽车碾轧，有的国民党兵抢夺群众衣物，被群众活捉杀死。

吴化文逃回济南后，未去见王耀武先回到家中，即约我一起饮酒解闷。这天正是"入伏"，当时我见吴化文面色苍白，犹如惊弓之鸟，我向他问候后，就坐下吃酒。这时王耀武来电话，吴化文接过电话没说三句话，就将电话甩下不再谈下去。我感到吴化文对王耀武的态度不够好，就劝他冷静一点。他很懊恼地说："一旅人都完了，再这样来一次我的老本就光了！"当天下午4时许，副官送来国民党传令嘉奖的电报，吴化文阅后说："王耀武真会做官，打了败仗还来嘉奖，他的活动力真大。"天色将晚，吴化文躺在床上抽着鸦片，谦和地对我说："老弟，你看形势怎样，今后咱们如何办？"我说："大哥，形势很紧张，济南为国共两军必争之地，国民党势必坚守济南，以固华北，但心有余而力不足。以我之见，我们不是国民党嫡系，要保存实力，只要有这两万多人在手，就可以进退自如；人总要留条后路，对这一仗应当慎重考虑。"吴化文说："老弟的意见很对，我一定加以考虑。"我并向他献策，要他对王耀武表面上更加恭顺，以利用之。后来，王耀武为弥补吴部的损失，果然将何志斌旅拨归吴部建制。

大汶口战败回来后的第三天，吴化文召见他的团长赵广兴，赵广兴来到后没讲几句话，吴就把赵臭骂一顿，并打了赵广兴一个耳光。可是过了两天，却委派赵广兴为一六一旅旅长。据说西北军的传统，升官前都先骂后打，被打人若不反抗，也不事后发牢骚，即可升官。西北军过去是否如此不清楚，但从吴提升赵广兴为旅长来看，确是这样。当时打完了并说拉下去押起来，撤职查办，而赵广兴毫无怨言。

赵广兴升旅长后不几天，吴化文的副官长高清辰和政治部主任萧某来到我家，约我去军部办干训班。由我任教育组长，高清辰任大队长，训练对象是吴部的连、排长。起义前三天，吴化文为了进一步拉拢我，叫我去他家中，说成立青年教导总队。因高清辰随他多年，而我又是他的亲戚，一定都叫升升官。因此叫我办训练班，认识认识他的基层部下，以后扩大部队好带兵。我回到孔庄营房，将此情况告诉高清辰，他也很高兴。此时吴的军部已设在孔庄营房。

干训班就设在军部内。第一期调来连、排长120名，包括何志斌旅的人员。训练课目除正常的连营攻防外，吴化文经常给学员讲话。除吴化文讲话外，还请王耀武来讲课。我记得王耀武有一次讲课，纯是拉拢吴的部下的口气，那一次营、团长以上都参加了。王耀武说："我要有你们这里三个赵广兴一样的团长和几个白营长就高枕无忧了，他们两人打共产党是很有办法的。"另外，还有国民党省党部主任委员庞镜塘也去讲过话，内容不外是政治宣传，强化部队反共的决心。

五、吴化文起义前后见闻

1948年9月初，吴化文来到孔庄营房军部，一天下午我同吴化文及吴部王同宇团长，检查了营房工事。王团长是负责保卫军部的。看后吴化文说："将工事加以整理，很快要打仗了，共产党快打济南了。"我俩一听，相视而笑，认为吴化文故意吓人。我说："哪有那样快！"吴说："不得不防。"

就在这月上旬，吴化文的一位亲属来到孔庄营房，他们正在办公室谈话时，我走了进去，当时吴未向我介绍，我又发现吴的脸色紧张，即想退出去。吴化文看我要走，喊住我说："你马上写一个攻坚计划送来，内容是如何以各种武器配合攻克碉堡。"我问："什么时候要？"吴说："明天。"我即辞去，叫杨参谋与我同写。第二天我送计划到吴化文家中，二姐宁宜文对我说："上午有客人在此吃饭，你最好不见他。"我即默然离去。第三天我回到孔庄营房，和王同宇、高清辰到军长办公室，这时吴已去商埠。王同宇即拿出一个通告，内容是蒋介石告军队团级以上军官书，说他今天之所以再干下去，是为了跟了他几十年的学生、部下着想。此件不知由何而来。当时蒋介石此举，不过是欺骗部下继续为他卖命罢了。那几天形势非常紧张，我到宁宜文二姐处，她说："绍周对你很信任，问我你过去都干些什么？他说向前很英明，又很爱护亲戚，定要重用你。"就在谈话后不久，吴化文的办公地点搬到了孔庄营房。有一天，吴化文来到孔庄营房，对我说："你同高清辰好好将干训班办好。"第二天，吴化文打电话给我，叫我到他家有事面谈。下午2时，我来到吴化文夫人林世英的住处，吴化文躺在西屋床上，我进去，林世英即出去了。吴化文让我坐在床上，他拉着我的手。我说："大哥，你病了？要好好保养。"他说："感冒了，不要紧。我今天找你来，是要你把青年总队赶快成立起来，招考中学以上学生，训练成骨干。高清辰跟我多年了，你俩要很好合作，青年总队成立后，你和清辰担任副总队长，我兼总队长，咱们生死与共，共同来搞一番事业。"当时我向他表示一定忠心耿耿地为他效劳，但我也对他的态度感到迷惑不解。我随即安慰他，请他好好保重。他又说："老弟，过去你说叫我保存实力的话，我铭记在心。你回去后，将宜文母子送到岳母处，你可住奎盛街我的办事处，并将弟妹也搬去。"我说："大哥，你放心，这一切我回去就办，办妥后，我即着手招生。"9月16日（农历八月十四日）上午，我同军需处处长曾丽生、人事处处长牛子厚、秘书长张某，到七大马路纬五路一个中学里，对30余名学生进行了考试，考完这些学生我乘汽车来到营房。这时东门炮声打得很响，飞机场西北也有炮声。下午，我同曾丽生回孔庄，路过辛庄时已是下午4时左右，团长以上会议已结束，王同宇与我们同回孔庄。曾丽生对我说："高参，明天八月十五，今天咱们回商埠吧！"我说："好！"当即乘车回家。晚上炮声更为激烈。当时我想，共军真会选进攻日子，今天是农历八月十四，正是巧合八十四师，今天又是阳历9月16日，又巧合九十六军，这明明对我们而来。第二天我去营房，走到十二马路已不让通行。我即从另一条路回到岳母家。我说："营房回不去了，八月十五不能过了！"于是我让岳母、二姐都到奎盛街我处躲避，因我后院有假山花园，并有卫士两名，加上宁宜文的随从副官李某，遇到乱兵可以对付一下。岳母说："看看情况再说，好歹过个节。"好在这里离奎盛街不远，这样我就留下。晚3时我和妻回到家中。18日早上，岳母家的小勤务兵来报告说，不好了，昨晚12点，国民党将宁荣铮（宁宜文之兄）捉去了，并要用刺刀刺太太（指宁宜文），老太太全家磕头，说太太肚内有小孩，请他们行善，才救下来，今天都搬到你这里来。我当即派卫士去搬家。这时吴化文的军需官李正言在西屋住，已多日不上班了。9月20日，宁荣铮穿黑色衣服，袖上戴红布条，回来对我说："吴化文已起义，部队安全撤到郊外，我见到了吴大哥，他说，为起义差一点儿丢掉了女人和两个孩子，让我快回来，将全家搬到华北医院孙经理处，同他弟弟吴佑常的女人、小孩一起住。"这样我们就全部搬到华北医院。这时城内战斗已渐平静，只千佛山方面尚有枪炮声。24日战斗结束。解放军代表同吴化文的一个副官来到医院慰问我们，并让搬回家，宁宜文另安置在六大马路小纬二路，等前方安置好再来接他们。这时办事处已恢复工作，张泮池负责。10月上旬，吴化文同吴宪及景参谋、张象东等来到宁宜文住处，将我也请去，一同吃饭。饭后吴让我同去齐河，下午6时由济南出发，当夜到齐河葛家庄军部，吴化文让我同参谋长徐孟儒同住一室。在此期间，吴时常在夜晚同我交谈。吴化文谈到这次他去兖州见饶漱石的情况。吴化文还说，现在安心了，我军编为中国人民解放军第三十五军，他任军长，部队原封不动，只来政工人员。首长说，今后归了人民，再不能想别的了。有一天，吴化文指示我说："听说渤海行署张蓬副秘书长带一个慰问团来，你明天带两个副官去接他们，并负责接待。"第二天，我将张秘书长、李参谋长、李植庭参议长、林冬白部长接到军部，举行了宴会，宴会后照了相。慰问团走后，部队即进驻济阳魏家楼，我担任了军招待所所长。这时广东第一纵队司令员何克希同志来任军政委，吴宪同志任政治部主任，张象东任政治部副主任，于怀安任参谋长，徐孟潘任后勤部部长。部队编为三个师，各师均派来师政委，团、营也都配备了政工人员。在一次会议上，吴化文讲了这次去兖州的经过及首长的指示，说中央军委决定我军编为中国人民解放军三十五军，部队原封不动，并指出自起义之日起，一视同仁，既往不咎。吴起义时，曾幻想和郝鹏举一样，当民主联军总司令，将部下都升升官；从兖州回来后，幻想破灭，故在会上说："咱们过去和妓女一样，今天跟这个，明天又跟那个，现在'从了良'，嫁了好丈夫，今后再偷人可不行了。"这本来是个比喻，意思是投到人民的怀抱，今后不能有其他想法了。可是杨友柏听了拍着桌子愤怒地说："我们跟你半辈子，骂我们是妓女。走！不开会了。"他坐车就走了。吴宪同志和张象东当即说吴化文不该这样比喻，并立即乘车将杨追回。何克希政委让吴化文作了检讨，此事才算平息。但不久杨部的团长王同宇逃跑了。这期间我和张象东经常交往，并请他到我家（此时我爱人也来到部队）吃饭。张象东是国民党立法委员，和吴化文关系很好，起义时在吴部当说客，因对起义有功而当了军政治部副主任。他曾向我讲了起义情景，说吴化文起义当天晚上，王玉臣叛变，将起义消息报告了王耀武。王耀武甚为惊慌，随即打来电话，找吴化文讲话，杨友柏接的电话，向王谎称吴已失踪，不知去向。以后王又派政客何修甫（何思源堂兄弟）及国民党《中央日报》记者何冰如，给吴化文送来金圆券、香烟等，让放回铁甲车一辆固守济南，并劝吴回头。吴化文不从，仅将铁甲车做人情放回。在起义时，解放军要吴化文让出防地，从十二马路打进济南，吴之副参谋长曾本稼建议说："人心莫测，我们开右门，让解放军从飞机场，天桥转过去，我们不开中门，这样以观变化，进可攻、退可守。"吴化文采纳了他的意见。结果在井家沟与解放军打起来。解放军要吴化文撤出阵地，不要影响整个战役的发展。这样吴化文才派人同三个中共党员去前线布置停战，并按解放军指定的位置集结部队，撤出了防线。

1949年春节后，我同林世英、宁荣铮到石桥军部。吴化文见到林世英和我后，精神沉闷，愁容满面。我们知道他在士兵控诉会上受了批评，过去哪个士兵敢在他面前批评他？今天他能忍受总算不错了。吴化文说："何志斌由于李于久（副旅长）诉他的苦，何志斌还拿棍打他呢！咱可没有，听着批吧！"他又说："王耀武从青州解放军官教导团来信说：'君为座上客，弟为阶下因，你起义应当向我说一下，我也起义不好吗？'老弟你想，我曾问过他济南如被包围有没有援军，他说没有，即使派援军也无济于事。我又问他，战斗开始后，联络断了，将咱们都包围了，怎么办？他说鞠躬尽瘁，死而后已，与济南共存亡。他顽固极了，我们才单独走这条路，当时如向他说明，他不杀咱才怪呢！"我说当时情况确是如此。第二天上午，吴宪同志、何政委均来了，一同吃过早饭，我要求入军政大学学习。何政委让政治部写信，由七兵团季奉松秘书长介绍我到青州总部，发给我革命军人家属证，家属供应介绍信，入了军政大学。

随同爸爸吴化文将军起义

吴哲民

济南战役已经过去了40个春秋。作为吴化文将军济南起义的参加者，我将耳闻目睹的有关济南战役的情况作了整理。

受戒备的儿子

1947年底，我毕业于成都国民党陆军军官学校，在公布分配名单的时候，出乎我意料，把我分配到国民党陆军总部工兵处见习，而不是到我父亲吴化文所辖的整编第八十四师。

到达南京报到以后，才知工兵处处长要我担任他的随从参谋，这就更加促使我加快了调离工兵处的决心。借着到济南看望离别已十年的父亲的机会，我向他提出要求，调我到他所辖的部队。父亲动员我去美国西点军校去学习，我想：既然不愿意我到八十四师工作，也不勉强，一个军校学生到哪个部队都能找到一个中、少尉工作。第二天我就要返回南京。父亲解下手腕上的一只表，在口袋上摘下自己用的钢笔，又叫副官把一支猎枪拿来给我带着。给我这三件东西好似对我进行安抚。

回到南京，我未去陆军总部上班，准备活动到其他部队去。我哥哥知道后告诉了父亲，于是，我又被同意调到八十四师工作了。

离开南京之前，我哥哥吴新民交给我一本密码，是仅限于我们兄弟之间使用的。他告诉我，如果有什么特殊需要，有些函件就由我译转。

到达整编第八十四师后，父亲派我到工兵营一连当连附。1948年7月，为补充大汶口战役一六一旅被歼灭的兵力，我参加了招收新兵的工作，驻南辛庄营房。这个阶段我两次接到南京来信，对照密码译出后，使我感到意外。第一封信的内容是反映由军统局朱强武处得悉，国民党山东省党部委员杜骏甫在南京到处散布吴化文将投靠共产党的消息；另一封信的内容是反映李济深派往国民党张轸兵团的代表被查获。来信提请注意以上动向。这两份情报对我来说是意外之事，译出以后均由我面交父亲。

1950年，我因病到杭州诊疗，在家住了几天，在一次晚饭后的闲谈中，父亲告诉我，当年因我离开他十年之久，在这十年中我在军统局做了两年人质，上了国民党军校，又加入了国民党，他对我很不了解，对儿子的戒备也不能例外。

和平与中立

1948年9月的一个下午，九十六军军部的一个副官找到我部告诉我，我的母亲和哥哥到济南了，我随即去了阜阳里。那是军驻办事处处长王一民的长子的住宅，他的长子王树模系九十六军参议。在阜阳里见到母亲后，认为他们到济南是看看我们父子的，于是吃罢晚饭我就返回营房去了。翌日再到阜阳里后，我哥哥吴新民找我单独谈话，他告诉我，不久济南即将发生大规模战斗，并告诉我，父亲为了保存他的部队，在这次战役中将采取中立态度，实现局部和平，要我在行动时不得任性，要随军行动。"中立""和平"口号的提出，现在回忆起来是十分策略的。在当时我对中立的理解是在战斗中对作战的双方都不想介入。这是符合旧军队一贯所具有的"有团体在，就有饭吃"的思想。尤其是大汶口战役以后，蒋介石虽给了一个九十六军的番号，但这只是称呼上的变更，因为在兵源上没有补充，装备上只补给些修械所整修后的汉阳造，而防务上却放在第一线。因此，这种排斥异己的做法，已经引起一些军官的逆反心理。就连我这个黄埔出身的嫡系军官也认为在这种情况下打仗卖命不值得。因而"中立""和平"的口号符合这支部队"保存实力，以求发展"的思想实际。这一口号的提出，是容易被一部分中、下级军官所接受的，对他们的随军起义具有一定的凝聚力。

智撤装甲车连

在济南战役发起之前，王耀武配属了一个装甲车连给九十六军，该装甲车连与军部同驻孔庄营房。如果在部队起义过程中这支装甲车连有所行动的话，将会把九十六军司令部的指挥体系冲乱，对军心所带来的后果不可想象。怎样调离这个装甲车连而又不引起王耀武的疑虑，已成为一个十分重要而又很棘手的问题。

就在部队起义的前两天，王耀武组织了一个包括济南市"社会贤达"人士在内的慰问团，到九十六军军部进行慰问，这次慰问也包括了对部队动向的一种探测。军部出面接待的是旅长杨友柏。当他向慰问团介绍战况时，诡称吴军长在前沿很长时间没联系上了，前沿火力十分猛烈，不知军长安危如何；但不论出现什么情况，他一定挺身而出，指挥部队、坚守阵地报效党国等。说到悲壮之处甚至声泪俱下，这倒也使慰问团吃了一颗定心丸。这些"贤达"们回城作了汇报以后，引起王耀武的兴趣，打了一个电话给杨友柏旅长，倍加慰勉，并指示如果军长牺牲，当由杨旅长代行军长职务等等。杨旅长向王耀武做了保证，说要做好一切准备，与阵地共存亡。随即提到装甲车连目前还在第一线，在阵地防御上发挥不了战斗性能，在城市巷战中作用要更大些。目前万一有些损失，不利于城防的坚守。因此他请示王耀武，装甲车连是继续留在第一线呢，还是调回城内作为加强巷战的机动力量呢？这一着棋还真起了作用，王耀武指示将装甲车连调回绥靖区。就这样在起义之前清除了九十六军司令部所在防区的一大隐患。

意外的枪声

9月19日下午，我在任家山口接收了肥城县大队的残余人员，包括大队长在内200余人。这时各新兵连人员也由各地来营房集中，我准备把各新兵连装备起来。于是我策马奔赴孔庄军司令部，找父亲要枪支弹药。

我到达军部，听说正在开会，我就直接找到会议室。进门一看，参加会议的不下20余人，满屋子的香烟味。我走近父亲，告诉他，当天又接收了一个县大队，准备要些枪支弹药把新兵装备起来。他告诉我，马上就要有行动，要我迅速返回驻地，所有新兵连队一律听工兵营营长指挥，要求我一定要听营长的。我当时立即离开军部赶回南辛庄。

进入营房，已见工兵营及各新兵连均在营部门前操场集合完毕。营长任来朝对我讲，全营奉命转移到孔庄附近宿营，于是部队向孔庄方向出发。

到达宿营地，按照营部所指定的宿营点安置了各新兵连。由于是单纯的宿营任务，又靠近军令部，因而没有按照战备要求派出警戒。谁知在分配宿营地时出现了一个新的情况，那就是军部指定的宿营地是根据工兵营建制兵力考虑的，而目前实际兵力由于新兵连的原因增

　　加了一倍还多，因而营长临时决定把通信排及三个老连带到小张庄宿营。这一临时的变化，造成了一场不应发生的战斗。

　　军部的原意图是，在划分宿营地时，有意地在张庄营房、飞机场东西之线留出一个不住宿部队的通道，以便20日拂晓由解放军三野派出的部队从这个区域内通过，迫近城区执行任务。但是这个意图工兵营营长不了解，又因延伸了宿营地，这无疑给三野先头部队通过时制造了障碍。由预计的互不接触的情况下执行任务，忽而发生了双方都没有思想准备的情况下接触了，加以晚间对识别带又看不清楚，预先又没有受领规定的联络口令，于是发生了不应发生的战斗。

　　突然出现的枪声，使我感到奇怪，怎么会在军司令部心脏部位发生战斗呢？我在一块稍高的地形上判断枪声的方向，这声音来自工兵营的宿营位置。此时四八三团团附金乙庚来到我所在位置，问了一声枪声的方向、是什么单位，我告诉他是工兵营营部。他小声问我，知不知道"和平"的事，我说知道，他就要我派出人员去营部联络停止战斗，但因新兵连与营部的人员别人均不认识，所以这任务只有我自己去执行了。

　　我通知各连就地待命，不许擅自行动，随即带了传令兵梁直轩，并在林鸿涛所属的第五连要了两名步枪手，随我向营部方向接近，很快地找到了营长。这时营长任来朝正指挥架设60迫击炮。见面后，我问他是否知道"和平"的事，他说知道，我告诉他金乙庚团附通知停止射击。正在这时，来人报告说对面喊话叫缴枪了。我说既然"和平"了还缴什么枪？叫缴枪只有打下去了。来的人回去后不久三连连长王鸿开来到营部报告，说已接上头了，双方暂时停火，等天亮后再说。我返回团部后，团长田近福要我再返回营部，带一位姓任的连长与解放军先头部队接洽。在张庄的村头，我陪同营长与三野先头部队的一位教导员见了面，双方对发生的误会表示了歉意。

完成了接洽任务后，当我返回的途中，迎着晨曦由段店营房方向驰来一辆黑色轿车，里面坐着父亲和一位不认识的解放军干部，轿车向孔庄营房驰去。

强攻普利门

按照起义前的预定计划，对济南城防的突破准备了一个智取的方案，以求最大限度地减少破城伤亡人数。具体的做法是：由九十六军派一个团佯败，撤退回城，而尾随这个团的后队，是三野的一个团队，得手以后部队迅速占领各个据点，以达到以最小的损失取得最大的胜利。由于受领这一任务的四六五团团长王玉臣受命以后叛逃，进城向王耀武告密，因而引起王耀武的警惕，随即将青年教导总队调防封锁了九十六军与城区的结合部，加强了城防部署，以固守待援，致未能按原计划执行。

由于济南守军重新加强了固守城垣的部署，解放军三野部队根据战况的变化重新做了攻坚部署。9月20日黄昏解放军开始攻坚，一场围歼济南守军的攻击战拉开了序幕。经过数日激战，全歼守军10万余人（含起义2万余人）。

尾　声

　　济南战役结束后，王玉臣只身逃到南京，蒋介石给了他一个整编八十四师的番号，并委以师长职务，最终随着蒋家王朝在大陆上的覆没而下落不明。杨团一在济南解放后，自称是起义的九十六军副军长，备受礼遇，当此事通报到部队后，才揭发了他起义前逃跑的事实真相。杨随即被送入了解放军官教导团，与王耀武一块学习去了。而九十六军起义众将士，则被改编为人民解放军三十五军，参加了伟大的淮海战役。

我随吴化文将军起义始末

1948年7月间，中国人民解放军解放了鲁南的兖州、济宁之后，围困了济南。蒋介石妄想挽救摇摇欲坠的反动政权，阻止解放军南下，命令王耀武固守济南，采取机动防御。一面又命徐州"剿总"副总司令杜聿明指挥黄百韬、邱清泉、李弥三个兵团驰援济南，与解放军三野主力作战，企图内外夹攻，以解济南之围。

当时，吴化文担任济南西线指挥官，防线自济南城北沿黄河洛口至城南八里洼以西至长清地区。守军除吴化文九十六军的整编八十四师两个旅和我的独立旅外（我旅原为山东保安第二旅，1948年7月划归九十六军建制，改为九十六军独立旅），还有整编第二师的二一一旅、青年教导总队、教民先锋总队、保四旅等，均归吴化文统一指挥。我的独立旅就布防在饮马庄飞机场以西至峨眉山，负责守卫飞机场。

在几百华里的包围圈内，王耀武集合正规军和地方保安团队共有11万多人，大部分是美式装备，弹药充足。凡是重要据点，都筑有钢筋混凝土的地堡，挖掘了外壕、陷阱，架设了鹿寨和铁丝网。妄图凭借坚固的永久性工事，储备大量的粮食、军用物资和空军的优势条件，以阻止中国人民解放军解放济南。

一、济南守军官兵厌战

被围在济南的国民党部队，对固守济南既没有信心，又表示不满，官兵厌战，士气消沉，失败的情绪笼罩着整个济南防区。

1948年8月间，王耀武召开了一次团长以上人员参加的军事会议，说徐州"剿总"副总司令杜聿明到会讲话，结果杜没有来。王耀武就要吴军长介绍防御作战经验，吴化文事先无准备，东拉西扯，只谈了一些守城常识，敷衍了事。最后，王耀武说："'共匪'调集大军进攻济南，形势已很紧张，如果大打起来，徐州当派大军援助，内外夹攻，但你们要加强工事，严密戒备，散会后立即回防地……"会议结束，走出绥区司令部，吴化文向我说："什么守备战的经验不经验，打仗主要靠士气，现在仗还未打，士气倒先亡了，还打什么？"这种悲观消极的牢骚话，在国民党军军官中早已司空见惯。吴军长对我们说："旅长们都到军部去聊聊。"所以，这天晚上我们没有立即返回防地，在军部一起吃饭、打麻将。吴军长卧床抽大烟。大家对王耀武会上的部署愤愤不平，你一言我一语地说："平时正规军耀武扬威，要打仗了却把我们杂牌军推上头阵，去为他们卖命！""打什么仗呀！打也不过多挨几天！"等等，人人感到日暮途穷。

营长以下的官兵，厌战情绪更为严重，先是对修筑工事消极怠工，处罚也不能加速工事的进展。后来看到解放军释放的潍县、兖州战役中被俘的中下级军官和眷属，不但都发给路费，还派车送回济南。他们对解放军优待俘虏的宽大政策深受感动。有的说："日本人投降了，为什么还要打仗？""中国人为什么要打中国人？"有的甚至说："解放军来就来吧，反正是缴枪不杀。"

自从潍县、兖州战役节节败退以来，特别是八十四师一六一旅在大汶口被歼后，国民党军士气低落，悲观厌战情绪严重，我是完全知道的。但是厌战到如此程度，却出乎我的意料之外。上级加强防御工事的命令急如星火，因此，各部队不得不派兵到处强迫征工征料，拆老百姓的房子，砍伐树木，勒索粮食给养等，真是闹得村村鸡飞狗叫、昏天黑地，老百姓的脸上除了恐怖，就是愤怒。他们说："王耀武莫瞎忙，耀武扬威不会长。"当时解放军攻打济南的口号是："打开济南府，活捉王耀武！"在济南市区也发现这样的标语，使我们感到国民党军末日已经来临。

二、吴化文起义前对我的暗示

9月12日晚间，吴化文打电话对我说："震寰（我的别号），八路快打济南了，这次我们不能白白牺牲呀！要保存力量，赶快通知前线，注意警惕！"我听了还摸不清他是什么意思。因为我和吴化文过去在西北军虽有过短时间的旧关系，但对他为人反复无常，在抗日战争时期，又投日当过伪军，都是非常不满的。吴在电话中这样对我说，我想，吴化文难道又要搞什么名堂了？但再一思忖，觉得又不可能。因为吴曾当过汪伪第三方面军总司令，抗战胜利后，又投蒋介石，当过总司令、军长、整编师长，和八路军打过许多血仗，仇深似海。现在去投八路军，有可能吗？绝不可能。

9月16日，正是中秋节的前一天，人民解放军发动了大规模的济南战役，战斗的炮火十分猛烈，形势非常紧迫。这时我的思想非常混乱，坚决打吧，明知摆在我面前的不是毁灭就是被俘。但是不打又不行，拖着队伍往哪儿跑？跑是肯定跑不出去的。

就在9月17日的夜里，吴化文忽然来到饮马庄我的旅部。他神色极不自然，示意要我把传令兵等都叫出去，他东拉西扯心不在焉地和我谈了几句，就吞吞吐吐地说道："看来八路军这次决心要拿济南了，我们不能白白牺牲呀！总要想个办法才好！"我听吴军长的话虽很含蓄，但已看透了他的内心所向。吴的话未说完，电话铃响了，我拿起话筒一听，是王耀武的声音："绍周在你那儿吗？"我知道绍周就是吴化文的号，立即说："在这儿。"吴化文一听是王耀武找他。神色立即非常紧张。因最近一段时期，吴化文在中共地下党的布置下，与王耀武早已避不见面，连我们也很难找到他了。有时候打电话到军部去问吴时，总是由副师长杨团一接电话，而且总是说吴去看部队了。当时吴化文接过电话听筒，勉强同王耀武敷衍了几句，就说："我立刻到古城去看看。"于是就搁上了话筒，立刻要走。古城在济南以西，长清以东，那儿的防守是整编二师的一个团，也是归吴指挥的。这时候我察言观色，已经明白了吴化文的言外之意。我想也好，反正我们又不是蒋介石的嫡系部队，蒋介石大势已去，他的嫡系部队像张灵甫部队那样的王牌师，都已经土崩瓦解了，我们还打什么？所以我送吴上汽车的时候，就向吴表示说："军长的意思我已经知道，必要时，我绝对服从。"吴含笑说："好！"就和我握手而别。

可是那时我还深受蒋介石的反共宣传的影响，对共产党既怀疑，又害怕。但是想来想去，与其死拼到底，还不如战场起义，至少可以减少部队的伤亡，使济南的老百姓也少受些损失。对自己来说，也只有走这条路，才是唯一的出路。

三、王耀武对我的拉拢

济南城已被解放大军包围，形势十分紧迫之时，王耀武曾多次找吴化文，吴有意避而不见。王耀武虽然感到吴有问题，但因大战迫在眉睫，在最后关头的严重时刻，也无可奈何。于是他曾两次来找我，要我到他的司令部去面谈。

第一次谈话在8月间，他首先谈了他对固守济南的决心，并表示"绝对有把握"。接着他试探我的口气，想从我的话里了解吴的行动，但我始终没有按他的意图作答。他向我说明，之所以把我从保安二旅拨归九十六军，用意是依赖我在九十六军内起稳定吴化文的思想情绪和改变吴的不利于国军行动的作用。他的谈话虽然很含蓄，但从他的话音和面部表情中，可以看出是在向我表示好感，企图让我能在危机中死心塌地地为他卖命。

第二次是在5月17日下午，他又邀我到他的司令部大院里个别谈话。我俩在院内边走边谈，他说："这次共军攻打济南很急，济南是战略要地，所以委员长（指蒋介石）亲自指挥，已电令徐州方面调大军支援，希望你在守卫中，打出战果。等济南解围了，我准备向委员长提名保荐你扩编队伍，并给予美式装备……"他对我封官许愿，企图以此利诱笼络我，对他的这一套，我心里完全明白，所以并不动心。吴过去对我谈的一切必须绝对保密，并要保证吴的生命安全，所以我只表面上应付几句，使他蒙在鼓里。

四、起义前的部署

9月19日晚，吴化文又来了电话，他要我派一个十分可靠的人，到军部去参加重要会议。问我派谁，我说："派参谋长高来宾去参加。"他又问我同高参谋长是什么关系？我说："是间接的师生关系。"原来在抗日战争前，高来宾是济南第三路军军事教育团一队的学生，我是二队的队长，两人关系一向很好。高来宾去后，过了好一会儿，高尚未回来，吴又来电话问我："高参谋长回来了吗？"我回答："还没有回来。"吴军长即以郑重的语气对我说："会议已经决定，为了我军与解放军双方少伤亡，为了济南老百姓的生命财产少损伤，决定今晚战场起义，你们同意不同意！"我坚定地回答："同意。"吴军长就说："好！那你立即通知前线部队并转告解放军进攻部队，我军与解放军已成一家人了，就地停火，不攻不撤。"我回答："执行命令！"我们正说着，参谋长高来宾回来了，他向我汇报的会议情况与吴军长的电话内容相符。因时机紧迫，我即与高参谋长商量了一下，认为吴军长这一步是完全走对了。国民党政权已岌岌可危，天下必属于共产党，这是确定无疑的。我们决定弃暗投明。当时分析了一下我旅的情况，现有的三个团，两个团是有把握的。特别是主力团（当时的第二团），绝对没有问题；第三团虽系新补充的，营长以下的军官也都是王耀武办的军校毕业生，但团长是我们的人，而且已经过一年多的训练，基本上也没问题。问题在第一团，该团一、二两营都是我的人，也没问题，问题是团长、副团长、团附、三营营长都是王耀武派来的。团长姓郭，曾在东北军干过很久，胆量很小，还好对付；副团长、团附、三营营长都是蒋介石军校的学生。三营下级军官连、排长，又都是王耀武的军校毕业生，比较棘手。决定由高参谋长亲自去解决。采取的措施是：先通知一、二两个营做好准备，再对郭团长晓以大义，并施加威胁，不患不成。但对副团长、团附、三营营长，则坚决进行扣押，必要时当场枪毙，以保证任务的完成。

这时已快到半夜1点钟了，离天亮不过四小时左右，必须立即行动，已不容迟疑了。高参谋长一出发，我立即把王耀武派来的副旅长扣押了起来。第二、三两个团的团长亦由我招来，对他们说明广我军为了使济南的老白姓生命财产少受损失，为双方官兵少伤亡，已经决定战场起义。"他们都表示同意，并立即回去开始行动。天将明时，高参谋长带着胜利的消息回来了。一切都按预定计划进行得很顺利，我们终于跟着吴军长一起率部起义，很快就停止了战斗。

五、起义前后的紧张时刻

9月19日晚起义前的一段时间，是相当紧张的。参谋长高来宾去军部参加会议时，带着两个传令兵乘车到达孔庄营房军部所在地。孔庄营房周围戒备很严，气氛很紧张，警戒的哨兵喝令高停车，问高是干什么的。高告诉哨兵，是吴军长找他来的。经哨兵请示值日副官后，就叫高站着等候，由副官到军部请示。经过好长一段时间，副官才跑来告诉高，"军长请"。那时高的前后左右就有军部的4个卫兵紧紧地跟着。当时高的神经突然紧张起来，心中完全无数，不知究竟该怎么办。因为高知道我旅并非吴的嫡系部队，心中不免疑惧。但回头一看，自己带去的两个传令兵离自己虽远了一点，但仍跟在后面，而且枪未被卸去，他自己带去的枪未被卸去，这样心里又稍稍宽慰了一些。到了军部门口，卫兵又不让他进去，仍由值日官进去请示，才出来带他到军长办公室。室内陈设很简单，只有吴军长一人在内。当高向他敬礼报告后，他命高坐下，问高前线情况怎样、怎样准备。高简单地回答："准备很充足，打三个月没问题。"这时吴才说："解放军已经集结60万大军围攻济南，我们无论如何打不了，也不能在这里白白牺牲，要找出路。"他又继续道："我们准备战场起义，一切已经准备好，你们旅长和我过去都是西北军，所以通知你们，你们如不同意，就自由行动吧！"当时高就答复："我们绝对服从军长的命令。"吴这才对高布置了起义暗号，及由谁来接防等问题。最后说："我再打电话告诉你们旅长，马上就开始行动。"高就回旅部来了。

高参谋长去解决一团的问题，当时我再三关照高，必须多带一些人去，高就带了一个排的兵力，立即赶到前线，首先通知一、二两营做好准备。这时已经是后半夜了，正好一团是郭团长值班，副团长、团附都已休息。郭团长一见到高，非常诧异地说："怎么？参谋长来了。"当时高和郭讲了不到三句话，立即就拔出手枪对着郭宣布道："现在吴军长为了减少部队伤亡，已经决定战场起义，你如果同意，我们就一起干；否则，旅长命令，就要对你处决。"把郭团长的脸都吓黄了，郭连声说："我绝对服从。"高一面派人把副团长和团附扣押起来。一面命令郭打电话召回三营营长，只说到团部开会，前方由副营长代理。因为副营长也是我们的人，可以放心。三营长接到电话，赶到团部，当他刚跨进团长办公室，立刻就被卸枪扣押了。

一团的问题解决后，高参谋长便向前线几个营长下达了停火起义的命令，告诉他们起义的暗号和接防等问题，才回旅部。

1948年9月19日夜，我按军部预定部署的时间，宣布全旅战场起义。因为事前我们做到了缜密的准备工作，所以能顺利地准时起义。我旅起义后，与其他起义旅团一起在原地待命。这时奉中国人民解放军前方指挥部的命令，由解放军某部来接防。我旅奉令于29日下午4时撤离飞机场原战备防地，向黄河边集中待命。这时，我才感到自己像是一只冲出樊笼之鸟，得到了自由和光明，内心无比喜悦。

我军到了黄河边，由于潜伏在八十四师的特务乘机捣乱，到处打枪肇事，大肆造谣，说什么"共产党骗我们过河，船到河中就把我们倒入河里，消灭我们"等等，再加上蒋机轰炸，士兵思想极度混乱。这时我旅一团副团长、团附和三营营长均逃跑。各旅逃跑的官兵也很多。21日下午，军部在驻地开旅长会议，解放军三野某部部长吴宪同志也在场，会议决定向部队辟谣后，于下午6时开始过河，我表示由我旅先过河。会后，我召开全旅班长以上干部会议，讲明当前战场形势和起义的重大意义，向他们阐明共产党的统战政策等等。最后我向他们表示，"过去的事，一切由我旅长负责，弟兄们不要怕，你们不要听信特务的造谣，把部队掌握好，如有意外，均由我负责"。这样反复讲解后，才安定了军心。

我们在黄河边收容了两天散兵，23日晚，部队开始渡河。所经过的解放区村庄，老百姓都鸣放鞭炮欢迎我们，使我们亲眼看见老百姓多么厌恶内战，渴望和平啊！因而我更庆幸自己走率部起义这条路走对了。部队过黄河后，正是秋收季节，我旅各团、营、连驻定后，即召开了团长会议，决定各部队在各驻村庄帮助农民收割打场，得到县委、县政府的几次通报表扬和口头表扬，鼓舞了士气，密切了军民关系。

六、毛主席拍来了贺电

部队过河不久，传来了激动人心的大喜讯：中共中央毛主席于10月22日给吴军长、杨友柏旅长、赵广兴旅长和我发来了贺电，对起义之举给予赞扬和鼓励。我捧读毛主席贺电后，心情万分激动，当即召集全旅官兵向他们宣读了毛主席的贺电全文。我刚一读完，数千名官兵霎时间爆发出雷鸣般的掌声和欢呼声。

继毛主席来电之后，渤海行署特派副秘书长张蓬为慰问团团长来我军进行了慰问。

毛主席的贺电和渤海军区的慰问，使全军官兵不仅消除了原来对共产党政策的疑虑，而且受到了极大的鼓舞，士气更为振奋。

1948年10月29日，原国民党整编第九十六军奉中国人民解放军总部命令政编为中国人民解放军第三十五军，吴化文为军长，我为该军一〇五师师长。部队在齐河、济阳期间，主要任务是整训。我热情欢迎派到我师的政工干部，并主动安排政治教育时间。经过整训后，使部队的军政素质有了很大提高。自12月始，这支部队，以崭新的精神面貌，先后参加了淮海战役和渡江战役，在推翻蒋家王朝的革命战争中经受了考验。

国民党整编第九十六军独立旅起义经过

高来宾

在济南战役中，国民党整编九十六军军长兼八十四师师长吴化文，担任济南西守备区的指挥官。我们独立旅原系山东省保安第二旅，归山东省政府保安司令部建制，因驻在西郊饮马庄，主要任务是负责守备张庄军用飞机场，所以归吴化文指挥。

1948年9月19日晚，吴化文在西郊孔庄营房召开了所属部队团以上军事人员会议。就在那个会议上，他公开阐明了起义宗旨，宣布举行战场起义，并做了部署。会前，吴化文曾打电话给我们独立旅旅长何志斌，要他派一名最可靠的负责人到孔庄营房参加这次重要的军事会议。何旅长在电话上告诉他，要让参谋长高来宾前去参加，吴化文同意后，我便前往孔庄营房。

在去的路上，我只是意识到，这一定是一个重要的军事会议，什么内容要破例在深夜召开，我全不知道，所以心中忐忑不安。当我到达孔庄时，这里的气氛异常紧张，警卫森严，吴化文的侍卫长已在大门外等候，准备接我进去。我们经过两三道岗哨，来到吴化文的指挥室。这是一个带有小套间的会议室，进门后，看到吴化文一人在房间里，身着军装，态度庄严。房间内的摆设很简单，套间内一张空床，办公桌上只有一筒纸烟，烟盂里已经堆满了烟蒂，吴化文还在一支接一支地吸。房间里没有别的东西，唯一引人注目的是一张军用地图，醒目地挂在墙上。吴见我来了，很客气地让我坐下，告诉我会议刚刚开完。略停片刻，他不在意地问我："现在你的正面战况如何？"我说："几个山头阵地，敌人都没有进攻，只有零零星星的枪声，请放心，我们是严阵以待的。"他进一步试探性地又问："你们战备的情况怎么样？"因为我当时摸不清他的意图，心里恐慌和怀疑，有些紧张，心脏几乎要跳出来；但是我故作镇静和自信地说："没问题，我们山上准备了三个月的粮食，弹药也不缺，布雷也基本完成。"这时，吴停了一下站了起来，面对墙上的地图看了一下，又转身在桌前走了几步，接着问我："这样看打下去还可以了？"我肯定地说："没问题，两三个月总能行！"我接着补充了一句："那时援军也就到了。"他一看，我是有诚意的，又停了好一会儿，郑重地对我说："有个情况我告诉你，现在我们不能打了！"当时，吴化文并没有直接说出他起义的打算，我也搞不清他说此话是真是假，旧军队一贯钩心斗角、尔虞我诈，我不得不防。因此，我用进一步探索的口气反问他："不是徐州有10万装备精良的增援部队吗？蒋委员长总不能看着我们被消灭吧!"他说:"无济于事!"接着果断地说:"我们不能打了,打也是消耗完。"又说:"因为我和你们的部队都是西北军冯玉祥将军的旧部,属杂牌,蒋对杂牌军的阴谋手段是有目共睹的,我们继续打下去,不会有好结果。所以我决定撤出战场,不参加这个战斗了。"我听了后,虽不完全相信,但结合我来时亲眼见到他的部队在调动,加上吴最后谈话态度诚恳,时间又那样紧迫,所以我站起来向他谈了我个人的看法:"我们服从军长的指挥,说实话,仗是打不下去了,我们被困在山头上,完会处于被动地位,天也冷了,士气低落得很,我回去把军长的意图、指示报告给何旅长,我们多年相处,估计没问题。"这时,吴缓慢地又绕了个弯子说:"回去你们好好地合计一下。如果不同意,我的意见不勉强;如果同意,华东方面会有人来与你们部队接头的,等解放军接防沿,你们趁夜迅速撤到黄河边,准备渡河北上……"我又向他请示了以后联络的信号、通讯办法,校正了一些电报号码等有关问题。这时,吴很激动,发了很多牢骚,还说了许多不能再打下去的理由,我几乎完全相信,他要做的事情是真实的。我看了一下表,快到夜间12点了,我便告别了吴化文。

我乘吉普车离开吴部孔庄营房后,由于吴化文的部队正在调动,公路堵塞,车子开不动。吴化文派了两个副官在前面开路,好不容易才开过去。回到旅部已是夜间1点钟了。我把情况向何旅长讲了后,接着便分析了我旅的情况,一致认为吴化文所说我们同属西北军系统,同是杂牌军,因此感到亲切。虽然吴化文在抗战期间名声不好,蒋把他编成军,利用他打共产党,这点我们也同情。我们这个旅在抗日战争时期,一直在鲁南坚持抗战,直到胜利后才改编成山东保安二旅，何任旅长，我任参谋长，和吴化文的部队没有什么来往，只是在兖州战役后，吴化文损失了一个主力旅，即徐曰政旅，吴当时非常沮丧，王耀武为了安抚他，鼓励他打共产党，就把我们旅拨归他指挥，编为九十六军独立旅。因此，随他举义，退出战场，早日结束内战，也是我们的愿望。另外，对我们自己有利的方面，我们三个团，其中一个团是基本团，即第六团，何志斌在这个团里当过营长，我当副营长，后来他当团长，我当副团长，还曾兼着第一营营长，这是我们的主力团，在关键时刻能听我们的指挥。不利的方面，现任的副旅长是蒋介石的嫡系，是王耀武派来的；还有第五团的两个营是王耀武配给我们的，这个团的团长叫郭德铭，也是王耀武把他补充到我们这里来的。那时，王耀武认为我们不可靠，才派了一些亲信来。我们认为这个团不可靠，因此，这个团不驻在我们旅部周围，而是驻在离旅部十几里的另外一个山上。对这个团怎么办？我向何表示我去解决这个问题，主要解决这个团的一个副团长和三营营长，这两个人都是蒋介石中央军校毕业的。团长是个旧军人，估计问题不大。何志斌说："给你多带几个人，能行就行，不行就迅速果断地把他们打死。"我们到了这个团，已是下半夜了，正好团长值班，我严肃地对他说："我们起义啦，你若跟着就跟着，照常你当团长，不跟着就随你的便，今晚跟我回旅部去！"这个团长一看，我的警卫兵枪已出鞘，对着他，他害怕了，表示服从我们的命令，跟着旅长走。其他两个人（副团长和三营营长），我们布置妥当，来个措手不及，把他们的枪下了。就这样，这个团的问题基本解决了。旧军队就是这样，有些使你不能理解，如此简单地解决了问题。我回到旅部时，何志斌把副旅长的枪也下了，并把他扣起来了。至此，起义的障碍就基本扫除了。

部队起义后，当天黄昏向黄河边集结。在集结过程中，遭到国民党飞机的轰炸，部队很乱，损失不少。又由于征集船只和其他行动序列等工作没有准备好，所以当晚未能过去，就在河边宿营。此时，济南战斗正在进行，又加白天飞机轰炸，部队秩序很乱，逃跑的不少，有乱打枪的，也有往河里扔手榴弹的。我们那个基本团还好，能听指挥。这时，解放军派了两名军代表已到我们旅部。大概是在9月23日晚，我们独立旅分三个点开始同时过河，我率旅直和教导队首先渡过黄河，其余部队陆续北渡。过河后，到达济阳县境内，距离黄河有二三十里路。这个地方基本上是解放区，村政权组织了慰劳队，每到一个地方，群众夹道欢迎我们起义，使整个部队受到了很大的教育和鼓舞。部队的情绪也逐渐稳定了，纪律也好起来了。后来我们旅改编为中国人民解放军第三十五军第一〇五师，何志斌任师长，我任师参谋长，团营连长基本上还是原职。政工人员也逐步配齐了，学习党对起义部队的有关政策和三大纪律、八项注意等。稍事整顿后，部队南下，参加了淮海战役。淮海战役结束后，三十五军又进行了一次大的调整，这时的部队已发生了质的变化，战斗力大大加强了。开始积极准备渡江战役。1949年4月24日，三十五军打下了长江北岸的三浦（浦口、浦镇、江浦），攻克了南京，占领了蒋的总统府。

回忆这次起义之所以能够成功，原因是多方面的。主要是大势所趋，当时济南市已成一座孤城，王耀武已成为瓮中之鳖，蒋家王朝已失先民心、军心，失败是无可挽回的了。另外，我们非蒋的嫡系部队，如继续卖命，只有战死、被俘、被蒋军吃掉，别的没有什么出路。这些都是起义的主要原因，谈不上那时部队已经有了较高的觉悟，只是在起义后，受到了党的团结、教育、改造和一系列伟大方针政策的感召，才逐步有了一些觉悟，为继续参加淮海、渡江战役打下了基础。

我随同吴化文起义的经过

孟昭进

　　1946年春天，我要离开重庆时，到冯玉祥先生家里去辞行，请示今后应做什么工作。他很严肃地说："蒋介石决心要当袁世凯了，他不顾人心所向，一心要发动内战，打共产党。他这样胡干，全国遭殃，非失败不可，除去他的嫡系部队，别的人没有拥护他的。高树勋已经通电起义反对他，做得很对、很好；你的队伍已跟高去了，你到北方务必去抓点部队，训练好了，另走新生之路吧！多联系同心朋友和进步人士，靠拢共产党，决不能给蒋介石做工具，千万注意……"冯的话，给我指明个光明的前途。

　　我到北平后，给孙连仲当了一年多的高参，负责联络工作。1947年，我调到北平行营当高参。为急于抓队伍，1948年2月我到山东给王耀武当了高参，不几天就当了行政专员兼保安司令，抓了三个团的旧部。这时我给王耀武提供了一些建议：如认真整饬国军和省防军；调整装备并整饬纪律；强化四郊工事，增加堡垒，加强防御；强调千佛山北侧应另开辟飞行着陆场；武装编练学生军与市民自卫团，充实城郊保安力量；郊外多铺设铁路铁轨，增加钢甲车的威力；督促流亡专员、县长们，努力向外开展，增加粮食收入；等等。王耀武对这些建议非常欣赏。我又找了几个元老裴鸣宇、秦仲和、柏侯生等为我宣传吹嘘。经此一番工作，王耀武对我更有好感了，经常约我一起吃饭，并到郊外察看工事，还委我代他批阅上、下公文电报。因我与吴有西北军的历史关系，在思想感情上比较接近，王耀武为了借用吴化文的力量，托我与吴恳切联系，从中多做疏通，因此，我与吴有了较多的交往。

6月间，我提出组训济南学生和市民，王耀武不同意，却叫我到外县另招新兵，组织"救民先锋队"，给他当军事外围，答应把济南编余的部分官佐和军官队共约500多人交我训练使用。7月里，这批人经过短期训练后，我即派他们四出招兵。并申明谁招谁带，招的人多当大官，招的人少当小官，人数无限制，多多益善，时间越短越好。王耀武见此情景后对我说："先招一万人编几个保安旅，按国军编制，发国军薪饷和装备，建立新的正规军，我保证你能带上好队伍，这队伍暂时先叫'山东救民先锋总队'。"因此，我就在济南和郊外各县大张旗鼓地招募新兵，不论何人，一律吸收。

到了9月，济南形势突然紧张，传说共产党要打济南。王耀武也慌张起来，叫三个整编师进入警备区备战，并把各保安旅、团集结到郊外保卫四郊；令我即时停止招兵，把已招来的新兵编三个团在王府庄飞机场一带驻扎，发给军衣枪弹，接受作战任务。王耀武对我说："你带领新兵先开到长清县阻止敌人，大局紧张，不必训练，飞机场以西就是你的战场。你尽力负责吧，弹药补给由我负责。"于是，9月12日我便带队到长清驻扎。

我在长清住了一天，当时的国民党泰安行政专员屈动之来对我讲："万德附近来了大批八路军，传言要攻济南。"我说："咱们抗不住可不能打。"次日我就私自撤防到王官庄、周王庄，用电话谎报有大帮敌人攻来，新兵不能阻止，要求撤回待命。王耀武回电说："你就原地占领阵地，保护飞机场，联络八十四师，暂归吴化文指挥。"

我回到王官庄后，忽然王耀武派来了七八个副官，拿着介绍信，说是叫他们跟随我当传达人员。我知道他们是王耀武的耳目，是来监视我的。为防范他们刺探或打黑枪，我叫他们住得离我远远的。15日下午，王耀武打来电话，要我住王官庄阵地里面，以便指挥作战，并要我死守阵地，尽力保证飞机场的安全。来的几个副官，一天给王耀武通几次电话，汇报情况。王命令我不得擅离阵地，并要我不分昼夜地两小时向他通话一次，汇报情况。总之，对我不很放心。他在电话中，也时常问及八十四师的动向，说明他对八十四师也不放心。

9月16日，王官庄、周王庄、飞机场以西尚未发现敌情。17日清晨，王官庄以西的村庄发现有少数解放军，也无进攻模样。上午10时左右，吴化文派参谋李章，找我密谈。他说："解放军就在眼前。你要对外说是八十四师的队伍，解放军只知道八十四师是友军，别的番号他一律攻击。如发现解放军，你就和他联系，千万不要误会，到明日（18日）晚上你把队伍集合到防山附近，让开大路，准备好向导，给解放军领路进商埠围子，千万不能发生误会。"午后，王耀武不断来电话询问敌情如何，他说："东面已发现敌情，为何西面无事呢？你千万不要离开王官庄，以防敌人猛攻上来。"他这话似对八十四师和我部有点怀疑。当时我认为对八十四师和我部的行动必须保守机密，以免引起王耀武的怀疑，防止发生意外事件。所以我仍住在王官庄不动，电话也没有撤，决定到13日晚再撤退。当天晚上，我先把住在飞机场饮马庄阵地的第二团、第三团撤下，叫副总队长田兆梅、参谋长张应达带队到腊山休息，多和八十四师联系。夜间，王耀武不断来电话询问敌情，我就说严阵以待，请放心。

　18日早晨，我在碉堡上瞭望解放军情况，看见西面少数解放军散开，有向王官庄前进的样子，但行动是迟缓的。我赶快找来一位老百姓，叫他去送信与解放军联系，说这庄是八十四师队伍，下午就要撤防东去。同时，我叫八大处和机、炮两连，集结到王官庄听候东去，把防地让出。不料送信的那个老百姓一去几个钟头不回来。下午1点多钟，解放军对我部进行攻击，我急速对第一团的曹震团长说："不要打，你立刻带着队伍到腊山集合。我先走，你随后赶到。"我出了东门约半小时，后边大炮、机枪打起来了，非常猛烈。不久，跑来几个很狼狈的士兵，他们说队伍叫解放军截住了，新兵不听指挥，胡乱打枪，解放军把他们都俘虏了。我一听，知道这是队伍退晚了，觉得非常遗憾。此后，我垂头丧气地走到腊山下，找到二、三团。

20日我们接到了吴化文宣布战场起义的正式命令。我立即召开军官会议，传达了吴化文起义的命令，正式宣布："拥护吴指挥起义的行动，全总队马上起义，不得违令。"我部进入飞机场休息时，见解放军正以战斗队形进入张庄营房、饮马庄和飞机场。我即与解放军联系，对他们说，我们是八十四师的部队，对他们表示欢迎，并留下站岗人去保护飞机场，不准毁坏一切对空的设备物件。随即打电话向吴军长报告情况，并请示明天如何行动。他回电说："原地休息一夜，千万和解放军联络好，他们需要什么你就帮助什么，更要帮助他们去打仗。"我即返回部队，对团长、营长们说："奉吴指挥之命，今日休息，明日听令行动。如解放军来要求帮助，我们就尽力协助，不能推诿。"这一天国民党飞机来了几次，不是扫射就是投弹，均被解放军和我部的炮火打跑了。

晚上传来吴军长的命令：起义部队夜间移动，离开飞机场到安全地方去。八九点钟，我集合部队总队官兵，带队离开飞机场，开到西北二三十里的村庄驻下。随后，即同吴部起义队伍去济阳休整，并编入中国人民解放军第三十五军。

济南战役中的山东救民先锋总队

高 捷

济南战役中，我在国民党山东救民先锋总队任政治处主任。战斗开始不久，我就随军起义。

1943年春，国民党重点进攻山东解放区遭到失败，中国人民解放军由战略防御转入战略反攻。蒋介石为了确保华北，固守济南，曾指示王耀武：济南系战略要地，不论军事上、政治上，均属重要，一定要长期坚守，万不可失。王耀武也曾在蒋介石面前下过保证：坚决打好这一仗，以振国军之威。约在2月下旬，王耀武召见原山东省第十专区专员兼该区保安司令孟昭进，说济南市是国共两军必争的战略要地，迟早会有一场大战，要孟昭进组建国民党山东救民先锋总队（亦叫山东省自卫纵队），相当于一个旅的编制，时间越快越好。孟接受任务后，以他过去的声望积极活动，招收旧部。

孟昭进，邹平县麻姑堂村人。青年时期，北京朝阳大学未毕业即考入西北干部学校，后为冯玉祥先生的谍报参谋。1933年1月，在家乡邹平县组织了中国民众抗日义勇军。1936年去河北省，曾任国民党六十九军（军长石友三）整编第　师师长。在重庆陆军大学将官班学习时，与王耀武过从甚密。1948年2月，王耀武将孟昭进从石家庄召回，委以山东省第十专区专员之职。当时我是该专区第一科（民政）科长。

孟昭进组建的救民先锋总队，前身是山东第十专区的保安部队，约千人。组建救民先锋总队的旗号打出后，数月间人员扩大到两千多。总队下分三个大队（亦称团），实际上只有两个大队。第一大队队长曹震，原系第十专区保安副司令，装备较好，颇有战斗力；第二大队队长韩世昌；第三大队是个空架子。一次，王耀武派员来总队清点兵丁人数，孟昭进为了不露吃"空饷"的马脚，秘密和长清县保安队挂钩，临时找人冒充，检查过后，冒充人员按比数领取军饷，再回原队。

总队部设在杆石桥省立一中，分政治处、参谋处、副官处和军需处。这些机构有其名无其实，等于虚设，各处组织状况是：

政治处：主任高　捷，共2人。

参谋处：主任王端甫，共4人。

副官处：主任陆　×，共5人。

军需处：主任郑学勤，共3人。

各处很少往来，整个总队大院死气沉沉。每天人们都是点卯坐班混日子；有的点卯就走，连班也不坐，不是找亲朋挚友饮酒聊天，就是打牌消遣；更有甚者，为排忧祛愁，则日夜吸毒，眠花宿柳。总之，人心离散，各怀异志。可谓"无边树木萧萧下，秋风暮雨伴楚音"，一派凄凉景象。一向刚愎自用恪守西北军旧规的孟昭进，此时亦只好随波逐流地过日子。

1948年8月以后，省城济南陷于人民解放军的重围之中，救民先锋总队官兵惶恐不安。王耀武面对解放军数支连战皆捷的胜利之师，确是不寒而栗，忧心忡忡。只有调兵遣将，加紧军事部署，日夜防范。

8月中旬的一天，孟昭进在省立一中救民先锋总队队部召开连长以上军官会议，作战前训话。大致意思是济南战役的序幕即将拉开，它将是一场恶战，望全体将士奋勇争先，效忠党国，誓与省城共存亡。他又说，王耀武司令官的作战部署是这样的：整个战役分东西两线，东线战区，指挥官曹振铎（整编七十三师师长），由七十三师、十五旅、七十七旅、第二绥靖区独立旅、特务旅等防守。西线战区，指挥官吴化文（九十六军军长兼整编八十四师师长），由一五五旅、一六一旅、独立旅、整二师一一旅、山东省救民先锋总队、青年教导总队等防守。

救民先锋总队的两个大队，均处外围作战，驻守在西郊飞机场以西的周官屯，会后，孟昭进约我们几个文职人员饮酒谈心，至半酣，孟说他从军十几载，戎马生涯，受尽炎凉，甘苦备尝。今日组建救民先锋总队，他是"受任于败军之际，奉命于危难之间"，望诸位在此倾颓之际多加自重。这些话充分反映了孟昭进当时无可奈何的心情。

9月16日，解放军从东线发动进攻。18日，救民先锋总队投入战斗，激战3小时，第一大队队长曹震兵败被俘。这时部队生活更加困难，小米、高粱也吃不上。20日，孟接到了战场起义的命令，立即召集总队部人员开会，进行传达。到会的有十来个人。他直截了当地说："奉吴指挥之令，现在全军马上起义，不得有违，不准与解放军发生误会。"命令传到部队，官兵欢呼雀跃，欣然就地停火待命。从此，这支所谓的"救民先锋总队"踏上了新的历史征程，成了真正的救民军队。

山东保安第四旅从防守齐河到
随吴化文起义

李子久

　　济南解放近40周年了。当时我在国民党军任山东第四专署保安副司令兼保安第四旅副旅长。在济南战役打响前,我率领的保四旅驻守在济南外围齐河一线,为王耀武看守济南西北面第一防线的大门。在此次战役中,我率部跟随吴化文将军起义。

　　我原是冯玉祥西北军军官学校的学生。抗日战争期间,我一直在鲁苏战区游击第一纵队(司令是张里元)历任团长、支队长、训练处副处长等职。日本侵略军投降后,李延年来山东受降和整编在山东的国民党部队。他把原在山东敌后的国民党部队,统统予以编并或解

散。编余的各级军官都被集中到国防部的军官总队，听候安置。我
被编余，于1946年初到设在无锡的军官十七总队学习。1947年1月又
被送到设在上海的中央训练团分团学习。同年5月底，上海中训团结
束，学员分配回原地。这年8月我回到济南，当时从上海、成都、西
安三个分团来济南的有70多人。

济南度过一段赋闲的生活后，接到中训团的指示，在各省设中央
训练团通讯处，并派我任该处的主任。通讯处设在大布政司街（今省
府前街）51号。牌子一挂出去，就有不少各军校同学来处要求帮助解
决各种困难。两个月后，国防部来令，将中央训练团通讯处一律撤
掉，人员由各省政府于1947年底分到军、政机关工作。这样于1947年
12月我被王耀武任为泰（安）、莱（芜）、历（城）、章（丘）图县
联防指挥部副指挥官。时隔不久，该指挥部撤销，所属部队编为山东
省保安第五旅。旅长先是西北军校出身的郝云溪，我任副旅长。一个
月后，又换王昆来任旅长，但因他是老东北军的，所以也是个"短命
官"，不到一月，又被调离。第三任旅长周愚，是中央军校毕业的，
才能稳稳当当地做官。这样的人事变动，使我进一步认识到，在蒋介
石的统治下，不论是地方军还是杂牌军都是吃不开的，即便他用你，
也是一时地利用，根本谈不上对你的信任。我幸亏是个有职无权的副
职，才暂时留下没动。在这期间，保五旅先后在洛口、仲宫、万德等
地驻守。

1948年5月，解放军向蒋管区展开全面进攻。王耀武部署在胶济
线西段的部队，先后被解放军歼灭或击溃，其残余回窜济南郊区。周
村、张店、博山、淄川都已解放，济南形成孤城。这时王耀武的绥区

司令部（设在今济南市政府大院和它对过的邮电局大楼）为了重新部署济南的防务，乃召开国民党驻济部队团以上军官会议。绥区副司令官牟中珩在会上作了形势讲话，他说："济南目前处境虽然是有些紧张，但我们有20多个旅的防守部队，有坚固的防御工事和充足的粮、弹，只要我们在司令官的指挥下，团结奋战，沉着冷静，抱着与防地共存亡的决心，不仅能按蒋总统的要求坚守三个月，我看守六个月也没有问题。"他恐吓说："守住济南是蒋总统下给我们的死命令，咱们当官长的，先得树立信心，坚定完成任务的意志。否则咱们官长先泄了气，又怎能使士兵打仗呢！如果济南被共军攻占，咱们这些人将死无葬身之地！"会后，一些与会者在言谈中流露出惊慌忧郁的情绪。我当时思想上矛盾重重，忐忑不安。现实的局势已告诉我，国民党的什么"戡乱建国"是必定完全失败无疑的。因为得民心者昌、失民心者亡，这是颠扑不破的真理。抗战胜利之后，全国人民包括国民党部队的官兵在内，无不盼望全国安定、和平，建设一个强大的、民主的新中国。而蒋介石却挑起了反共、反人民的内战，使全国人民重陷于战争灾难之中，这是很不得人心的，理所当然地要被人民所唾弃。但是我该怎么办？我的出路又在哪里呢？干脆来个解甲归田回老家种田吧。但家乡是老解放区，我家是个不大不小的地主，早被翻身农民扫地出门了，这条路已走不通了。投向人民解放军的怀抱，寻找政治上的新生吧，又考虑人民解放军是共产党领导的军队，像我这个地主阶级出身、又有长期当国民党军官历史的人，解放军能容纳我吗？即便能容纳我，又有谁是我的引进之人？我到哪里去找这条路呢？想来想去背上了个走投无路的沉重包袱，只好混一天算一天，哪里黑天就哪里下店。

1948年4月，王耀武的山东第四行政专区只有一个齐河县城，第六行政专区只有一个长清县城。王乃下令撤销第六专署，其文武人员统统并入第四专区，并发布刘振策为第四行政专署专员兼保安司令和保安四旅旅长。同时调我到该区任保安副司令兼保安四旅（只有两个团，是些地方杂牌散兵凑合起来的，武器也是杂七杂八的旧枪炮）的副旅长，负责军事。当时保阁旅的任务是在齐河一线构筑坚守工事，把守济南外围的北大门。

我到齐河就职几天后，王耀武叫刘振策同我去他的绥区司令部谈话，先问了四、六两个专署合并后各方面的反映，保四旅整训、部署的情况和有什么困难。我当即一一作了回答，并向他提出：四旅武器装备太陈旧，真正打起仗来就成了问题，请他给予解决。他听了像是还满意，表示对我们很信任，并一再问我们家庭的生活怎样，有何难处要向他报告。同时立即给军械处写了手谕，指示发给我们保四旅六挺重机枪、六挺轻机枪和四门迫击炮。后来我才知道对部下平易近人、热情相待，是王耀武笼络稳定归他指挥的异己部队（即不是他的嫡系）的一贯做法。同年5月中旬，王耀武又单独找我去谈话。他先嘱咐我要注意身体，又问了部队官兵的士气，我当然都是拣他爱听的话向他汇报。他当面命我今后归九十六军军长吴化文指挥。因为保四旅防地是紧连着吴部的防地，这样统一指挥建制，作起战来更为有利。随后吴化文叫我到他的军部（今经六路纬三路市总工会）开过两次会。他除了讲军事情况和部队的防务部之外，还同我扯了些西北军老朋友的情况，使我同他的关系更贴近一步。

我们旅的西边就紧连着九十六军独立旅的防地。该旅旅长何志斌，原是我在西北军军官学校的老同学，在抗战中，又是在张里元部队中的老同事。他邀我到他防守的飞机场，一同研究了我们两旅协同防守的计划，并同去察看了大小金庄、大小饮马庄、董家庄、兴口一线的防御工事。他还在他的旅部（穆李庄）招待我吃了饭，感到很亲切。我请他代我向吴化文军长汇报我和保四旅的情况。

就在这期间，刘振策专员奉命去北平傅作义的华北剿总办的训练班学习，学习期是一个月。王耀武先命我兼代专员，他随后又派当时任山东省自卫总队司令的孟昭进驻四区专署坐镇，我这个代理专员就无所代理了，有事我就向孟昭进一推，倒也感到轻松。

8月底，刘振策受训回来，王耀武派他去长清县城督导那里防守（有原六专署的一个保安团和长清县大队）。齐河一线，统命我指挥。9月15日上午，专署秘书长突然跑到旅部对我说："长清被共军攻占了，刘专员下落不明。"到下午7时，驻齐河的专署科科长以上人员及齐河县政府的人员都惊慌失措地先后集中到专署，纷纷议论怎么办。这时有自长清逃出的长清县长和一些区、乡、镇长及两个营的溃兵，也都逃来齐河。我当即电话报告绥区司令部，请予指示。一直到晚间10时，绥区参谋长罗幸理给电话说："你要立刻率在齐河的部队及专署、县府的人员撤到黄河南边。"我说："现在已是黑夜，我们事先没有准备，船只也无从调集。共军正在向我这里进逼，我们撤退中，如共军来袭，则非乱了不可，我会完全失掉控制，将遭受重大损失，这个责任由谁负呢？"迟疑了一阵，罗又带气地说："那你就到天亮后撤吧！我还要派两架飞机去接你啦！"他实际是对我大发脾气，拿我们这些所谓"杂牌"出气。他们原本就是要把我先放在外围去替他们送命，没料到解放军没发现我要撤离齐河的企图，16日上午8时，我部完整地撤出齐河。我电话报告罗幸理，他令我除在北店子留一个营外，全部退至穆李庄一线布防坚守；并命我改归整编二师（师长晏子风）二——旅旅长马培基指挥。我在穆李庄把防务部署好后，即赶去马培基的指挥所向他汇报并请示。奇怪的是这位旅长听完我汇报后却似理不理，也不让我回部队去，留我在他那里蹲了一夜，翌晨方准我回去。就在这一夜里，解放军向我留在北店子的那个营展开猛烈攻击，同时穆李庄也发生激烈战斗，最后在北店子的那个营被歼，穆李庄也损失了两个连。我将情况用电话向绥区司令部报告，罗幸理令我再退到大小金庄、大小饮马庄、董家庄、兴口等地的第二线坚持。我在向后转移的沿途上，没看到整二师的一兵一卒，据说该师的部队早就撤回商埠和城内去了。到此我又同九十六军的独立旅何志斌联起防来。

9月16日解放军自东西两线向济南发起全面猛烈的攻击，战斗极为激烈。我接到绥区的通知，命我18日上午到绥区参加紧急会议。我到何志斌处，告诉他我要去开会，问他是否也去，他急切地说："你算了吧！还去开什么会！我们这里也接到去开会的指示，可是军长、师长、旅长、团长一个也不去。事到如今，王耀武早怀疑我们这伙西北军系的老人了！我们去开会还有好果子吃！你就派个代表去应付一下吧。"我想何志斌的话不无道理，就派旅里一个姓丁的参谋代表我去，说这里战斗吃紧，我不能离开。

19日晚上10时左右，何志斌的旅参谋长高来宾（也是西北军的老同事）突然来到我的指挥所里，紧张地对我说："我们军长已向全军宣布，决定今夜起义，官兵一致拥护，服从军长的这一义举。我现在是奉军长的命令来征求你的意见，时间紧迫，你要立即做出决定。"我想，我现在正是走投无路的时候，不能坐等毁灭。这个机会，正是对我的挽救，绝不能错过！当即斩钉截铁地对高来宾说："说老实话，我对吴军长的过去特别是跟随韩复榘叛变冯先生、投靠汪精卫是愤恨的！但他这次领导起义，投向共产党、投向人民，是正义的，我双手赞成，坚决跟随。"高来宾急忙回去向吴化文复命。吴化文当即又令高回来向我口述了他的命令，将我带的保四旅并入何志斌旅的建制，我任该部副旅长职务。接着当夜我们起义部队即撤出防守阵地，解放军进城来接防。从而使蒋介石要守三个月的济南西部防线全部崩溃。20日晚8时，我们起义各部奉命转移到洛口一带，隔几天后，渡过黄河到达齐河。

1948年9月24日，济南全部解放。我们奉命北去，在济阳、禹城地区进行整编。起义部队改编为中国人民解放军第三十五军，吴化文将军任军长，下辖一〇三、一〇四、一〇五3个师。何志斌被任命为一〇五师师长，我被任命为该师副师长，高来宾任师参谋长。从此我在政治上获得了新生，走上了光明大道。

我们这个军，在稍事整补训练后，于同年11月就南下参加了淮海战役。

争取吴化文起义的回忆

于怀安

　　济南解放迄今已经40个年头了。在1948年的济南战役中，原国民党九十六军军长吴化文毅然率部起义，宣布退出内战走向和平。这一义举，打乱了王耀武的防务部署，动摇了他坚守济南的信心，缩短了济南战役的时间，减少了部队的伤亡和城市的破坏。

　　为什么吴化文能毅然率部起义脱离反动阵营呢？一方面是吴化文本人及这支部队历史的内在原因，另一方面是共产党和解放军通过各种关系多方面进行工作的结果。作为与吴化文曾长期共事而又对其起义做过推动工作的人，我愿把做吴化文起义工作的经过写出来，以纪念济南解放40周年。

　　我和吴化文同出于冯玉祥的西北军，从20世纪20年代起便在一起共事。年代初在济南驻防时，吴化文任手枪旅第二团团长，我任第一团第一营营长。我与第一团团长贾本甲关系很好，他是中共地下党员，我的思想受其影响很深。抗战初期，我与吴化文在鲁南、鲁西一带和八路军互相配合进行过抗日活动，同时我与冀鲁豫边区司令员杨勇同志也秘密建立了联系。杨司令员并暗派杨得功同志作为我与八路军的联络员。抗战胜利后，蒋介石将吴部改编为第五路军，我任该部第六军军长。1945年10月，吴部奉蒋介石之命开赴山东，当部队进抵至鲁南界河与两下店之间时，我所率领的第六军遭到八路军的攻击，因为我早就与杨勇司令员有联系，而当时起义条件又不成熟，所以我命令部队不予抵抗放下武器。从此，我便到了解放区。随后，我向鲁南军区傅秋涛政委介绍了我过去与共产党的联系，并说明我在界河战役中放下武器是根据杨勇司令员指示的策反工作原则进行的。傅政委当即与杨司令员进行了联系，查对了此事，并专门找我谈话。这次谈话的主要内容为，如何做好吴化文的策反工作。当时他想叫在滕县的吴部徐曰政、贺钫的两个师（四十九和五十师）离开滕县。我当时表示"这是可能的，因为滕县不是吴化文的防区，我可以写信让他们离开，但你也要给他一个方便条件"。傅政委立即表示："只要他们离开滕县，我们决不伏击。"于是，我写了信，并叫我原来的部下六军的一个团长李志珍去滕县亲自找两位师长。第二天，这两个师按照指定的行军路线离开了滕县。

　　1945年12月中旬，华东野战军一纵叶飞司令员率部攻打兖州（我当时已在鲁南军区的领导下，专门做争取吴化文的工作），我到一纵司令部，叶司令员派参谋通知吴化文派代表来谈判。第二天晚上，吴派五十师参谋长董子才为代表，到达一纵司令部谈判，我参加了叶司令员的谈判会议。叶司令员的原则是"是否起义吴要表态，并限定拂晓前答复"。这时，吴的代表讲："我部离这里还有20里路，时间来不及，只能尽力而为。"所以，这次谈判未成功。这时，全国人民要求停战，兖州战斗也结束了，我就又回到了鲁南军区。1946年春天，我驻曲阜，正式开始对吴化文做争取工作。首先，我的部下原六军四十六师参谋长方绪业带着我的亲笔信，直接会见吴化文，信的大意是："我在八路军很好，一切由方绪业向您面谈。"因为他和吴的关系很好，和我的关系也很好，他是可以和吴化文个别面谈的。他回去后，吴化文任命他为军部政训处副处长。

1946年初，吴化文驻军兖州、大汶口等城镇，缺煤少粮，处境困难。我和鲁南军区政委傅秋涛，联络部部长胡成放多次研究过如何争取吴化文起义的事。当时决定，首先派第六军参谋主任靳文元带着我的信前往兖州，直接和吴化文见面。信中我阐明了共产党的政策，指出吴部的前途。这样，通过靳文元数次往来，沟通了双方的想法。吴化文也派来了独立五十师参谋长董子才到鲁南军区联络。我和他面谈，进一步说明党的政策，希望他为促成吴化文起义做出贡献。因为董子才学生时代就有进步的思想和行动，我对他是信任的，对他作为联络员促成吴化文起义抱有很大希望。当时，我领他晋见了傅秋涛政委和胡成放部长、刘贯一部长。当时华东军区联络部部长刘贯一表示愿意去兖州直接与吴谈判。

由于靳文元和董子才的联络，做了不少工作，加之通过鲁南军区三分区的渠道多方面联系，最后导致刘贯一部长和胡成放部长亲赴兖州，在独立五十师师部秘密与吴化文会晤，达成了建立电台联系互换密码的协议。在此次谈判中，也解决了一些具体问题，如：第一，给吴部指定地区供粮、供煤，解决了吴部缺粮、少煤的困难；第二，放徐曰政、贺钫两个师回兖州，解放军沿途不打埋伏，并派出向导；第三，当时赵广兴团被围困在大汶口，孤立无援，处境十分困难，吴希望能允许赵广兴撤回兖州。一纵的叶飞司令员所部主动撤离大汶口之围，放赵广兴团回兖州。

以上几件事，表明了共产党对吴化文部队的关怀和诚意，吴对此十分感激。这为吴以后的起义打下了基础。

在胡部长去兖州会见吴化文时，我曾托胡向吴带一口信，要求直接见吴面谈。后因吴化文考虑我在吴部任职时间久，上自吴部军师旅团长，下至普通士兵，几乎都认识，如果我亲赴兖州，恐有失秘密，吴未同意。于是，以后我就利用联络员的往来及三分区的渠道，向吴传达我的意见，继续对吴做争取工作。

1946年底在国民党部队对山东发动重点进攻开始后，与吴的联络中断。我回到华东野战军总部，被任命为华东野战军总部的高级参谋，做对国民党部队战俘的教育工作；在这段时间，我与刘贯一部长对争取吴化文起义的可能性曾做过多次分析。我的看法是：争取吴起义有可能性，首先，1946年夏吴在南京曾通过冯玉祥、李济深与周恩来有过联系，对共产党有了初步认识。其次，吴部在兖州驻防期间，共产党和解放军曾对吴做了大量工作，并帮助他解决了一些困难。这为吴化文起义打下了思想基础。但争取吴化文起义也存在不利因素，因为蒋介石和戴笠曾对吴百般笼络，吴对蒋存有幻想。

根据以上分析，我认为争取吴化文起义的可能性很大，特别是冯玉祥先生给他安排了出路，他已有思想准备，在一定的时间和军事压力下，争取起义完全有可能。所以，刘贯一部长同意我的意见和看法，对争取吴化文起义的工作一点儿也不能放松。

在济南战役开始之前，华东野战军政治部主任舒同召集刘贯一部长和我去开会。他讲了解放济南的决定，令我带领从延安派来的摄影队去济南前线总指挥部谭震林政委处报到，我今后的任务由谭政委安排。

当时，适逢大雨，通往济南的桥梁被冲毁，我们只好绕道莱芜去济南。当我们到达济南时，吴化文已起义两天了，部队也撤到了黄河北，吴化文被召去见陈毅将军。谭政委让我等吴化文从陈将军那里回来后，同吴一齐去部队，并告知我，让我协助何克希政委稳定部队，保证吴化文部队起义后不出问题。当吴化文从陈毅将军那里回来后，我们一齐回到部队。这时中央军委已决定部队改编，番号为三十五军，任命吴化文为军长，何克希为军政委，我为军参谋长。

我任三十五军参谋长后，为稳定部队情绪做了一些工作，并参加了淮海战役，以后我被任命为一〇三师师长，参加了渡江战役。

第四章

东线战斗及国民党军被全歼经过

济南外围历城县守卫战的回忆

冯长敬

　　1948年秋，山东的解放战争已进入最后阶段。除济南、青岛等城市外，其余大多数城镇均已先后解放。地处济南东郊的国民党历城县县长岳伯芬却还执迷不悟，继续与国民党第二绥靖区保持联系。司令官王耀武知道岳部所处地理位置的重要，又有土圩子可守，于是慷慨地赠给岳马克沁重机枪两挺，82迫击炮数门，照明弹及仿美步枪若干，还有不少弹药。岳得了这些装备犹如饿狼得食，更为凶悍，拼命催促那些半年前抓来的民工，为他加深壕沟，加固圩墙，增修碉堡，埋设鹿寨，架铁丝网，挖陷马坑，打梅花桩等。又派心腹李茂功带一排人驻扎到土圩子东南制高点鲍山土，为掎角之势，并有电话相通。为了加强实力，岳强行将4个乡的地主武装自卫队编入他的保安大

252

队，这样连他原有的个保安中队，两个警察中队，共编为9个中队。岳还另外成立了一个30余人的传令队，用以巡逻督战。岳以为自己的小土圩子已经固若金汤了。

1948年农历八月，岳伯芬根据他的便衣侦察和上司的情况通报，知道解放军很快就要打济南，因而加紧进行战前部署，除催粮要款外，还准备了部分熟食。他根据当时所处的地形位置，做了如下的兵力部署和火力配备：

一、东圩子墙南北又长又宽，正面地形平坦开阔。他估计解放军是要从东边开过来的，东边很可能是解放军的主要突击方向，因此便把一个战斗力较强的保安中队放在中间，南北两侧各放一个较差的中队，并在东北角城墙洞里配置重机枪一挺。

二、城西距小苏家庄较近，有两道壕沟，水深两米。他估计解放军会防止自己向济南方向逃窜，也有可能从西边打进去。因而他除把两个武装警察中队配置在第一线外，还用一个保安中队作为西边的预备队，并在北段配置了另一挺重机枪。

三、北边的两道围墙外也有水，裴家营以西还有些稻田，估计解放军不会从北边大举进攻，在北边部署了两个一般的保安中队。

四、南圩子墙东西较短，解放军摆不开多少兵力；外围壕有吊桥，桥梁是四根铁轨搭上的，进入战斗即把桥面拉往北岸；靠近圩子墙的壕沟不仅较深，并有半人多深的水；南门中间筑有一大地堡，可作为防守大门的屏障，估计解放军不可能把南门作为主攻方向。

五、鲍山坡上布置了一个加强排，除观察解放军行动外，还可阻止小股袭扰。

农历八月十四日，济南战役扫清外围的战斗在历城打响后，晚上8点左右解放军开始攻打驻在鲍山坡的那个排。战斗中虽有县城里迫击炮的支援，但几分钟后就中断了电话联系。战斗不到一小时，这个排即被全歼。排长李茂功漏网后沿豆地爬着跑了，其余有的被俘，有的逃跑。是夜，解放军向土圩子内打炮弹3000余发。

翌日白天比较平静，双方都似乎是没有明确的射击目标，偶尔也有枪声。下午解放军炮兵开始向城里零星射击。激战是在黄昏后开始的，解放军炮火短时间急射之后，步兵开始冲锋。岳部凭借圩子墙、壕沟、鹿寨、梅花桩、陷马坑、铁丝网等障碍物，加上明暗地堡和坚固的防御工事，多层火力猛烈开火，形成易守难攻的局面。这期间，岳伯芬用手摇发报机不断地与王耀武取得联系，企图长期顽抗固守。解放军第一次冲锋后，岳伯芬判断解放军的主攻方向是在南门，即迅速调整了兵力部署，把原配置在东北角和西边的两挺重机枪调到南门两侧，并增加了南门两侧各地堡轻机枪12挺。以后解放军组织第二次冲锋时，即出动了坦克。由于岳部拼命抵抗，密集的炮火将驶在前面的一辆坦克击毁，阻碍了后边部队的行动。此时，狡猾的岳伯芬以一万斤小麦和一个媳妇的悬赏，雇用一个姓张（外号叫马勺子）的士兵用炸药把壕内四根铁轨炸掉，以阻止解放军进圩子。这以后，解放军又组织了数次冲锋、爆破，都因守军火力太猛而未能奏效。激战七八个小时，十六日黎明前战斗逐渐平息下来。岳部虽被解放军重重包围，激战一夜，由于其凭借坚固工事，伤亡并不大，所以开始两天并无突围逃跑的念头。

这时，岳的本家弟兄岳司森带领东乡的乡、镇长等，进圩子劝岳放下武器。但岳伯芬坚持反动立场，拒绝忠告，继续进行垂死挣扎。

十七日下午，岳与王耀武的联系中断了。驻济的国民党军曾根据岳的要求派飞机空投食品和弹药，但只有20%的东西落在圩子里，其余全落入解放军手中。岳知道济南形势不好，即开始做逃跑准备，首先派一个排级军官穿上校级军官服与解放军谈判，用假投降的手段迷惑麻痹解放军，以争取为逃跑做准备的时间。最后把突围方向定在北面，于十九日晚，利用黑夜，秘密地在两道围沟内用杉篙绑在桌面上放入壕中作浮桥，并加强了这一地段的防御。

二十日下午6时后又做了最后的逃窜部署，安排了先头部队、机关人员、后卫部队的顺序。在南门只留一个班的兵力，由一军官指挥，阻止解放军进攻。其他部队于晚上8点后即秘密逃出，企图向北过小清河，再往东向青岛逃窜。先头部队与大部分机关人员外逃时解放军并未发觉。解放军在城西北角的机枪仍进行着零星射击。10点以后，解放军俘获了岳部逃散的士兵，从俘虏口供中得知腿部已负伤的岳伯芬混在残兵败将中逃跑了。但岳逃出后不久，即在昌邑县的夏店被解放军俘获。

砚池山战斗回忆

鞠万祥

　　济南战役时我在国民党第七十三师七十七旅二二九团任运输连少校连长，随同团长张振荣一起担任济南东郊砚池山一带的防务。我连是一个加强连，因战时运输任务繁重，多配备了一些运输工具，增拨了一些人员，所以士兵多达432人，官佐22人，并配备有步枪、轻重机枪、火箭筒、枪榴弹等多种武器，在砚池山山坡下的钢筋水泥工事里防守。

　　1948年中秋节前夕，虽然我们早已得到解放军要来攻打济南的消息，但因我们都不大相信他们真的会来进攻这样一个有重兵设防的大城市，所以我们仍像往年一样准备了过中秋节的食品。农历八月十四日，这天天气晴朗，万里无云，估计晚上一定会月明如昼，因此，我和副连位计议了一下，决定提前于十四日晚过中秋节。这天傍晚，我把全连官兵集合起来，讲了一下过节应注意的事项，又派值星排长偕同各班班长检查了一下各班阵地，即将全连454名官兵划分为34个小组，发了月饼、水果等食品。这时，月亮已升起于东山之上，各小组开始赏月。忽然，从砚池山东北历城方向传来了几声清脆的枪声，从声音上判断，这是指挥枪声。我倏地站了起来，展目向东北远望。不一会儿枪声大作，各种枪炮声响成一片，中间还夹杂着坦克的隆隆声。于是，我命令各组停止过节，立即进入阵地，准备战斗。这时，团长给我来了电话，他指示我们不要随便开枪，只有当解放军向我们的阵地发动攻击时，才把他们消灭在我们的阵地前。不久，枪炮声更加密集，解放军开始向我连阵地发起进攻了。他们在火炮的掩护下，以四路纵队向山上匍匐前进。我当即命令士兵射击，各个工事里的步枪、轻重机枪、火箭筒、枪榴弹一齐发射，有的工事里还动用了火焰喷射器，济南城内的守军也用各种火炮向攻山的解放军轰击。这时，砚池山下一片火海，好像连石头也燃烧了起来。解放军伤亡很重，担架队在火网里穿来穿去。砚池山上的工事里的国民党士兵，个个满面烟尘，被击毙的倒在工事的一隅，负伤的蜷卧在一边呻吟；而工事的钢筋水泥盖顶上，手榴弹的碎片，各种枪弹的撞击，像冰雹一样地倾泻下来，劈劈啪啪地响个不停。第一次进攻被击退后，解放军随即又发起了第二次进攻，他们奋不顾身地一边打枪一边向山上爬行。虽然伤亡很大，但是他们还是攻击不停，前面的倒下了，后面的又接着攻上来，真是前仆后继。这样，直到天将黎明，我连的阵地仍未丢失，解放军因攻击受挫，也暂时停止了进攻。

次日，战场沉寂。经过一夜激战，山下却未见到解放军遗留下的尸体。这时，我忽然接到团部的命令，说是新来的空降增援部队五十八旅要接替我们的防务，让我们速办交接手续，全团移防城内，我当即遵命执行。据说我们撤防的第二天，解放军即向砚池山发动了更为强大的攻势，只用50分钟的时间就解决了战斗，拿下了砚池山这一重要据点。

我连的新防地是大明湖西边的乾健门一带，我的指挥所临时安置在大明湖边的一条破船上。农历八月二十日，吴化文起义后的第三天，东线的解放军已解决了济南东郊外围的战斗，并由城东南角黑虎泉一带攻进城内，与守军展开巷战；西线的解放军也已解决了商埠各据点的战斗，攻进了外城。扼守外城至乾健门一带的第二绥靖区特务旅张尊光部也已土崩瓦解。西线的解放军直迫乾健门与我部展开激战。为了扫清射界，不给解放军以任何可以利用的地物，我派工兵将乾健门外的一座楼房炸毁。但这并未能阻止住解放军的进攻，他们迅速地攻进了乾健门内。于是我派重兵守住乾健门外的一座小桥，以阻止解放军的推进，但未能奏效。解放军以强大的火力把我们逼进了大明湖边的几座建筑物内。这时，我与师、旅、团的指挥部均已失去联系，又听说王耀武已从大明湖北边的水道里逃走，看来我们是在孤军奋战了。当时我想，王耀武已经逃走，曹振铎、钱伯英、张振荣也都不知去向，我再抵抗下去已没有什么意义，于是，我命令一排长向前来攻打的解放军摇起了白旗。

（崔力明　整理）

整编第八十三师第十九旅被歼经过

黎殿臣

整编八十三师十九旅即原国民党军第一百军十九师，1945年8月前隶属于第四方面军王耀武部，团长以上人员大都来自王耀武基本部队第七十四军。十九旅（上校旅长赵尧）辖五十五团（中校团长伍亚璀）、五十六团（上校团长黎殿臣）和正十七团（上校团长周镇中）。五十五团及五十七团均是1947年孟良崮战役后重建的，还没有打过仗。该旅自1948年4月由日照集结于临沂，归九绥区司令官李良荣指挥；7月起在江苏宿迁县新安镇担任守备；8月中旬奉命乘火车到徐州机场附近集结，接洽空运济南，划归第二绥区王耀武指挥。

一、为王耀武显示武力

十九旅空运到达济南后的集结地，指定在机场以东的北蒋村和洛口以南的凤凰山一带。下机后，本来就可以直接步行到驻地的，但王耀武为虚张声势，要使济南市民知道已空运了"劲旅"，增加了兵力，借以安定民心，就用了10余辆卡车把十九旅陆续空运下机的部队逐批地装运，兜个大圈子，开到市区经二路大街，再向北转到驻地。同时，派员在机场等着，部队一着陆下机，就首先对率队的团长或营长说："司令官特派我们来机场欢迎贵部，济南老百姓也都盼望着，请你们上车，要经过市区大街，司令官交代要大家整肃仪容，在车上要挺胸站着。"

8月24日左右，全旅空运完毕，王耀武特邀十九旅团长以上人员到司令部吃饭。看着两大面盆"大杂烩"的荤菜，王耀武郑重地说："这是总统亲自规定的经济菜，现在全国都奉行俭朴节约，我现在请自己的人吃饭都是这样。"说毕用勺子分到每人碗里，并接着说："你们师不久也都要来，你们旅现在暂归整二师指挥，你们都是我的老部队，要特别注意军风纪。"第二天王耀武又准备了西餐，请空军人员吃饭，十九旅团长以上军官作陪，向空军致谢。9月5日左右，王耀武命令十九旅旅长赵尧派我团开到长清县城（是当时济南以西仅有的一个县），说是驻防整训，实际是去摆摆样子，表示已增加了部队。

二、丢失城东屏障茂岭山

9月10日，我在长清听说解放军要到济南过中秋节，当时认为是谣言。14日晚，突得情报，说解放军先头部队已到达长清西南二三十里地区，这才知道解放军真要围攻济南了。15日我团由长清开到炒米店火车站，归整二师副师长唐孟鳌指挥，占领火车站附近高地，策应守备炒米店以南、崮山及沿津浦铁路两侧地区的五十七旅部队作战。是晚，五十七旅前线只有小接触。16日拂晓，接唐副师长的电话，说我团另有新任务，部队天明后车运黄台车站，要我先和唐乘铁甲车去济南见王耀武。到了济南，上午8时左右，王带了他的一位少校随从参谋、特务团团长和我乘了小轿车到济南东郊茂岭山整七十三师十五旅守备地。下车后由整七十三师师长曹振铎引路到茂岭山以东地区视察。行抵茂岭山、砚池山中间地区，十五旅王旅长正指挥部队用大批门板构筑一道屏风式的障碍物。王耀武一见就大发脾气，大声训斥王旅长："山上工事、山下据点不加强，铁丝网不做，做这个有什么用！茂岭山、砚池山是济南城东两个屏障，关系济南的存亡，将来失掉，我就要杀人！"王旅长不敢吭气，最后只说了句材料困难。王耀武一面沿着茂岭山山脚巡视，一面指示曹师长、王旅长把茂岭山山顶东端一个碉堡拆掉重做，山脚添做据点工事和铁丝网，材料马上发下来，限3天内构筑完成。当离开茂岭山时，王耀武转用平和的口气对曹师长、王旅长说，"你们跟我多年，是知道我的，作战一出事，就要追查办人，不是我今天责备你们，到那时出了事就来不及了，不办不行！"

走到茂岭山西边山脚，王耀武就地对我面示，要我团在南起窑头庄北至七里沟四五里长的一段大沙沟东西两侧构筑秘密火点，防止解放军潜入沟内向西进攻，也限3天完成。当时我很诧异：在巡视茂岭山以东地区时，解放军东路部队炮声隆隆，好像已过龙山以西；西路先头部队15日已到长清、崮山附近，已步步迫近济南，为何王耀武还叫十五旅重新拆做茂岭山工事，而又限3天完成？我不敢直接向王耀武提出，只悄悄地探问王的随从参谋。据回答，龙山前面还有两个团，历城有自卫团，解放军正式部队还远得很。我这才松了一口气。王耀武临走时交代我，五十六团暂归整七十三师师部，控制柳家巷、七步沟一带。下午，我团部队车运到达，开始构筑工事。十五旅守备茂岭山部队在爆炸碉堡。晚上11时左右，茂岭山以东地区发生枪声，由远而进，由疏而密。我就叫少校团附刘跃打电话向十五旅茂岭山守备部队了解情况，回说："没关系，是一些地方游击小部队，时常来打枪的。"到了午夜后约17日1时许，枪声又起，比以前更近了。我直接打电话要整七十三师副参谋长讲话。据该师电话兵回告："师部里的官长回家过中秋节去了，都不在。"同时枪声也停止了。我想，七十三师在这里守备很久，情况熟悉，他们都安若无事，谅不会有什么危险。又想解放军进攻也不会继续打枪，也许是十五旅守备部队听到风吹草动，随便放枪，我们初到这里，要沉着点，免得被他们轻视，于是也就睡觉了。17日拂晓前，突接第二营营长电话，说该营营附去十五旅守备部队联络回报，解放军先头攻击部队一股已摸到茂岭山、砚池山之间某庄（村名记不清了）东端，同十五旅一个排据点战斗。十五旅一个营长带一个连守在柳家巷东南端、砚池山西边一座大碉堡阵地。我感到情况紧急，我团没有防御阵地，倘解放军钻到跟前，就会措手不及。乃派团附刘跃到柳家巷东南大碉堡阵地和那个营长商议，要该营长率其部队增援前面排据点，后面阵地由我部接替。据回报说："没有接到命令，该营长不接受。"当时我本想直接派部队到前面参加战斗，转念一想，既无作战任务和命令，又不知十五旅部队的配备，夜间任意插手进去，打得好，功是他们的；打得不好，反怪我团打乱了他们的守备，失掉阵地，我来背险，犯不着。所以就命我部队以柳家巷、七里沟为重点，沿大沙沟两侧占领要点进行戒备，注视着十五旅部队的战斗。天刚明，只听茂岭山、砚池山山顶碉堡有连续的爆炸声，接着又听到解放军的冲杀声，并望到解放军冲锋部队人一层层地分向茂岭山、砚池山山顶冲上去，守备两个山顶的十五旅的士兵们从两山西面纷纷滚下来。王耀武最重视的所谓关系济南存亡的两个屏障，未经剧烈战斗，就为解放军所占领了。

解放军占领两山后，一面火力追击，并居高临下压制两山西面大沙沟两侧的我团部队；一面利用山顶工事开设射口，并沿两山之间一个村庄的西端构筑工事，准备打击国民党军的反攻。

茂岭山既是良好的炮兵观测所，又是进攻济南城一目了然的指挥所。占领了茂岭山，解放军的炮火就可以直接向济南城东郊轰击了。据说王耀武一听到这两山失守，气得发抖，严饬整七十三师师长曹振铎立即督促十五旅反攻，把两山夺回来恢复原阵地，并查办了失守茂岭山的那位营长，将其押解至洛口以南凤凰山附近一座石桥旁枪毙，还通令各部队，任意失守阵地。军法从事。

整七十三师准备反攻，于17日上午7时左右开始调整部署，以原守备茂岭山、砚池山的一个团，由七里沟、柳家巷反攻茂岭山；以原守砚池山以南窑头庄地区之另一团反攻砚池山；由七十七旅派出一部接替窑头庄南端十五旅阵地；命我团由柳家巷至七里沟一带移占马家庄及其以东砚池山、窑头庄西端地区，归七十七旅钱旅长指挥，担任守备。上午9时开始反攻，激战至下午2时，十五旅攻击顿挫几次，徒增伤亡，毫无进展。至晚仍在窑头庄、柳家巷、七里沟一线与解放军对峙。

围攻济南西路的解放军，亦于17日下午由长清方面向古城前进。王耀武即命驻在北蒋村的十九旅（缺五十六团）轻装赶赴古城，增援整二师二一一旅马培基部。该部黄昏后赶到，即投入战斗，旅长赵尧头负轻伤。支持到18日拂晓，王耀武又命十九旅（缺五十六团）由古城撤调到济南城东花园庄。古城方面由二一一旅及五十七旅继续抵抗。

三、东郊马庄的激烈战斗

18日中午前，十九旅到达花园庄附近，我团归还建制。该旅归整七十三师指挥，担任济南城东马家庄至花园庄南北线斜面阵地之守备。以马家庄为重点，由我团并属配五十五团第二营继续担任原阵地及马家庄以北之守备；五十五团（缺第二营）守备马家庄、花园庄中间地区；五十七团随旅部控制花园庄，准备黄昏后掩护十五旅由东向西撤移。旅长赵尧亲至马家庄督促我团加强工事，并调旅直属部队帮助拆除马家庄妨碍战斗的二三十间民房，扩大射界，消灭死角。黄昏时，十五旅部队分两路西撤，其守备柳家巷、七里沟附近之一团向西北黄台车站以西地区撤移；其守备窑头庄附近之一团经马家庄南端向济南永固门撤移。解放军随着十五旅最后部队西撤时发动攻击，重点指向马家庄。为延缓解放军进展，以利马家庄主阵地之守备，我即命守备马家庄以东、砚池山窑头庄以西之第一营，作顽强阻击。战斗至晚11时许，该营伤亡百许，我即命该营除留第二连继续顽抗外，主力撤守马家庄东南角。午夜前后，第二连被歼，解放军迫近马家庄东端，向五十五团第二营阵地猛攻，激战不到一小时，该营除第五连据守马家庄北端独立家屋继续顽抗外，其余被击溃，纷纷逃向马家庄以西，转向五十五团守地。我嫌五十五团新兵多，不能作战，乃让他们西逃。解放军占领该营阵地后，即向我团核心阵地东端及马家庄东南角第一营阵地攻击，激战至19日凌晨2时许，第一营伤亡过半，营长王昌景负重伤，电话中断，阵地被占，残部退守马家庄西南角继续顽抗。解放军即从东面及南面猛攻我团核心阵地。我即令第二营死守顽抗，并令用烧夷榴弹密集投向南面解放军占领的一条街道屋顶，燃起烈火，沿街燃烧，阻击解放军接近，以便集中力量，专对核心阵地东面解放军之攻击，这时，十九旅阵地全线均发生激战。至19日拂晓，旅长赵尧率五十七团，沿马家庄以南一条山沟向东出击。该团以行军纵队密集队形鱼贯似的利用山沟由西向东运动。该团先头行至马家庄南边时，被马家庄东南小高地的解放军轻重机枪猛击。该团进退两难，伤亡严重。第一、二两营营长及连长四五人都伤亡，士兵抱头乱窜，溃不成军。旅长在马家庄西端亲毙溃兵10余人，也堵截不住，仍纷纷弃械丢盔后逃。赵尧打电话对我说："五十七团不打已溃，我连杀10余兵都稳不住，已命周团长去收容回化园庄，出击不成，希望你团继续坚守马家庄到本（19）日下午4时以后。"

双方在马家庄激战通宵，伤亡都重。天明后，战况逐渐沉寂，就地对峙。19日下午4时后，我团残部及五十五团的第五连开始西撤，退守马家庄西北靠近五十五团的西南阵地。解放军占领马家庄全村后，以一部侧击我团，主力指向了济南城永固门。

四、吴化文起义后，国民党军退守城垣

9月20日拂晓前，十九旅旅长赵尧命五十五团及我团由花园庄南端撤入济南外城东门内附近，并召两团长到他室内传达机密，说："吴化文叛变了！飞机场已被共军控制，七十四师空运还不到一个团，飞机已经不能着陆了，对济南守备影响很大，司令官已决定把部队撤守济南城待援。徐州已派大军前来，我们师（八十三师）、七十四师都来了，只要坚守七八天，济南就可以解围。我旅担任花园庄及外城东门附近地区之守备。"当时我听了又气又惊，并说："吴化文是反复无常的东西，司令官为什么不注意他？济南的部队多数都没有战斗力，援军不能空运，七八天不容易赶到。"五十五团团长伍

亚璀直摇头，叹空运断绝，影响最大。赵尧大骂吴化文老奸巨猾，但他又怕影响军心，乃郑重交代我们两人，不要让连长以下人员知道，天明后马上到指定地区构筑工事，加强守备。说毕，催促我们立即回团。

20日起，五十七团守备花园庄；五十五团守备外城，从东沿北面城墙，西至内城东北角，与守内城十五旅衔接；我团守备外城东门（不含），沿东面城墙，南至水闸门（含），与守永固门南北一带之保六旅衔接。利用城墙由内通外构筑交通壕和掩体。我团与五十五团各派一部，协助五十七团拆除花园庄靠近外城东门附近一带的街道民房，扩大东门附近的射界，拆集构筑工事的材料。从20日至22日傍晚，济南战况东郊沉寂，西郊激烈。西路解放军猛攻济南市区，向城西普利门一带迫近；东路解放军迫近城墙附近地区构筑工事，做攻城准备，并对永固门、中山门以南回龙山、千佛山一带外围国民党军据点进行清扫战斗。22日傍晚，当西路解放军迫近普利门以西地区时，即开始发动攻城，重点指向永固门之保六旅阵地。激战至午夜前后，突破永固门附近一个缺口，并冲入一部，沿内城城墙以东地区向北扩展；保六旅守永固门以北城墙之部队，纷纷向水闸门北溃。在此情况下，我作了紧急处置，一面严令水闸门部队坚守顽抗并力堵保六旅部队继续北溃；一面即亲率一部迅速占领水闸门西至内城东门外石桥沿线一带民房，分前后两道，叠次阻击，以控制外城东门通往内城东门的要道。尔后，又以电话报告旅长赵尧。战斗至23日天明，攻入外城向北扩展之解放军已迫近内城东门外石桥附近。这时赵尧命五十五团主力在石桥附近地区顽抗，命五十七团由花园庄撤入外城东门内，接替水闸门一带阵地。我团主力集结于石桥东北地区。战斗至上午10时左右，解放军由花园庄南端向外城东门附近五十七团猛攻，该团团长周镇中被击毙，由第三会营长主持抗击。下午1时，十九旅奉命留五十五团于石桥附近地区继续战斗，其余残部撤入内城东门内东西直街休整。

五、内城被突破，国民党军土崩瓦解

23日黄昏后，东西两路解放军开始夹攻内城。东路解放军攻击重点，指向内城东南部小南门附近之十五旅、七十七旅阵地，激战至午夜前，在小南门附近十五旅阵地被突破。该旅反扑争夺，仅堵住缺口，要求火速增援。整七十三师师长曹振铎和十九旅旅长赵尧商量，抽派一个整营赶援，归十五旅指挥、赵命从我团抽派。当时我感到很伤脑筋，全团已伤亡过半，第二、三两营已残破，第一营是在马家庄战斗后由团迫击炮连、搜索排和该营残部重新编组的，再抽一个整营兵力去划归别人指挥，不会有好结果。为控制有战斗力的一部作最后挣扎，乃派第一营及第六连去应付增援。至24日拂晓前，我团得知小南门附近十五旅、七十七旅阵地均先后被突破，解放军已冲入城内，在激烈巷战中。我即命第三营马上占领附近街道要口，准备巷战。刚刚天明，我团第一营代营长周炳尧带了二十来名残兵惶恐地逃回，未及报告，解放军先头部队已跟踪追来，当即展开战斗。我为确保逃向大明湖的退路，乃另派第二营残部占领第二道巷战阵地。这时，十九旅旅长赵尧即率五十七团残部及刚从外城撤入内城东门之五十五团在我团东侧一带阻击，逐次向大明湖东端地区北撤。战斗至中午前，解放军主力即猛攻大明湖西端王耀武的省政府。

我当时想占据三面临水的汇泉寺作垂死挣扎，即命第二营及团直属部队赶往大明湖汇泉寺，积极赶筑工事，自率第三营进行巷战。战斗至下午1时许，逐次撤至汇泉寺东南端一条小街上，即留第三营坚守，自入汇泉寺。不久，第三营被解放军包围，战斗至下午3时许该营全部被歼。这时汇泉寺即受到猛击，十九旅旅部及五十五团、五十七团残部已被迫退缩到大明湖北端之北极阁及其以东地区负隅顽抗。旅长赵尧派了一名便衣兵从北极阁游水到汇泉寺，送给我一张亲笔字条，写道："司令官已走，以下人员也都各自走了，现在济南已无人指挥。我们相聚多年，希弟速来一会，部队暂指定人员指挥，切盼！"我当即命第二营营长张剑石支持，坚守汇泉寺，自带士兵数名游水去北极阁。赵尧和五十五团团长早等得急不可耐，见我一到，赵先开口说："妈的，他们（指王耀武等）都走了，我们也走，你快写手令，命部队马上向北极阁撤，重武器不要了，统丢到湖里。"我写好手令，派兵送交第二营营长。传令兵从北极阁北端拐角里丢下的一大堆行李背包中取了一套士兵便服给我换下身上的湿衣，未及穿好，赵尧就催促我跟他走。北极阁附近的我旅残部官兵都眼巴巴地望着旅、团长们的行动。赵带头先从北极阁房子北端的甬道摸出去，走到城墙北面，因无去路，又回头到北极阁附近。这时，我团残部正从汇泉寺浮水到北极阁，解放军的枪炮火力密集地向北极阁一带猛击。我旅残部官兵各自争先恐后地沿着北极阁北端城墙上的交通壕向西奔

跑，壕内塞满，即沿壕外两侧争着跑，沿壕丢满了枪弹和行李。这时真是兵败如山倒，大难到来各自飞了。

越向西越挤在一团，西段的交通壕内早躲满了七十三师先逃的官兵，天黑后，四面高声喊话："放下武器，宽大优待！"当时我觉得城北很沉寂，还企图逃脱，就单身从城墙北边用一根绳索遛到城脚，过铁路往北逃。刚过铁路北三四里，听到解放军战士向走在我前面的一些逃兵说："武器放下，人往前走。"我即退到铁路边，遇到了我旅少校参谋卢平陆和我团第三营中尉副官，于是一同躲到铁路边一个地窖内。第二天（25日）天明，解放军来铁路边清理战场，远远听到解放军的叫喊声："我们宽大俘虏，躲着的出来！"我知难逃罗网，但怕暴露团长和出身军校的身份，不易释放，回去也不能再当团长，于是就和卢等密约，我顶名我团第三营上尉副营长李伟儒（因李已早负重伤，可能已死），卢平陆顶名该营中尉书记（因书记留守徐州）。当解放军搜索人员接近时，由中尉副官先出窖缴出他还带在身上的一支日式手枪，然后我和卢才走出黑窖，得见光明。

特务旅从组建到覆灭的经过

张尊光

我原任第四兵站第十分监部分监，周村解放时我在济南开会，因此即留在济南。王耀武于1948年4月间，从山东保安部队里抽了一个第三旅，命名为山东省政府特务旅，任命我为旅长，郭廷智为参谋长。这个旅隶属于第二绥区领导，共辖3个团，第一团团长李玉珍，第二团团长姚雨亭，第三团团长赵法文，全旅官兵，4000多名。王命第一团直辖绥区；第二团归吴化文指挥，守备洛口黄河铁桥；第三团调到长清，在屈专员指挥下担任清乡。我被架空成光杆司令。在旅部的人员，从主任、参谋到各室主任，均由上边指派。1943年6月由济南防守司令部给编成一个连，任旅部警卫；7月又给凑了一个通讯排，我的亲信人员，仅有一名上尉军需、一名随从、一名司号长。

当时旅部驻在济南北郊成大纱厂。为求改变孤立状态，我成立了干训班，轮训特务旅的下级军官、军士。在训练班结业时，军官每人送补助费50元，军士20元。先后办了两期，近500人。还以营为单位，由我出钱，举行会餐，以密切官兵的感情。

1948年4月上旬，程景明（经我介绍仕第十分监部参谋长，周村解放后参加了解放军）奉第三野战军、山东兵团政治部联络部王兴刚部长和三野特纵陈锐霆司令员之命，来到济南和我取得联系，要我在国民党部队进行策反工作。这期间，解放军需要部分军用物资和汽油，我设法弄到准备从我旅控制的防地运出。为了防止暴露和发生意外，我事先做了应急准备，特意叫联勤第四兵站总监部副总监郑希冉透露，要向阵地外做点生意，得到郑的允许。在一天黄昏，从我旅防线的洛口将军用物资运出，第二天王耀武便知道了此事。我刚上班，王即亲自打电话来查问说："听说昨天晚上，在你阵地上运出一些东西，你查一查，给我回电话。"当时，我便直截了当地回答王说："这事郑希冉知道，请司令官问问郑希冉即清楚了。"这样才算蒙混过关。以后又给解放区运送了些文化用品。1948年8月上旬，王兴刚部长通过李文韬送来了他的亲笔信，信上提出三条指示：（1）率部起义；（2）进行错误的军事部署；（3）在战场上自动放下武器。对于上述指示，我与参谋长郭廷智（是与我积极合作的）共同做了慎重的研究，认为王耀武对我们监视甚严，当时，我旅所辖三个团没有一个归还建制，我仍然是"孤家寡人"，因此，对第一条只能争取；对第二、三条，要全力以赴，不达目的决不罢休。

在不到半年的时间里，王耀武掌握了一些蛛丝马迹，对我疑虑益深，我也提高了警惕，严加戒备。

1948年9月16日，济南战役打响了。王耀武为了驱使我们为蒋家王朝卖命，使出毒招。王于9月17日通过郑希冉给我打来了电话："尊光兄，目前战局变化急剧，听说嫂夫人还在成大纱厂，太不安全，现有架运粮专机，在机场等候，请嫂夫人飞往青岛，暂避一时。"面对这个棘手的问题，仓促之间找不到对策，我说："我的车正在修理，只好叫她们留下，谢谢你的关照。"郑接着说："那好办，就派我的车去送。"殷勤的背后，隐藏着什么动机，这在当事人中间是心照不宣的。在我的妻子儿女变成了"人质"之后，王耀武立即下令绥区直辖的李玉珍团和守洛口黄河铁桥桥头堡的姚雨亭团及驻长清的赵法文团归还特务旅建制。我当了6个月的旅长，直到这时才有了指挥权。在三个团长中，李、姚都曾担任过王耀武的特务营营长，赵是七十四军的一个副团长，这三人都是山东人，均来自七十四军，是王的亲信。

9月19日晚，吴文化宣布起义。吴化文起义如晴天霹雳，给了济南守军一个致命性的打击。王耀武无奈，只好放弃一些外围据点，集兵力于济南城内方寸之地，一面向蒋介石求援，一面用造谣鼓舞士气。

在这时王耀武向我旅下达了作战命令，要我旅三个团从原防地迅速撤到济南外城迎贤门至小北门阵地防守。我对王的作战命令，一面秘密复制派交通员老郭（此人系郭廷智之兄）送给王兴刚部长，一面按照王之命令对3个团撤退和防守任务做了具体部署；兵员少、战斗力弱的第三团任正面防御，主要阵地在迎贤门以北；第一团专任小北门防御；战斗力较强的第二团作为预备队，控制在成记面粉厂及其附近。

这天下午，绥区副司令官牟中珩送给我一封亲笔信，说李团有一个李某某的排长是共产党员，要立即处决。我问团长李玉珍有无此人？李答是第一连的上士排附。但其姓名有一字音同字不同。我便以李团查无此人作复，结此公案。

绥区还配属我旅一排工兵，令姚雨亭团在撤出洛口铁桥时把铁桥炸毁。我把工兵控制在成大纱厂旅部驻地，直到姚团撤出铁桥进到外城也未出动工兵，保护了黄河大铁桥，保证了战后津浦铁路干线的畅通。9月20日，赵法文团由长清连夜行军到达济南外城时，沿途被吴化文部掳去了一个多连。一个疲惫残弱之团，当主要阵地防御之任，该团官兵有些迷惑不解。但军令难违，只好沿城布防，最后到迎贤门剩下50公尺，无兵可派。赵向我要人，我告诉郭廷智安慰应付一下赵，说几句吃饭不饱、喝酒不醉的话，不了了之。左翼友军整编第二师二一三旅旅长胡景瑗派人来联系均被我应付过去。

我旅在迎贤门至小北门一带刚布防完毕，解放军即利用吴化文起义后的有利形势，在鳞次栉比的民房掩护下，兵临城下，我和郭廷智商量，打算请张进国（特务旅干训班副教育长）出城与解放军联系，但受各种条件限制，未能实现这一愿望。

9月23日，解放军发动猛攻，赵团节节败退。绥区参谋长罗幸理犹作困兽之斗，给郭廷智来电话命烧毁成记面粉厂，以免解放军利用。郭放下电话，在眼神里透露出没有保存面粉厂的办法，我对他说："第一，叫姚团派人到绥区司令部领汽油，准备烧毁面粉厂；第二，电告绥区已令姚团到司令部领取汽油，汽油一到，便可破坏这个目标。"当时城门堵塞，无法通过。郭对我回以会心的微笑，便这样拖延了时间。当我们自动放下武器之后，约在下午4时，绥区令姚团又烧了面粉厂。

解放军的连珠炮声正向内城延伸，正面阵地上密集的机枪声取代了隆隆炮声，罗幸理要我们转移到新的指挥所。我请郭参谋长先前往视察一番，看看是否可行。郭回来后说："不能变换位置，如果一到新的指挥所，我们便在绥区全面控制之下，就会一筹莫展了！"这时罗直接要我讲话，虽是在电话里，也可以听到他那气急败坏的声音："叫你们变换位置，为什么拒不执行？"我看到了拉引线的时候了，便以牙还牙地立即对罗说："不能变动。"把电话一扔，我便布置放下武器去了。我确定到李团的途中，遇到赵团几个士兵簇拥着一名解放军战士，我叫孙进良给这位战士300元法币，指着解放军的阵地方向，令其归去。

一团团长李玉珍神不守舍、无精打采地坐在地下，见我进去，一言不发，用冷漠的目光看了看我。我在路上就想好了对付李玉珍的办法，只有调虎离山，我才能有计可施。坐定之后，我对他说："你和七十七旅钱伯英的营、团长都熟，趁战场暂时稳定，不如去内城绥区司令部看看动静，同时到绥区参谋处了解一下全场情况，对指导我旅今后作战也有好处。"我话音刚落，他站起来说："对！我马上就去。"李走之后，我即叫我旅干训班军官队少校大队长王先察到指挥所口上，对他讲，"摇着手帕，沿阵地急呼，旅长的命令不打了！"王执行命令，完成了任务。此时，火线枪声顿息，解放军见此情景，也立即停火。我正拟采取第二步行动，突然钻进来4个连长，装作没看见我这个旅长的样子，粗声大气地问："谁叫不打的？"我一看他们气势汹汹，来头不善，便说："我令不打的，这是为了大家，战场眼看发展到内城，我不忍叫大家作无谓牺牲，才做此决定。"他们刚退出去，又进来5名士兵："报告旅长，我们听你的命令。"我一时为之愕然，但我很快明白了，这是干训班的学兵，马上安抚他们，并叫他们在我身边担任临时警卫。这时李玉珍匆匆忙忙地回来说："司令部一片混乱，司令官也不知去向。"我便趁热打铁，对李说："咱们放下武器，不能再当炮灰了！"李便叫他的勤务兵打开包袱，要换便衣逃走（这是国民党军的惯例，能打就打，不能打就跑），我立即制止他说："我和解放军有联系，保证你生命财产安全。"

这时我又派王先察二次走向阵地，重申不打的命令，并引导解放军一位姓尹的教导员来到我的指挥所，相见之下，握手言欢，不提任何条件，我们便跟尹教导员奔向解放军阵地，接着李团官兵也都放下了武器。钱伯英旅居高临下，他对我们近两小时的一切活动尽收眼底。因此，在我们跃出指挥所时，他们预先准备好火力，骤然向我们袭击，李玉珍头部负伤，尹教导员安然无恙。我立即到解放军阵地三十师指挥所，向杨师长汇报了内城守军和指挥机构的混乱情况。我和李团自动放下武器后，赵法文团除一部分被解放军歼灭外，其余也放下了武器；姚雨亭团经过我的喊话，也停止了战斗。至此特务旅即全部覆灭。

我在解放军官训练团学习后，分配到三野特纵特科学校第一团训练处任副处长，从此回到了人民的怀抱，并成了解放军的一员。

济南东线的战斗和第二绥靖区的覆灭

贺光国

一、济南东线的战斗

　　1948年9月中旬，国民党军第二绥靖区司令部获悉：人民解放军第三野战军所属的第九、第十、第十三、新八、新十一、渤海、两广等纵队，由东南、西南两个方面向济南移动，华东军区各军分区的独立旅、团也向济南外围据点迫近，致使济南情况一天比一天紧张。第二绥靖区司令官王耀武为了守住济南这个战略要地，下达了防守济南的命令；将济南地区划分为东西两个守备区，东守备区以整编七十三师师长曹振铎为指挥官，西守备区以整编九十六军军长兼八十四师师长吴化文为指挥官。东守备区自城北黄河南岸的洛口至城南的八里洼之线以东，以黄台山、茂岭山、砚池山、千佛山、四里山一带为主阵地，由整编七十三师的十五旅旅长王敬箴，七十七旅旅长钱伯英（由二绥区司令部副参谋长调任的）整编二师的二一三旅旅长胡景瑗，特务旅旅长张尊光，保六旅旅长徐振中等部担任守备，归曹师长统一指挥。

9月16日，解放军对济南发动了全面的进攻，战斗以东郊最为激战。17日，解放军以火炮、迫击炮为掩护，向济南城东郊的茂岭山、砚池山进攻，与守军十五旅王敬箴部激战。解放军以火力封锁守军碉堡的射击口，奋不顾身地一次又一次地向前猛冲，并向碉堡里投爆破筒，碉堡很多被炮火及爆破筒炸坏。整编七十三师师长曹振铎命令集中炮火向来攻的解放军猛烈还击，掩护防守茂岭山、砚池山的部队反攻，双方争夺甚烈。此时解放军又增加部队冲上来，并以猛烈炮火阻止守军曾援，守军伤亡颇众。济南屏障的茂岭山、砚池山，经过一夜的血战，就被解放军占领了。在茂岭山后面的十五旅的一个营，未与解放军激战，营长朱国华即带队向后溃退，被师长曹振铎拦住，并报告王耀武要求加以惩处。王为了镇压部队溃退，把朱国华押到济南二绥靖区司令部交军法处决了。

18日，东守备区指挥官曹振铎指挥整编七十三师所部反攻茂岭山、砚池山失败后，即退至马家庄设阵地顽强抵抗。解放军为了迅速解放济南，连续向马家庄进攻，先以炮火轰击碉堡，掩护部队攻击，接着用小炮、机关枪封住碉堡射击口，协助爆破手接近碉堡进行爆破，战斗非常激烈，马家庄被攻占一半。为了夺回马家庄阵地，王耀武即下令十九旅旅长赵尧率部增援。赵旅在炮火掩护下，向解放军反扑，并将失去的阵地夺回一部分。解放军又增加部队，向十九旅猛攻，将所失阵地又夺回去。赵尧见解放军增加，即亲率部队反击，企图将解放军打出马家庄，双方利用房屋攻击，每房必争，战斗非常激烈。战至午后，十九旅旅长赵尧负伤，官兵伤亡甚众。

当时二绥区司令驻地——济南商埠邮政大厦，有一最高的楼顶，不仅可以俯瞰全城，而且可以用望远镜远望城郊周围几十里，为了了解实地战况，我曾爬到最高点观望茂岭山、砚池山、马家庄等地双方炮击的情况。

二、第二绥靖区的覆灭

1948年9月19日晚9时，整编九十六军军长吴化文起义后，当晚，一五五旅四六五团团长王玉臣跑到第二绥靖区司令部，向王耀武告密。王耀武立即召集绥区司令部处长以上、部队旅长以上军官开紧急会议，晚上11时散会。二绥区第二处处长李昆治回处，集合全处官佐传达说："当前情况不好，吴化文叛变了，司令官召集我们开会，商讨对策，要大家拿出主张，整七十三师曹师长主张突围，转到济南外围作战待援，主动放弃济南。参谋长罗幸理和办公厅主任龙出云等不同意，主张退守商埠到城内，凭坚死守待援。司令官本来同意第一方案，后经参谋长提醒说，主动放弃济南，上面追问下来，司令官不好交代！因此决定第二方案。绥区司令部马上搬到城内省政府里去。副官处已拨给我们两辆卡车，处存文卷档案一律烧毁，行、李、给养上车。"李处长说毕，大家都各自奔回自己住室，慌张地收拾自己的东西。上车后，因各处室车辆争先奔驰，喧闹叫嚷，一时开不动，大家垂头丧气地闷坐着，只有第三科科长李资宸闭目合十口念阿弥陀佛。直到20日凌晨，才搬到城内地政局里。省政府各厅处全部停止办公，人员一律回家。省府所有房屋由二绥区司令部各单位占住，省府附近的民房、商店大都被司令部官佐眷属强行占用。

20日，吴化文的八十四师副师长杨团一由该师跑回司令部，要见司令官王耀武。参谋长罗幸理怕杨是吴派来的，别有企图，就对杨说："为了司令官的安全，要先小人后君子。"杨回答："可以。"罗即叫警卫搜索了杨的全身，见没有随带武器及其他东西，才放心，请杨进去见王耀武。杨见了王司令官，说："我不同意吴化文的叛乱，不愿跟他走。吴的部队昨夜先集结飞机场以西，后又开过黄河以北了……"王听了很愤怒地说："想不到吴化文会来这一手……即表扬了杨一番，并叫副官处送了他一些钱粮，嘱在家暂住，待命委派工作。

因吴化文投向解放军，济南腹背受击，情况恶化。王耀武只得缩短阵地，集中兵力，以内城为主，固守城垣，以待援兵，并将守备城郊的各部队，皆调入市区，配置于外城及内城。

二绥区巧令部各单位刚刚搬到城内省府，喘息未定，办公厅主任龙出云、政工处处长谭子琦即找到国防部政工局新闻通讯社济南分社主任刘子瑛，说："吴化文叛变，绥区司令部撤到城内，济南军民人心惶惶，请你马上发号外新闻，说援军已源源北上，不久定可解济南之围。"刘即编好号外新闻，亲自驱车到城外商埠，要《华北日报》及其他报馆立即印发，并另写多份大字报张贴于城内街巷。

22日，刘子瑛再度造谣，发出二次号外新闻，诡称："援军已兼程北上，前锋已达平阴，日内可解济南之围。"是日上午，刘又去见王耀武，要求王对济南战事发表谈话，王托病避言。刘说："济南战役关系全局，中外注目。"参谋长罗幸理从旁解说："刘先生请先回，下午送去书面谈话。"当日下午，由王耀武的新闻秘飞吴晃送交刘一份王耀武署名的书面谈话，其主要内容是："吴化文丧心病狂，公然叛变，事起仓促……但援军将到，济南坚如磐石，誓死必守。"刘子瑛对王的"誓死必守"信以为真，立即用加急电报发送南京军闻总社，并附发吹捧王耀武的一条新闻消息："王耀武是三捷长沙的抗日名将。四平街陈明仁以一军之兵力，犹能坚守41天，济南城防巩固，兵力雄厚，有王将军在，足可同守待援。"但王耀武却有负于刘子瑛的赞誉，并未能守住济南。这时溃退到济南城里的整编七十三师师长曹振铎，还不甘心失败，认为内城的城墙又高又厚，城墙上筑有三层射击工事，并筑有消灭死角的侧击掩体，可以构成严密的火力网，很可以利用这些条件阻止解放军的进攻，而延长作战的时间，作困兽之斗。

23日，解放军在密集的炮火掩护下，向守备内城坤顺门的整编七十三师七十七旅进攻，展开了争夺城垣的战斗。解放军爬上了城墙，守军立即集中火力封锁了后续部队的来路，乘其立足未稳，以强大火力，向爬上城来的解放军猛射，将其击退。不久解放军又以密集火力严密封锁城墙各层的射击口，掩护部队继续攻城。解放军又爬上城来，同守军拼刺刀搏斗，结果城墙被冲破一个缺口，七十七旅旅长钱伯英即督率部队向登上城来的解放军猛烈反扑。经过激烈的争夺，解放军的后续部认被守军的强大火力所阻，无法立即增援上来，守军将被打开的缺口堵上。

24日，战事已进入最后的阶段。解放军集中炮火，掩护其部队向城东南角的整七十三师十五旅王敬箴所守的城墙猛攻。解放军一次又一次地迅速接近城墙，竖起云梯，挂起竹竿爬墙，先头部队突上城来，打开缺口，后续部队随之而上，并立即向两侧扩大战果，短兵相接，战斗极为激烈，双方伤亡均重。曹振铎为了夺回已失去的城墙，督令十五旅王敬箴旅长亲率部队反扑，但他只顾向攻进来的解放军猛烈反击，未及集中火力封锁解放军增援的道路，使解放军得以迅速增加部队，连续向守军进攻，经几次激烈的争夺，未能将解放军打下去。由于解放军人愈来愈多，战斗愈趋激烈，守军支持不住，溃退下来。

坤顺门外的解放军向七十七旅之一部猛烈进攻，将城垛日及工事炸毁，突上城来，打开一个缺口。七十七旅调动部队，争集中火力向解放军反扑，在缺口将要堵上时，解放军后续部队又冲上来，并即刻扩大战果。七十七旅因伤亡过重，溃败下来。在24日这天上午，内城城墙已被打开两处缺口，解放军大部队相继进城，与城内守军进行激烈的巷战，还一面喊着"缴枪不杀！优待俘虏！"因此残余守军，有的自动缴械，有的躲在地下室和房子里不打，有的把枪丢在地上逃走。师长曹振铎也化装逃跑了，他下面的两个旅长王敬箴、钱伯英当了俘虏。

当解放军攻入内城时，王耀武带着几个心腹人员已从大明湖北极阁乘隙逃走了。他的参谋长罗幸理在省府地下室分别打电话给整七十三师师长曹振铎和整二师师长晏子风等，说："王先生已走，你们各自想办法吧！"又对绥区司令部各单位负责人说，"你们赶快走吧，我在这里没关系，我和陈毅认识。"当时他拿出许多罐头、食品和香烟等，叫身旁的一些人吃，在场的人个个愁眉苦脸，一片末日景象。

当解放军迫近地政局房子时，躲在地下室的一批二绥区各处室科长以下的人员，听到解放军的枪声和哨子声，多数都惊慌发抖。第二处第三科科长李资宸对曾一度被俘过的少校参谋何慰如说："你熟悉，请你赶快去向解放军打招呼，叫他们不要打进来，我们投降就是了！"何参谋说："科长放心，大家不要害怕，没关系，我去打招呼。"他拿一块白手帕当旗子，走到地下室的外面，高声喊道："请不要打枪，我们投降。"解放军回答说："缴枪宽大，你们把武器放在里面，人出来。"

于是，地下室里的人们，个个低头举手走了出来。至此，国民党驻山东的最高军事机关第二绥靖区已完全被歼灭，济南战役结束。

保安第十七团溃散的经过

刘翰诚

　　1948年7月，我在保安第三旅第十七团任团长。保三旅旅长何益三，辖第八团、第十七团两个团，驻防兖州。7月14日，兖州解放，保三旅的两个团同时被解放军歼灭，保八团团长周胜芳被击毙。我放下武器后，化装逃出兖州，至界首与从兖州逃出的旅长何益三相遇，当天晚上，一同乘车回到济南。回济后，第二天上午9时，旅长何益三到我家通知我说："你上午10时到绥区去，司令官王耀武接见你。"我按时到绥区司令部，向司令官王耀武和副司令官牟中珩汇报了兖州战役经过。王耀武命令我在党家庄收容保三旅逃回的官兵，重新组建保安十七团，需要粮款、物品，到保安司令部领。我回家后，接到了由国防部部长何应钦签署的委任我为山东省保安十七团团长的

284

委任状。我即率百多名官兵前往党家庄，团部设在党家庄西首路南一住户家中。我设立了数处收容站，到1948年9月12日，共收容官兵800余人，编成3个营。原保安十七团第一营营长尤兆贵为重新组建的第一营营长，原保八团营长刘某为第二营营长，原保十七团第三营营长李义民为第三营营长。

9月16日下午，传令兵送来命令，命我团于17日上午9时到老城东门外广场集结待命。届时，我即率领部队到达了东门外草坪待命。上午10时，接传令兵通知，派官长带队，领取武器弹药。我即派军械员李汉卿，同各营派出人员领取武器弹药。但所领的轻重机枪、驳壳枪弹药等，都是青教总队替换下来的，我命团附、副官协助军械员会同各营营长，按各连人数多少进行了分配。当晚部队在东门内南边空地露营，团部在路南一居民院中驻扎。这天是中秋节，我躺在院中床上，仰视天空，明月皎洁，思绪万千，想到当前形势是严峻的，胶济路沿线和津浦路徐州以北，已全部是解放区，济南已成为孤城，空中增援杯水车薪、无济于事，看来只有弃暗投明是唯一出路。9月20日上午8时接到命令，命我团担任十二马路北卡子（不含）至成通纱厂（不含）土围子墙的防守任务。团部设在天桥北路西石坡崖上路北小客店内。绥靖区通讯队，遂即安装电话。我带领各营长，到土围子帘置阵地后，即返回了团部。9月20日中午，青教总队教育长张叔衡从电话上告诉我，要我到经二路纬五路北首路东一座二层楼上见面，我即骑自行车前往。张叔衡见到我，便唉声叹气地说："吴化文叛变啦，你的部队要占领制高点，做好作战准备。"说话间，他的三个团长走进屋来，准备开会。我即向张告辞。返回途中，心想："孙子复生，无能为矣！"下午3时，我站在天桥，举目远眺，见有部队沿东墙根向北行进，至北园路又转向市内。经查询，知是晏子风率十九旅、五十七旅由古城以西调回市区的。

当天下午，保安第四旅的团长王明德来我处邀我到外面走走。出了门从天桥向北走约2华里处，他把我领到他的团部。王明德命随从人员退出后，向我说："咱两个团拉出去，投傅作义怎么样？"我说："现在共军围得水泄不通，插翅难飞啊！"他默不作声，不欢而散。我返回团部后，即将团部迁至一条狭窄的南北街路东的一个在棉纺厂工作的科长家。20日夜12时许，绥靖区参谋长罗幸理给我打电话说："刘团长，八路军在草山子开饭，我派三辆战车给你，你派一个营出击，打他个措手不及，你立即派人到天桥和战车上官兵联络。"我答应马上到阵地抽调一个营去。我虽答应了，但没有照罗的命令去办。这时，我带团部部分人员和搜索排向东北走去，至成丰面粉公司停止。我把副官杨金龙叫到没人处说："你带一个传令兵，拿一根竹竿，带一块白毛巾，向北走，找解放军联络投诚。"他转着弯子讲了些为我安全的话，不肯执行。我如强令他去，恐生不测。这时，我只好派我表弟谭振山前去执行以上任务。他走后，我带着团部人员和搜索排，又回到天桥东铁路北侧。

到21日凌晨3时半，谭振山还没回来，这使我焦急万分。为了不使官兵在绝境中丧命，我即派传令兵刘传斌命一、三营放弃阵地，撤到铁路北侧集结。因第二营营长系原保八团的军官，唯恐命该营撤退，发生事端，所以没有通知该营撤退。第一、三营撤退到铁辟北侧后，我即考虑下步措施。拂晓时，第一营营长尤兆贵、第三营营长李义亭派传令兵向我报告说，二位营长已出走啦。因无上边命令后撤，他们怕天亮后受到绥区司令部追查，所以出走，迫我也离开部队。在绝望中，我带领团附刘庆安、副官杨金龙以及随从人员刘传斌、崔纪三、高延东、华永奎等7人离开了团部，在"和尚坟"西侧一户人家中，换了便衣，把枪支放到北屋夹道内。这时，保十七团官兵大部分已经溃散。我待到9月22日凌晨，解放军为了保护市区人民生命安全，开始疏散人员。借此机会，我们几人便混入市民中出了北卡子。其中副官杨金龙、刘传斌、崔纪三、高延东等人走到黄河大堤时，被吴化文部队截留参了军。我只带华永奎回到长清县城北刘庄家中住了一夜，又返回济南，找到家属。从此，我便脱离了国民党部队。

千佛山战斗回忆

伊　英

　　我原是国民党军三十二师三十六旅一〇七团第二营的副营长。1948年春天，周村战役中被俘，旋又乘机逃回济南。

　　不久就被编到整编七十三师第十五旅，担任四十三团第一营副营长兼第一步兵连连长。当时，因营长严志立有病不能任职，由副营长张石林代理营长。

　　当时第一营驻东关外，天天训练爆破作业，目的是当解放军围攻济南时爆破他们的前沿工事。农历八月初，解放军云集济南外围。我部被调到黄台东九里山构筑工事。农历八月十四日（公历9月16日）下午4时，忽接团部电令，命全营开赴千佛山，接守七十七旅阵地。

　　部队开到千佛山，我带一连部署在山北正面一线，并在山半腰设置铁丝网两道，地雷网一道。

9月17日上午9时，团长高子曰给我一道手令，说："千佛山是历史名山，要记住国军东北四平街大捷，不能让陈明仁独美于先……"下午又接到团长手令，说："千佛山山洞里有贮存的毒瓦斯，必要时不必请示，酌情使用。"我想，若使用毒瓦斯会牵连全城老百姓受害，太残忍啦，因此始终没使用。

当时我营有4个加强连，官兵700余人，有轻重机枪27挺，迫击炮3门，全部据守千佛山。我率一个连布防在千佛山的正面，并在东侧太平岭布置一个加强连控制制高点。左边和友军的一个保安团取得联系，右边无依托。

9月17日夜间，解放军攻占了东南方向的砚池山。第二天国民党组织反攻，双方争夺，战斗非常激烈。战斗两天，始终未能将砚池山夺回。双方在对峙中。9月20日，传来了吴化文率部起义的消息。随后接到团部命令，要我们死守阵地。

当天夜间，解放军以优势兵力向我阵地猛攻，双方展开激战。我部居高临下，以马克沁重机枪反击解放军的冲锋，使他们不能迫近阵地。

9月21日早6点，解放军调集几十门大炮，从不同的方向向我阵地猛轰。守军只有8门82迫击炮，无力还击，只好让士兵隐蔽在坚固的工事里。炮声一停，解放军又开始冲锋，守军据险还击。冲锋被击退，又开始炮轰……这样反复苦战，打到9月22日下午，守军伤亡惨重，受伤的官兵虽然有医有药，但因炮击猛烈没法治疗，号叫之声震动山谷。下午5时，解放军撤退了，炮也不打了。我令全营士兵快开饭，并趁空给伤兵进行包扎。这天解放军利用炮击之际，在对面麻疯院一带构筑起工事，为最后进攻做准备。

9月23日早饭后，解放军对山上的炮轰又开始，因攻城的战斗已接近尾声，解放军把更多的大炮调过来对我阵地轰击，战斗较以前更加惨烈。打到9月25日，解放军不再轰击，此时左边的保安团已不知去向，我们和任何部队也联系不上了。代营长张石林和我商量，认为大势已去，守也无益，于是便派黄营附去解放军阵地谈判，条件是：我们全部放下武器交出阵地，他们答应我们愿干的干、不愿干的发路费回家。

黄营附去后，阵地上枪声沉寂了。晚上7点，黄营附回来说："对方要我们人员造三字花名册，枪支弹药造表，全体官兵一律去后方学习，然后愿干的干、不愿干的回家。"话尚未说完，机枪连宋排长、一连马排长立即表示反对。宋排长手握匕首，说："谁要投诚就杀死谁！"于是大家只好再打下去。

会后，代营长问我："怎么办？"我说："变更军事部署。"命令宋、马二人带步兵一排、机枪两挺，即刻到前沿阵地固守，二人去了。到了夜间，马排的一名工兵跑来报告说："宋、马二人带着武器下山投降了。"

张代营长深恨宋、马二人的出卖行为，和我商定：命令士兵不要再打，共军到哪里，哪里就缴械，听候他们处理。

9月27日，解放军四七〇团孙团长上了山，我们就全部缴械。就在这时，太平岭上三连还在顽抗。孙团长要我命令他们不要再打，但我的命令已不再有效。当天他们在解放军的强大攻势下也被歼灭了。

（杨玉宽　整理）

在王耀武指挥部中的见闻

王昭建

　　济南解放以前，我在国民党山东省政府任秘书，对王耀武的一些情况有所了解。在济南战役中，自9月19日吴化文起义后，到24日中午王耀武从城北逃出济南这一段，我又有所目睹。兹就记忆所及，略作记述。

　　1948年9月16日，济南战役开始，到9月17日，虽然茂岭山已被解放军攻克，但由于国民党军尚在拼死反攻，在阵阵不息的枪炮声中，城区以至东关一带，市面仍没有过大的波动，市民亦无过分的惊慌。机关学校都上班，一些商店还照常营业，至于西城商埠一带也保持平静。17日清晨，我从省政府到绥靖区司令部时，见司令部内亦无异常情况。王耀武与参谋长罗幸理、副参谋长干戟、联勤第四兵站总监部副总监郑希冉正在挂图旁边议事。王耀武见我进屋，问了我省府和市面情况之后说："作战了，省府的事你与兰谷（秘书长刘玉田字）商议着办，如有特别重要的事，随时可通电话，回去告诉大家照常工作。东面山头我们即可收复，七十四师已在空运，即可到济。"他语言态度一切正常。

然而就在这天清晨王耀武召见吴化文商讨反攻茂岭山的时候，吴化文对茂岭、砚池两山的丢失却惊慌失色，说："茂岭山、砚池山的工事那么坚固，怎么会丢失了呢？"

18日是国民党军开始转向颓势的第一天。西面长清城以东直到周王庄以西各据点均已先后被解放军占领。飞机场也开始受到解放军的炮击，整七十四师只运来一七二团团长刘炳昆所率的7个连，空运即告中断。王耀武仰赖七十四师的心愿化作泡影。东线反攻茂岭山、砚池山已经失败，不得不退守到距外城永固门不过3华里的马家庄，凭借既设阵地顽抗。18日晚在省政府碉堡顶层清楚地可以看到马家庄争夺战的激烈情况，大小炮、手榴弹、机步枪声响成一片，马家庄全村已成火海。19日晚，八十四师一五五旅的某团团长王玉臣跑到绥靖区面见王耀武，密告吴化文起义。王耀武甚为惊慌，深知固守待援已不可能，曾一度决定弃城逃走，只因一方面解放军包围甚密，逃脱困难；另一方面怕蒋介石追究责任，所以被迫做出缩短战线据守内外城的决定。当时惊恐最大的是二绥区副司令官牟中珩。他将在抗日战争时期与共军有长期的严重摩擦，与吴化文本人也有宿仇，一旦被俘，绝无活路之想法全盘向王托出，建议王耀武趁黄河北岸鹊山仍在确守，黄河大桥南端尚有李汉杰所率一列钢甲车之际，选十轮大卡车50

辆，载精兵一旅或两个团，过黄河而北窜。他认为黄河以北为共军之后方，如以精兵突围，可望逃至天津。王知大势已去，战局绝无好转希望，便对牟说："你的情况特殊，就自筹良图吧！我责任所在，不同于你。黄河易过，横冲亦有可能，但能否到达天津，很难预料。"于是，牟副司令官从那以后在司令部内就销声匿迹了。王遂紧急部署，将司令部连夜转移到城里省政府内。

20日清早，王耀武即与联勤第四兵站总监部代总监尹锡和、副总监郑希冉、第四处处长张介人等计议抢运弹药、兵器、粮、煤进城事宜，决定将兵站置于国民党省府后大明湖南岸之图书馆与贡院墙根民众教育馆中；尽量将东流水以北虹桥以西的成记、丰年两面粉厂的面粉和存放在商埠的弹药兵器抢运到城里；并命令刘启勋（王耀武任师长时的副参谋长）为戒严司令，会同军法处处长张天权执行戒严令（这个司令部设在民政厅院内西屋）。

上午10点多钟，八十四师副师长杨团一来了，进门后就跪在王耀武的座椅前，两手抱着王耀武的膝盖，说："军长太对不起司令官了，他投降共产党了！"言罢痛哭。王耀武将他扶起来，说："不必哭，哭也没有用，冷静、冷静。"又接着说："吴绍周变乱成性，人各有志嘛！干么都行，总得讲点道义吧！这个人太不够朋友了。不能怪他，应当责怪我太轻信他了。"安慰了杨团一一番之后，回头向罗幸理说："立刻向南京发电，向老先生（指蒋介石）报告杨团一副师长、王玉臣团长两人的忠贞。"

接着王耀武不断地问弹药粮秣的抢运情况，交代兵站副总监郑希冉，对搬运粮食的民夫要好好对待，搬完之后，每人给一袋面粉。

一会儿，国民党省党部委员于仲昆（名宝仑，在山东地位最高的中统负责人，原省党郁调查室主任）和国民党省府某参议来了，他二人自告奋勇去找吴化文和杨友柏，劝其"反正"。因为吴化文由投汪伪到归国民党，靠的是中统关系，与于仲昆有生死之交。于之所以敢于冒险前往，又因为他一向不为王耀武所欣赏，很想在此关键时刻有所表现。于是王耀武让秘书代他写了一封给杨友柏的信，许以八十四师师长，劝其不随吴化文起义，并带了10听卡利克香烟和一批金圆券（约万元左右、给杨友柏）。于仲昆等二人乘吉普车直驰西郊大杨庄八十四师司令部，面见了杨友柏。杨将钱和烟都收下了，交于带回一封信，内容大致是：柏受司令官栽培，恩同天高，没齿不忘，军事问题既已表态，势难挽回，但保证决不进犯城垣，请公放心。日后相见再当面请罪等语。于等人回来，主耀武对他们道了辛苦，并说："不管事之成败，你二位冒死前往，事不一般。"立刻让参谋长电报南京与之记功。

在这天中午，一七二团团长刘炳昆打来了请任务的电话。王耀武立刻指示他，率他空运来的7个连进入第二绥靖区司令部和邮政大楼，坚守包括升平街以南、经三路以北、纬二路以西、纬三路以东这一方块地带，并说："这个地带全是水泥建筑，工事坚固。司令部旧址内储有食品、罐头、弹药。我派随从参谋杨筠带你进入阵地，介绍地形。"接着刘炳昆又要求给参谋长讲话，罗幸理接过听筒一面听，一面用铅笔在纸上写。王耀武立刻问罗幸理："他说什么？"罗说："他说，阵地万一丢失了的时候，让给他妻子打个电报。"王耀武抢过电话来对刘炳昆说："你这种精神很好！只要有此精神，阵地就一定丢不了，给你妻的电报也不用打，我立刻把你这忠勇精神电报给老先生（蒋介石），保你为少将旅长。"就这一个少将旅长的头衔，竟使刘炳昆拼死守邮政大楼和上海银行、中国旅行社那片楼房，一直到身负重伤，7个连的官兵死伤殆尽。其实那个保他为少将旅长的电报，一直到王耀武逃出，也没有发出去。

这天下午4点半钟，译电员黄任国送来一份蒋介石的电报。电文是："俊才（王耀武原的字）弟鉴：吴逆叛变，事出非常，知之痛心。陈明仁守四平，知不可守终竟守之，东北赖以保全；济南之对于华北亦犹四平之于东北。战略要地，弟必固守，不能放弃。已令经扶（刘峙字）、光庭（杜聿明字）枂率三路援军兼程急进矣。中正。"王耀武看了电报后，苦笑了一声，立即用红色铅笔在"固守"二字旁画了4个圈；在"援军"二字旁画了4个×，说："不固守就杀头，援军一个也来不了。"他看完，立刻递给参谋长罗幸理，并说："7点召开旅长以上的军事会议，决定死守，团长赵峙山也来。"

晚7点钟准时开会，地点在主席办公厅西间，参加人员有旅长以上的军官，绥靖区部分处长，第四兵站代总监、副总监。当时电灯昏暗，气氛惨淡，王首先让参谋长读了一遍蒋介石、顾祝同、刘峙来的几份电报，问大家有什么意见。所有与会人员都面面相觑，你看我、我看你，均不发言。王耀武说："老先生是英明的，我们要相信他。济南是战略要地，他责令我们固守，杜副总司令并已亲自督率邱清泉、李弥、孙元良等三个兵团来援，只要我们能坚守一个星期，援军定可到达。老先生是关怀我们的，我们应当听从老先生的指示，尽力坚守。"大家也接着纷纷说："一定服从中央和司令官的命令。"然后由参凌长安排了防区任务。王耀武又叮咛大家眷属有在城外的迅速迁进城内。这次会开了半个多小时。

会后，王耀武立即打电话告诉军法处和军人监狱，命令将所有在押犯人全部释放，对共产党和俘虏人员，每个军官发金圆券5元，士兵3元，全部送出"卡子"，一个不得伤害。命令毛学谦（王耀武直接指挥的谍报组组长）前往协同处理，违者按军法处治。

21日夜，外城周围争夺战非常激烈，东边的永固门，南边的新建门，西边的麟祥门、杆石桥、普利门，均有激烈战斗。到22日晨方略有间歇。就在这天夜里，省政府内已落炮弹，指挥所于晚上移至地楼办公，各厅处均已开始埋藏、焚烧文卷。

22日午饭后，王耀武回到主席办公室内，单独对我讲："你是省府秘书，不是军人，没有什么责任，形势就是这样子了，你回家照顾家里人去吧。我要立刻转移到北极阁，情况好时你再到那里去。"我说："到了这般时候，我怎能走呢？"他沉思之后说："那么我们就一起走吧。"说话间，他摘下他所佩戴的手枪（枪柄两面镶有银片，一面刻有"王耀武将军惠存"和"美军中将麦克鲁赠"，另一面是同意思的英文字），放到写字台的抽屉里。然后他让我锁上，说："钥匙带走，不要留在这里。"王耀武带领我与随从参谋杨筠、随从副官宋广义和4名卫士，分乘3辆吉普车，出了省政府，对内城各防守要点视察了一周，分别对坤顺门的七十七旅旅长钱伯英、守西门的整二师师长晏子风和驻在裕鲁当铺的整七十三师师长曹振铎等作了一番部署。在归途中，在大明湖南岸小码头登上已经预备好的游船，经历下亭东侧直驶北极庙前。下船之后环视四周一番，即走进已经布置好的北极庙西侧成仁祠的地楼里。这就是司令官最终的指挥所。当时，副参谋长干戟等早已到达，王耀武在环内城的视察中绕了一个大圈，换了车、轿、船三种乘具，真使人不知其行迹与落脚的所在。

在这一天，解放军突进外城之后，经过激烈巷战，逐渐占领了护城河以外地带，隔护城河与内城城墙的守军对峙。下午解放军开始进攻内城。

24日中午，王耀武指挥所的阵地已经缩小到东自北门里张公祠，西至铁公祠，北依城墙，仅长不逾400米的狭窄地带。王耀武在面临绝境，准备外逃之际，对副参谋长干戟和我说："这地方叫成仁祠，犯了地名，一进门我就很不高兴。蒋先生给过我们每人一支佩剑，上面镌有"不成功便成仁"的字样。这是他对我们的期望，也是我们的素衷。今天失败到如此地步，我们要不要成仁呢？我认为我们不能自杀，即便自杀也成不了仁！因为，内战不同抗日，如果自杀，徒死无益，反而会留下骂名，被人讥笑。所以，我决定带几个人突围，不能在此坐以待俘。"他又指着我说："你回家，你是当地人，谅无危险。干戟是湖北人，口音不对，地方不熟悉，在济南举目无亲，你帮帮他的忙。"言毕，干戟哭了，绥区几个处长也哭了。之后，王耀武便与参谋杨筠、副官宋广义、卫士徐超等向西而去。我约在15分钟后也走了。在我经水北门东行至北门里历山街口以北约50米的时候，已有解放军从阁子后街奔驰而来。

王耀武被俘前后

吴　鸢

　　我随王耀武工作十余年，王耀武任旅长时，我任旅部上尉参谋；抗战末期，他任国民党第四方面军副司令官时，我任副司令部第一处少将处长；1946年春，王耀武任第二绥靖区司令官时，我任绥靖区副司令部第一处少将处长。

　　王耀武自任国民党第二绥靖区司令官以后，即着手构筑济南的防御工事，经过两年多的经营，储备了半年的粮弹、医药用品，自信可以守它3个月。整编第九十六军军长兼整编第八十四师师长吴化文率3个旅、2万余人宣布起义，使王耀武惊慌失措，顿时不知如何是好。除向南京、徐州发电告急外，当晚便偕同山东省临时参议会议长裴鸣宇，在卫士排的护送下，以视察阵地为名，来到了济南市南郊八里洼附近，打算钻隙南逃，遭到解放军的迎头痛击，于是折返市内。鉴于整八十四师起义后，大片防区无兵守备，不得不缩短战线，放弃了连年经营的许多工事；绥靖司令部也由经二路迁至城内省政府办公，由副司令牟中珩、参谋长罗幸理主持。他带领我和二、三、四处科长、参谋各一人，以及译电员、副官、勤务人员，住在大明湖心亭，一般电话、文稿都由我转达。当绥靖区司令部迁入城内时，第三处（作战处）廖处长和一处一科科长张琴友去向不明。驻济军统机构向上级电告，说廖、张二人叛逃。南京、徐州来电责问，王耀武令我起稿呈复，申明二人是偷生怕死，乘隙逃走的。在解放军凌厉的攻势下，国民党形势日益恶化。到9月23日解放军的大炮将济南城墙东南角击塌，部队奋勇登城，与守备这一地区的整编七十三师第十五旅王敬箴部展开恶战。王敬箴组织多次反攻、逆袭，抵挡不住，到9月24日凌晨进入巷战。他们向王耀武告急后，电话便断了。这时，大明湖上空，步枪弹嘶嘶作响，情况危殆，无意中我发现王耀武不见了，忙问值班卫士，他说，司令官带一名卫士走了，那卫士还背了一个大包袱。我想：头儿走了，我该怎么办？正在徘徊间，二处李参谋对我说："此时不走，等待何时？我家就在附近，暂到我家待一下吧。"我俩刚进他家门脱下军服换上便衣，解放军便来敲门了。在不长的一段时间里，连续来了三批解放军查询有无藏匿国民党人员。

由于搜查王耀武的下落，大明湖附近地区被封锁了三天，第四天，我和李参谋出城东行，企图逃奔青岛。第五天，来到张店时，便见人头攒动，大家围看一张刚贴上墙的传单，原来是抓获王耀武的通告，上面印有王耀武穿件夹袄的照片，并叙明捕获概要。

我是在潍县（今潍坊市）火车站被扣留后坦白交代的。被送到益都华东军区解放军官教导团，接着各地陆陆续续送来抓获的国民党军政人员。在济南战役中，国民党将级军官，除整编第七十三师师长曹振铎和民政厅彭厅长逃脱，整编二一一旅旅长马培基阵亡外，其余重要的文武人员，无一脱网，都在这里见面了。

在解放军官教导团见面时，第一句话便是："你怎么被抓到的？"

据王耀武谈，9月24日上午9时许，他带着卫士乔玉培（泰安人，与王同乡）从北门流水沟爬出城来，换上便衣，伪称叔侄，他化名乔坤，身上藏有黄金二两（一两一只，当时叫小元宝）、现洋10元、北海币10万余元（北海票是当年山东解放区通用货币），雇了一辆大车，路上买了简单的铺盖，他头裹白毛巾，说是在济南商埠开小馆子，房屋为战火击毁，他腿部负伤，现去青岛投亲求医，还搞到一张路条。路上，有几位民众搭车同行。到寿光县张建桥（是横跨弥河的一座大木桥）时，王耀武到大桥下上厕所，用的是白手纸，被随后进来的守桥战士发现，便将他扣留盘问，认定他是国民党的军政人员，便送到县公安局，在公安局长亲自追问下，最后，他不得不说出："我就是王耀武。"

国民党山东省党部主任委员庞镜塘和山东省银行副总经理司徒履光（华侨）二人的被俘更富有传奇色彩。他俩结伴行至徐州附近的两军交界真空地段，那里有些小饭铺，供来往行人休息。他俩坐下来歇脚，看到徐州火车站上机车发出的烟云，听到机车的汽笛声，两人兴奋至极，一边喝茶，一边高兴地说："这下子总算逃出来了。"说时迟、那时快，马上走过来三个人，其中一个人大声说："不许动，我们是解放军侦察员，在这里守候你们多时了，跟我们走吧！"两人面面相觑，乖乖地俯首就擒。于是有人为解放军官教导团拟了一副对联是："早进来，晚进来，早晚要进来；先出去，后出去，先后都出去。"横批是："你也来了。"

附　录

王耀武广播词

当国民党政府山东省政府主席兼第二绥靖区司令官王耀武，在华东新华广播电台发表广播演讲，讲词如下：

我是前国民党政府山东省政府主席兼第二绥靖区司令官王耀武，今天借这么一机会向各位作简单的报告。首先我说明这次济南失败的原因。守济南的军队有10万之众，有关作战的物资也不为不多。市郊工事经两年来不断地修筑不为不坚，但是仅8天的战斗，就被全部歼灭了。这就是吴化文不起义亦是很快地被歼灭了。这又是什么缘故呢？因为国民党没有理想信仰，反人民，反大众；加以解放军英勇为人民大众的牺牲精神及优越的技能，实令人钦佩，所谓得民者昌，失民者亡，所以很迅速地将战斗结束了。其次我要贡献蒋先生一点意见。在北伐和抗战中你有一时期与共产党合作，所以得到成功。但是你坚持独裁，完全为四大家族利益打算，因此兵连祸结，全国无一片干净土。

为了取得军事上、经济上的外援，不惜与美帝国主义订立了那么多辱国条约，断送子子孙孙的幸福，以现在的局势看，国民党的失败已经注定，还要作最后的挣扎是多么不智。最好命令全国国民党的军队，立即向人民解放军实行无条件投降，使全国立即恢复和平，国家民族多保存一点元气。逆耳之言，愿三思之！末了，我要告诉全国民党的武装同志们，特别是徐州前线国民党的武装同志们，要认清时代，认识事实。济南打了8天，锦州打了31小时，长春是一枪未放，辽西地区两天内歼灭了新一、新三、新六、四十九、七十一等5个军计12个师，接着是沈阳的解放、全东北的解放。这告诉我们，任何人不能违反潮流，只有为广大人民利益打算，才有生路。现在，解放军肃清长江以北的国军，仅是时间问题，解放军各路大军已经进攻徐州方向，冯治安部下两个军已经起义，徐州方面国民党如果不早谋光明的出路，结果必然是和济南一样，和东北一样。徐州方面国民党军官兵们、同学们、同胞们，请你们把自己的前途盘算一下，求生存，还是等待死亡？如果要求生存，最好在战场上起义。不行就和郑洞国一样集体投诚，再不然就不作坚强抵抗，及时放下武器。解放军的宽大政策，谅已早有所闻。它是不管你过去地位如何，一经解放，只要悔过自新，就给你将功赎罪的机会。语云："多难兴邦"。我中华民族经过了百年以来的内忧外患，现正在中国共产党正确的领导、坚强的奋斗之下，转危为安，转弱为强。愿我旧日同学及国家袍泽，一本先总理天下为公之精神，爱惜国家，爱惜人民，爱惜自己的生命，幸勿再做专制独裁之工具而自误了。国家曙光就在各位的面前，希望多加考虑。

1948年11月15日